핑계 : 죄의 유혹

핑계 : 죄의 유혹

저자 남성덕

초판 1쇄 발행 2018. 12. 4.

발행처 도서출판 브니엘
발행인 권혁선

등록번호 서울 제2006-50호
등록일자 2006. 9. 11.

서울특별시 송파구 백제고분로28길 25 B101호 (05590)
마케팅부 02)421-3436
편집부 02)421-3487
팩시밀리 02)421-3438

ISBN 979-11-86092-82-8 03230

독자의견 02)421-3487
이메일 editorkhs@empal.com

북카페 주소 cafe.naver.com/penielpub.cafe
페이스북 www.facebook.com/penielbooks
인스타그램 @peniel_books

도서출판 브니엘은 독자들의 책에 관한 아이디어나 원고를 설레는 마음으로 기다리고 있습니다. 책으로 엮기를 원하는 아이디어가 있으신 분은 위의 이메일로 간단한 개요와 취지, 연락처 등을 보내주십시오. 머뭇거리지 말고 문을 두드리세요. 길이 열립니다.

도서출판 브니엘은 갓구운 빵처럼 항상 신선한 책만을 고집합니다.

일상에서 · 우리를 · 유혹하는 · 죄의 · 속삭임

[핑 : 계]
죄의 유혹

남성덕 | 지음

브니엘

| **프롤로그** | 인간의 욕구를 유혹하는 속삭임

인간은 어떤 존재인가? 바로 욕망의 존재이다. 인간이라면 누구나 원하는 것이 있고, 바라는 것이 있다. 서면 앉고 싶고, 앉으면 눕고 싶다. 오래 누워 있으면 이번에는 반대로 앉고 싶고, 앉아 있으면 서고 싶고, 서 있으면 일어난 김에 어디로든 나가고 싶어진다. 인간의 욕망은 실재한다. 다만 어디로 튈 줄 모르는 탁구공처럼 존재한다. 인간 스스로가 자신의 욕망이 무엇인지 모를 때도 있다. 그러나 욕망이 존재한다는 사실만은 확실하다. 인간에게 욕망이 없다면 더 이상 인간이 아닐지도 모른다. 어떤 출중한 존재이든, 얼마나 훌륭히 수도를 했든 간에 다양한 형태로 욕망은 존재한다. 더 훌륭해지려는 욕망, 더 이타적이 되고자 하는 욕망, 신께 더 다가가고 싶은 것도 욕망의 한 형태가 된다. 아무런 욕망도 없다면 인간이 아닌 시체이거나 로봇일 뿐이다.

세상은 어떤가? 세상은 유혹이라는 무기를 가지고 있다. 세상은 나름의 규칙과 시스템을 구성하여 인간을 유혹한다. 인간의 어떤 욕망이라도 다 담아낼 수 있으며, 인간이 미처 알아내지 못한 욕망도 찾아내고, 인간이 욕망하지 못한 것도 욕망하도록 부추기는 신비한 힘을 갖고 있다. 세상은 인간의 욕망을 자극하며 인간을 유혹한다. 인간을 유혹하기 위해 무엇이든 다 제공한다. 세상은 유혹하는 데에는 전문가이다.

인간에게는 욕망이 있고 세상에게는 유혹이 있다. 세상은 원하는 모든 것을 다 누리라고 한다. 인간을 위한 온갖 종류의 욕망을 충족하기 위해 세상은 오늘도 헌신하고 있다. 그러나 세상이 공급하는 것에는 인간에게 꼭 필요한 요소도 있지만 인간의 욕심과 쾌락을 부채질하는 것도 있다. 인간의 욕망과 세상의 유혹이 만나게 되면 어떻게 될까? 앉고 싶은 사람에게 알맞은 의자를 제공하고, 나가고 싶은 사람에게 적당한 산책로나 멋진 해변을 마련해준다면 세상은 고마운 존재이다. 그러나 세상은 거기에서 멈추지 않는다. 세상은 인간의 욕망을 자극하고 부풀려서 인간이 진정으로 필요로 했던 것들을 잊어버리게 만든다. 더 큰 욕망으로 다가가게 하고, 돌이킬 수 없도록 자꾸만 유혹한다. 드디어 덜컥, 함정에 빠지게 만든다. 결국 유혹의 함정에 빠진 인간은 죄라는 덫에 걸리고 만다.

"내 속 곧 내 육신에 선한 것이 거하지 아니하는 줄을 아노니 원함은 내게 있으나 선을 행하는 것은 없노라. 내가 원하는 바 선은 행하지 아니하고 도리어 원하지 아니하는 바 악을 행하는도다. 만일 내가 원하지 아니하는 그것을 하면 이를 행하는 자는 내가 아니요 내 속에 거하는 죄니라" (롬 7:18-20).

인간에게는 선한 속성만 있지 않다. 인간이 욕구하는 것, 인간이 필요로 하는 것 중에는 악하고 더러운 것들이 숨어 있다. 인간의 내면 깊은 곳에 죄의 속성이 똬리를 틀고 있다. 그래서 사도 바울은 이렇게 한탄했다. "나는 하나님의 법을 즐거워하는 속사람이 있으나 한편으로는 죄의 법을 더 좋아하는 모습도 있구나. 이 두 가지는 끊임없이 싸우는데, 대체로 선이 아니라 죄가 이기더라. 오호라! 나는 곤고한 사람이로다! 이 사망의 몸에서 누가 나를 건져내랴"(롬 7:22-24 요약). 이것이 바울의 고백이며, 우리가 고뇌하고 아파하는 부분이다. 욕망으로 가득찬 인간이 유혹으로 무장한 세상에서 살 때 백전백패할 수밖에 없다. 우리는 한계가 많은 인간일 뿐이다. 그러면 어떻게 해야 할까?

나는 지난여름 16명의 선교팀원을 이끌고 코스타리카에 다녀왔다. 단기선교였다. 열흘 동안 코스타리카의 수도인 산호세에 머물며 근처 초등학교에서는 ESL을 가르치고, 작은 현지인 교회에서 '한국의 밤'을 열어 한국 음식을 대접했다. 산호세 '마약 센터'에선 마약에 빠진 젊은이들에게 공연을 보여주며, 고아원의 아이들을 만나서 여름성경학교를, 작은 교회에서도 비슷한 프로그램으로 여름성경학교를 했다. 열흘 남짓의 기간 동안 꽉 찬 일정이었다. 그런데 그중 잊을 수 없는 장면이 하나 있었다. 네 번째 날 '마약 센터'에 갔을 때의 일이었다.

코스타리카의 인구는 500만 명이 안 되는데, 직간접적으로 마약과 연관된 사람이 20만 명이 넘었다. 호기심에, 또 삶에 희망이 없어 마약에 손을 댔던 젊은이들이 감옥에 들어가기 전, 마지막 재활 기회를 얻고 훈련을 받는 곳이 바로 '마약 센터'였다. 80명 정도의 젊은이들이 치료를 받고 있는 그곳에서 우리가 할 수 있는 일은 한계가 있었다. 현지 선교사님은 그들이 삶에 의욕이 없고 무력감에 빠져 있다고 하셨다. 그런데 우리가 준비해간 게임 중, 특히 단체 줄넘기를 할 때는 그들에게서 희망을 엿보기도 했다. 단체 줄넘기는 여섯 명이 한 조가 되어 줄을 많이 넘기는 팀이 이기는 경기인데, 어찌된 일인지, 이 친구들이 기를 쓰고 이기려는 의욕을 보였던 것이다.

점심시간이 되어 식당으로 옮긴 후, 나는 선교팀 몇 명과 마약센터에 들어온 세 명의 젊은이와 같은 테이블에서 식사를 했다. 그들은 외국인에 대한 궁금증과 남미 특유의 친화력으로 이야기를 나누었다. 내 왼쪽으로 마약센터에 들어온 지 한 달이 된 청년이 있었다. 영화배우 맷 데이먼의 젊은 시절을 닮은 이 친구의 이름은 미구엘이었다. 부모님은 돈을 벌기 위해 타지에 살고 있고, 형제들도 각각 다른 지방에 흩어져 살고 있었다. 미구엘은 가족에 대한 미안한 마음이 있었다. 온몸이 문신으로 덮여 있는 다른 젊은이들이나 과격해 보이는 청년들에 비하면 비교적 착해 보였고, 마음씨도 좋아 보였다. 가족에 대한 이야기, 사는 이야기 등을 하다가 문득 이 젊은이가 너무 아깝다는 생각이 들었다.

나는 이 친구에게 앞으로 뭐가 되고 싶은지를 물었다.
"너의 꿈은 무엇이니?"
"앞으로 되고 싶은 게 뭐니?"
영어를 치면 스페인어로 바로 번역이 되는 애플리케이션을 켜고 내밀었다. 미구엘이 바라고 소원하는 것이 궁금했다. 이 친구의 꿈은 무엇일까? 선생님? 엔지니어? 농부? 코스타리카는 관광산업이 발달

되어 있으니까 관광가이드를 해도 되겠다고 생각했다. '만약 이 친구가 하고 싶은 게 있으면 내가 조금이라도 도움이 될 수 있으면 좋겠다.' '공부를 하거나 필요한 게 있으면 지원을 할 수 있도록 해봐야겠다.' 뭐 그런 생각을 하면서 미구엘의 대답을 기다리고 있었다. 미구엘은 애플리케이션에 스페인어로 'cambio'라고 썼다. 그리고 바로 그 아래에 영어 번역이 이렇게 나왔다.

"change."

변화. 이 친구는 좋은 직업을 갖는 것이나 예쁜 여자친구를 두는 것이나 돈을 많이 버는 게 목표가 아니었다. 무엇인가를 이루거나 어떤 꿈을 꾸는 것보다 가장 중요하고 시급한 것은 '변화'였다. 변화하고 싶다. 마약에서 벗어나고 싶고 마약의 악영향을 벗어난 삶을 살고 싶다. 이것이 'cambio'(change)라는 단어를 통해 드러난 그의 마음이었다. 미구엘이 마약에 찌든 삶에서 벗어나 '변화'되어야만 그의 인생에 꿈도, 여자친구도, 돈도 비로소 의미 있는 일이 될 터였다.

유혹에 빠진 인간, 죄의 덫에 걸린 인간에게 필요한 것은 무엇일까? 바로 변화이다. 아직 유혹에 빠지지 않았지만 유혹에 걸릴 가능성이 큰 인간에게 필요한 것은 무엇일까? 역시 변화이다. 변화하지 않으면 언젠가 죄의 유혹에 걸릴 수 있기 때문이다. 달라지고 싶다. 달라져야 한다. 그래서 아무리 세상이 유혹으로 다가오더라도 죄에 빠지지 않으려면 우리는 지금과는 달라야 한다. 그래서 이 책이 시작되었다. 내일로 끊임없이 미루는 게으름으로 살고, 이것저것 자꾸 핑계를 대며 두루뭉술하게 좋게 좋게 지내는 타협적인 신앙을 살고, 진정한 기도를 하기보다 그저 감정만을 속이며, 구태의연한 습관에 빠져 인생을 망쳐버리고, 잠깐이라는 유혹에 평생을 후회하기도 하고, 예수님을 믿은 이후에도 죄에 허우적대며, 남 탓이라 책임전가하기에 바쁘고, 하나님의 말씀보다 자신을 더 의지하고, 현실만족에 빠져버리는 게 우리의 삶이 아닐까? 그런 우리에게 '변화'가 필요하다. 그 변화의 첫 걸음으로 이 책이 당신에게 열렸으면 한다.

인간에게 욕망은 없어지지 않는다. 그렇다면 우리를 유혹하는 적의 전략을 잘 깨닫고, 더 이상 세상의 유혹에 속지 않으며, 적절하고 바른 태도로 살아가는 것이 필요하다. 우리는 깨어 있어야 한다. 늘 조심하고 행동에 신경을 써야 한다. 끊임없이 변화하기 위해 몸부림쳐야 한다. 대적 마귀가 우리를 노리고 있기 때문이다. 마귀는 사자처럼 광포하고 무섭다. 더욱이 마귀는 울고 있다. 무언가 분노에 싸여있고, 희생자를 찾고 있다. 두루두루 다니면서 오래된 기독교인, 예수님을 막 믿기 시작한 초신자, 모태신앙으로 신앙에 대해 알 만큼 아는 성도 등 삼킬 대상을 찾고 있다. 이 책이 근신하고 깨어 익힌 마귀에게 더 이상 속지 않고 넘어지지 않겠다고 다짐하는 사람들에게 좋은 벗이 되기를 기대해본다. "근신하라. 깨어라. 너희 대적 마귀가 우는 사자같이 두루 다니며 삼킬 자를 찾나니"(벧전 5:8).

글쓴이 남성덕

C·O·N·T·E·N·T·S
차례

프롤로그 : 인간의 욕구를 유혹하는 속삭임 _ 004

제1장

게으름 : 뭐, 내일 해도 되잖아! _ 015

- 일요일이 다 지나갔군
- 아담에게 있었던 게으름
- 최고 권력자는 어떤 게으름 때문에 무너졌는가?
- 왕과 왕비가 망한 것은 이 게으름 때문
- 악순환으로 가게 만드는 게으름의 길
- 어떻게 하면 게으름에서 벗어날 수 있을까?

제2장

핑계 : 너무 바빠서요! _ 039

- 핑계 없는 무덤?
- 왜 그렇게 기를 쓰고 핑계를 대는 것일까?
- 핑계를 대봐야 소용이 없는 걸
- 모세는 핑계의 대명사였다
- 우리 주변에서 볼 수 있는 핑계의 모습들
- 그리스도인은 핑계 댈 수 없는 사람이다

제3장

타협 : 그래, 그것도 괜찮아! _ 061

- 기적의 사람 엘리사
- 기적이 필요한 사람 나아만
- 그래, 그것도 괜찮아
- 하나님은 타협하지 않으신다
- 아무 일도 일어나지 않았다
- 이것저것 다 괜찮은 시대를 살며
- 모순된 두 개의 말씀
- 원칙을 지켰던 사람들
- 타협의 시대에 굽히지 않은 사람들

제4장

기도 감정 : 기도하고 나니 속이 후련해! _ 089

- 한나가 문제를 다루는 방식
- 박 집사가 기도하는 이유
- 구리 뱀인가, 기도인가?
- 기도 잘하던 '하나님의 사람'은 왜 죽었을까?
- 어떻게 기도할 것인가?

제5장

습관 : 뭐 여태까지 그렇게 해왔는데! _ 117

- 예수님의 습관
- 습관은 무의식의 산물이다
- 롯의 어떤 습관이 그를 망하게 했나?
- 살아남았는데 롯은 왜 실패했을까?
- 성경의 위인도 습관 때문에 실수했다
- 다시 예수님의 습관

제6장

잠깐의 덫 : 잠깐인데 어때! _ 143

- 요나단이 '잠깐' 꿀을 찍어 먹고 말았다
- 잠깐이라는 함정
- 잠깐의 만족을 위해 거대한 불의로 간 사람
- 역사는 이렇게 바뀐다
- '잠깐'이 '영원'이 된다
- 잠깐의 교만이 어떻게 세계를 어지럽히는가?
- '잠깐'의 유혹에 빠질 것인가, '잠깐'을 견딜 것인가?

제7장

조금의 죄 : 죄 조금 짓는다고 구원이 사라지나! _ 171

- 동지냐, 배신자냐?
- 최 집사는 왜 데마가 되었을까?
- 회심하고 다시 죄를 지을 수 있는가?
- 두 번 회개에 대하여
- 기드온과 다니엘 중에 누가 마무리를 잘했나?

제8장

책임전가 : 내가 아니라 저 사람이 그런 거예요! _ 197

- 두 개의 대야
- 책임은 대가를 요구한다
- 모든 그릇은 용도에 맞는 내용이 들어가기 마련이다
- 책임지지 않는 사람들
- 왕관을 쓰려는 자, 그 무게를 견뎌라

제9장
자기중심 : 내가 할 수 있어! _ 223

- 나를 죽여주세요!
- 엘리야와 850명의 대결
- 승승장구했던 엘리야, 공포에 빠지다
- 죽고 싶었던 이유
- 죽고 싶다고 했던 또 한 사람
- 하나님이 주어이다
- 자기중심에서 하나님 중심으로

제10장
현실 만족 : 지금 이대로가 너무 좋아! _ 251

- 고장 난 녹음기 같은 앵무새 선지자들
- 또 다른 앵무새 같은 사람
- 지금 이대로가 너무 좋아!
- 내가 사는 현실에 만족하기
- 그 후에 어떻게 되었을까?

[C·H·A·P·T·E·R·1

게으름

: 뭐, 내일 해도 되잖아!]

- 일요일이 다 지나갔군
- 아담에게 있었던 게으름
- 최고 권력자는 어떤 게으름 때문에 무너졌는가?
- 왕과 왕비가 망한 것은 이 게으름 때문
- 악순환으로 가게 만드는 게으름의 길
- 어떻게 하면 게으름에서 벗어날 수 있을까?

게으름
뭐, 내일 해도 되잖아!

일요일이 다 지나갔군

나른한 일요일 오후, 늘어지게 잠을 자고 일어났다. 문득, 정신을 차려 보니 할 일이 태산 같다는 걸 깨달았다. 오전 예배는 피곤해서 지나쳤다 치고, 오후에 있는 청년부 예배에 가려고 마음을 먹었는데 해야 할 일들을 생각하니 교회에 갔다 오는 시간이 아까웠다. 그래서 교회는 다음 주에 가기로 마음먹었다. 교회가 어디 사라지는 게 아니니까.

그렇게 마음먹으니 늦은 오후와 저녁시간이 여유로워졌다. 일단 뭐라도 먹으려고 집을 나섰다. 동네를 어슬렁대며 장을 보고, 잠깐 PC방에도 들리고, 친구도 만나고 보니 어느새 해가 저물었다. 집에 돌아와 밥을 먹으며 미뤘던 드라마와 예능을 보니 벌써 깜깜한 밤이 되었다. 잠은 잘수록 더 졸리는 법이라 졸음이 몰려왔다. 피곤한 월요일을 위해서 일찍 자야겠다 생각하고 잠자리에 누웠다.

누워서 천장을 바라보는 순간, 손꼽아 기다렸던 일요일이 다 끝났다는 사실을 깨달았다. 일요일에 하기로 미뤘던 일은 하나도 못한 채 하루가 완전히 사라졌다. 피곤은 피곤대로 남아 있고, 예배는 드리지도 못했으며, 개인적인 일과 회사 일은 그대로 쌓여 있었다. 그럼에도 일주일이 시작되니 내일을 위해 잠을 청해야 했다. 불을 끄면서 생각했다. '세상에 나처럼 게으른 사람도 없을 거야.' 그러고는 또 잠이 안 와서 머리맡에 핸드폰을 켰다. 뉴스를 뒤적이다가 새벽 늦은 시간에야 잠이 들었다.

    게으름이란 무엇일까? 사전적인 정의에 의하면 "행동이나 일 처리가 느리고 일하기 싫어하는 버릇이나 성미"를 말한다. 하지만 일 처리를 빨리하고 행동을 신속히 해도 게으른 사람이 있다. 어떤 사람은 부지런하게 일을 하면서도 스스로 게으르다고 탓할 수 있고, 어떤 사람은 하는 일은 별로 없는데 스스로 부지런한 사람이라고 평가할 수도 있다. 게으름이란 그 기준이 애매하고 감정적으로 느끼기 때문에 사람마다 게으름에 대한 정의가 다르다. 그러므로 게으름에 대한 사전적인 정의를 그대로 받아들이는 것은 또 다른 게으름일 수 있다. 그럼 게으름에 대한 정의를 새롭게 내려보자.
    게으름이란 첫째, 자신이 만족하지 못한 상태이다. 상대적이고 감정적인 것이기 때문에 게으름은 자기 자신이 어느 정도 만족하고 인정이 된다면 게으르지 않다고 봐도 무방하다. 아무리 부지런해도 자신이 게으르다 생각되면 게으른 것이다.
    둘째, 게으름이란 질서가 없는 상태이다. 다양한 일을 부지런히 해도 남이 보기에 질서가 없고 태도나 상황이 엉망이라면 게으르다고 볼 수 있다. 게으른지 아닌지 객관적인 평가도 어느 정도는 가능하기 때문이다.

셋째, 성장과 발전이 없는 상태가 게으름이다. 꾸준히 무엇인가를 하면서도 성장하거나 발전이 없다면 게으른 것으로 간주할 수 있다. 이것은 단지 생산이나 성취만을 의미하지 않는다. 실패해도 교훈을 얻고 성장할 수 있다면 게으른 것이 아니다. 그러나 일정한 기간이 지나도 아무 성장과 발전이 없다면 게으른 것이다. 시간만 지날 뿐 그대로 정체되어 있다면 게으른 상태이다.

넷째, 게으름은 피로와 후회가 없어지지 않는 것이다. 여유를 누리는 것과 게으른 것은 겉으로는 비슷해 보이지만 분명히 다르다. 자신이 해야 할 일을 제대로 이루고 난 뒤 재충전을 위해 쉬고 있다면 여유이지만, 일은 쌓아놓은 채 시간만 보내고 후회하면서 계속 피곤한 상태라면 겉보기에 아무리 여유 있어 보여도 게으른 것이다.

다섯째, 성경적으로 설명하자면 게으름은 죄와 정욕을 따라 사는 것이다.

> "그 주인이 대답하여 이르되 악하고 게으른 종아 나는 심지 않은 데서 거두고 헤치지 않은 데서 모으는 줄로 네가 알았느냐"(마 25:26).

마태복음 25장에 나오는 한 달란트를 맡은 종은 그것을 땅에 숨겨 놓았다가 주인이 돌아오는 길에 고스란히 내놓았다. 주인은 그에게 "악하고 게으른 종"이라고 책망했다. 종은 아무 일도 하지 않았다. 주인이 종을 게으르다고 비난할 때 "악하고 게으르다"라고 콕 집어 말함으로써 악함과 게으름을 동일시 여겼다. 한 달란트 맡은 종은 행동이 느리고 굼뜬 것이 아니라 죄와 정욕이 숨어 있었다. 게으름은 영적으로 악이 동반된다. 이와 같은 다섯 가지의 정의를 종합하면 게으름의 정의를 다음과 같이 내릴 수 있다.

게으름 : 자신이 만족하지 못하며, 남들이 보기에도 질서가 없고, 개인적인 성장과 발전이 없으며, 피로와 후회가 없어지지 않고, 죄와 정욕을 따라 사는 상태이다.

위의 정의가 마음에 드는가? 이런 게으름을 사는 사람에게는 어떤 결과가 초래될까? 사람은 누구나 일시적으로 게으를 수 있다. 게으름의 여러 요소 중에 해당되는 것이 있을 수 있다. 한시적으로 게으른 상황에 처한 사람은 많다. 하지만 만성적으로 게으른 삶을 살아간다면 그의 주변에는 아무도 남지 않을 것이다. 아무도 그에게 어떤 일도 맡기지 않을 것이다. 게으름의 결과를 뻔히 알면서 그런 사람에게 책임을 맡길 사람은 없기 때문이다. 본인도 이런 게으른 모습을 좋아하지 않을 것이다. 그것을 인정하는 게 불편하기에 스스로 게으르지 않다고 최면을 걸거나 게으를 수밖에 없는 자신을 변명하는 데 급급하게 될 것이다. 게으른 자신과 이상적인 모습 사이에서 괴리감을 느낀 나머지 괴로운 나날을 보낼 것이며, 끊임없는 자책감을 느끼고, 모멸과 수치심으로 견디지 못할 것이다. 악순환이다.

인간은 적응의 동물이라 이런 게으름을 안고서도 어느 정도 살아갈 만하면 게으름은 자기 인생의 배경이 되어버린다. 친구와 가족도 없이 게으름을 벗하고 외롭게 살아가다가 어느 날 하나님 앞에 섰을 때 자신의 게으름에 대한 하나님의 불호령에 한없이 부끄러워할 것이다. 그러므로 당신이 게으르다고 생각한다면 이대로 만족해서는 안 되며, 어떻게든 게으름에서 벗어나야 한다. 남에게 피해를 주는 것이 아니라면 좀 게을러도 되지 않겠냐는 당신의 소리가 들린다. 그러나 이제는 게으름에서 벗어날 때가 되었다. 더욱이 게으름의 결과가 개인이 져야 하는 책임의 차원을 뛰어넘을 때가 있다. 성경을 통해 게으름이 일으킨 엄청난 결과를 확인해보자.

아담에게 있었던 게으름

하나님이 엿새 동안 세상을 만드시는 모습을 창세기 1장에서 확인할 수 있는데, 그 모습을 '게으름의 정의'에 빗대면 다음과 같다. 하나님의 창조는 스스로 만족하시고, 누가 보기에도 질서가 잡혔으며, 창조물에 대한 성장과 발전을 담보하고 있었다. 또한 창조 후에 여유를 갖게 되었고, 죄와 정욕이란 전혀 없는 거룩하고 정결한 상태였다. 완벽하게 '게으름의 정의'와 반대였다. 그때 하나님이 만드신 인간은 어떤 모습이었나?

> "하나님이 이르시되 우리의 형상을 따라 우리의 모양대로 우리가 사람을 만들고 그들로 바다의 물고기와 하늘의 새와 가축과 온 땅과 땅에 기는 모든 것을 다스리게 하자 하시고" (창 1:26).

인간은 하나님의 형상을 닮았다. 인간에게는 하나님의 부지런한 성품이 그대로 이어졌으며, 창조물을 다스리고 관리할 책임도 부여되었다. 그런데 어쩌다가 인간에게 죄가 들어왔고 세상은 망가지게 되었을까? 그것은 전적으로 아담의 탓이다.

> "한 사람이 순종하지 아니함으로 많은 사람이 죄인 된 것같이 한 사람이 순종하심으로 많은 사람이 의인이 되리라" (롬 5:19).

아담 한 사람으로 인해서 세상은 불만족의 세상이 되었으며, 무질서하게 돌아가고 언제나 피곤하고 스트레스가 넘치며, 죄와 정욕으로 가득해져버렸다. 이런 원인을 제공한 아담에게는 어떤 게으름이 있었을까? 아담은 동물들의 이름을 지었고, 하와와 함께 에덴동산을 다스리면서 성실하고 바쁘게 살았다. 아담은 부지런한 사람이었다. 그런데 아담에게는 결정적인 게으름이 있었다. 그리고 그 게으름은 창조세계와 인간에게 돌이킬 수 없는 고통을 주었다. 아담이 살던 곳으로 가보자.

아직 죄가 들어오기 전, 에덴동산의 어느 날이었다. 하와가 동산을 거닐고 있는데 뱀이 하와에게 다가왔다. 뱀은 혀를 날름거리며 하와에게 말을 걸었다.

"하나님이 동산 모든 나무의 열매를 먹지 말라고 하시더냐?"

하와는 뱀의 말에 무엇인가 이상한 점이 있는 걸 알았지만, 그게 정확히 무엇인지는 알 수 없었다. 하와는 대답했다.

"아니야. 우리가 동산 나무의 열매를 먹을 수 있어. 그런데 한 가지 예외는 있지. 동산 가운데 두 그루의 나무가 있는데, 그 나무의 열매는 하나님이 먹지도 말고 만지지도 말라고 하셨어. 그것만 빼고는 다 먹을 수 있어. 그걸 먹으면 우리가 죽을지도 모르거든."

"죽는다고? 절대로 죽지 않을 걸. 하나님이 먹고 죽는 걸 동산 가운데 두셨겠어? 거기에는 함정이 있어. 그걸 먹으면 죽는 게 아니라 너희들 눈이 밝아지게 될 거야. 그래서 하나님처럼 되겠지. 하나님은 그걸 경계하셨던 거야."

하와는 눈을 들어 동산 가운데 나무를 보았다. 평소에는 먹을 수 없기 때문에 눈여겨보지도 않았다. 먹지도 못할 걸 봐서 뭐하겠는가! 그런데 뱀의 말을 들으니 그 나무가 새삼스럽게 보였다. 나무의 열매는 먹음직도 하고 보암직도 하고 눈도 밝아져서 지혜롭게 될 만큼 탐스러워 보였다. 망설일 것이 없었다. 하와는 선악을 알게 하는 나무로 다가갔다. 손을 뻗어 열매를 붙잡았다. 그리고 힘껏 잡아당기니 쑥 빠졌다. 하와는 한 입 베어 물었다. 입술로 과즙이 흘렀다. 하와는 선악과를 들고 가 남편인 아담에게도 주었다. 아담은 아무 말도 없이 열매를 먹었다. 죄가 인류에게 들어오는 순간이었다.

아담은 그 열매를 본 순간 그것이 무엇인지 알았다. 하나님은 아담에게 말씀하셨다. "여호와 하나님이 그 사람에게 명하여 이르시되 동산 각종 나무의 열매는 네가 임의로 먹되 선악을 알게 하는 나무의 열매는 먹지 말라. 네가 먹는 날에는 반드시 죽으리라 하시니라"(창 2:16-17). 아직 하와가 창조되기 전이었기에 그 말씀은 오롯이 아담만을 위한 말씀이었다. 아담은 그 말씀을 기억하여 하와에게 가르쳐 주었다.

그런데 여기에서 오류가 발생한다. 하와는 이렇게 말했다. "동산 중앙에 있는 나무의 열매는 하나님의 말씀에 너희는 먹지도 말고 만지지도 말라. 너희가 죽을까 하노라 하셨느니라"(창 3:3). 하나님은 먹지 말라고 하셨지 만지지도 말라고 하지는 않으셨다. 반드시 죽는다고 하셨지 죽을까 말까, 하는 어정쩡한 태도는 아니었다. 아담은 정확하게 가르쳐주어야 했다. 더 중요한 것은 아담이 하와가 가져다준 열매를 본 바로 그 순간에라도 하와의 잘못을 교정해주어야 했다. 그 열매에 대한 약속은 하나님과 아담 사이에서 일어난 일이었기 때문이다. 그런데 아담은 아무 일도 하지 않았고, 그 열매가 무엇인지 알면서도 먹었다.

여기에서 아담의 게으름은 무엇이었을까? 그것은 생각의 게으름이었다. 조금만 생각하면 얼마나 위험하고 잘못된 일인지 알 수 있었다. 잠시 그 열매를 들고 하나님을 생각했더라면 절대로 쉽게 입에 댈 수 없었을 것이다. 그 순간이라도 하나님의 말씀을 복기했더라면 절대 먹을 수는 없었을 것이다. 그러나 아담은 너무 안일했다. 아내가 가져다준 선악과를 보고서도 생각이란 것을 하지 않았다. 만약 아담의 생각 속에 하나님의 말씀을 늘 담고 있었다면 아무 말도 없이 그렇게 쉽게 먹을 수는 없었을 것이다. 창세기 3장 6절을 보자.

"여자가 그 나무를 본즉 먹음직도 하고 보암직도 하고 지혜롭게 할 만큼 탐스럽기도 한 나무인지라. 여자가 그 열매를 따먹고 자기와 함께 있는 남편에게도 주매 그도 먹은지라."

하와가 뱀과 실랑이를 벌이는 것에 비해서 아담은 아무 갈등도 없이 선악과를 먹었다. 아담은 생각하지 않았다. 아담의 생각 속에 하나님의 말씀이 자리 잡고 있지 않았다. 아무리 아담이 온종일 바쁘게 살았어도 그가 생각의 게으름에 빠지자, 그만 온 세상이 죄악에 빠지는 결과에 이르고 말았다.

최고 권력자는 어떤 게으름 때문에 무너졌는가?

사사기에는 여러 명의 사사들이 등장한다. 그중에서도 두 번째에 해당하는 이가 에훗이다. 사사기에는 일정한 패턴이 있는데, 이스라엘 백성들이 하나님 앞에서 악을 행하면 하나님은 이방 나라를 강성하게 하셔서 이스라엘을 치셨다. 그러면 고통에 빠진 이스라엘은 하나님에게 회개하며 부르짖었다. 하나님은 사사를 보내셔서 이스라엘을 구원하시고 한동안 평화의 시대가 오게 된다. 그 후에 이스라엘은 다시 하나님 앞에서 악을 행하고, 또 주변 나라들이 강성해서 이스라엘을 괴롭힌다. 그러면 이스라엘은 다시 회개하며 부르짖는다. 이런 반복 속에서 사사의 존재는 하나님의 특별한 선물이었고, 이스라엘 백성들을 죄에서 건져주고 미래를 열어가는 인물이었다.

사사시대 초기에 등장한 인물 중에 베냐민 지파의 에훗이 있었다. 이 시절 하나님을 저버리고 악에 빠진 이스라엘에게 모압이라는 적이 다가왔다. 모압이란 나라는 전성기를 달리고 있었다. 모압의 왕은 에글론이었는데 그는 암몬과 아말렉 연합군의 우두머리였다. 그들은 무적이었고 이스라엘은 에글론 앞에서 속수무책이었다. 한때 자랑거리였던 종려나무 성읍인 여리고성은 힘없이 에글론에게 함락되었다. 이스라엘은 모압에게 꼼짝없이 공물을 바치고 종처럼 지내야 했다. 이스라엘은 하나님에게 부르짖었다.

그때 이스라엘의 울부짖음을 듣고 하나님이 보내신 사사가 에훗이었는데 그는 왼손잡이였다. 성경에서 왼손잡이라고 부각시켜서 말할 때는 특출한 사람을 의미했다(삿 20:16). 그런데 에훗에 대한 성경의 시선을 따라가다 보면 그가 왼손을 특별히 잘 쓰는 사람이라기보다는 오른손을 사용하는 데 어떤 장애가 있는 것처럼 보인다.

에훗은 이스라엘이 모압 왕 에글론에게 공물을 바칠 때 자원해서 조공을 드리는 자로 나섰다. 그는 손목보다 조금 더 긴 칼을 날카롭게 벼르고 허벅지에 숨겼는데, 왼손을 사용하기 때문에 오른쪽 옷 속에 감추었다. 경비들은 설마 오른쪽에 무기가 숨겨 있으리라곤 생각지도 못했다. 에훗은 처음엔 공물만 바치고 돌아섰다. 그러나 가던 중 모압으로 다시 돌아왔다. 여리고성에서 조금만 올라가면 길갈 근처 돌로 우상을 만드는 곳이 있는데, 에훗은 그곳에서 무엇인가 결심한 듯 에글론에게로 다시 돌아온 것이다. 방금 공물을 바쳤던 에훗이라 경비들은 선선히 길을 내주었다. 에훗은 왕에게 말했다.

"왕이시여, 제가 은밀하게 왕에게 드려야 할 것이 있었는데 깜박 잊고 다시 돌아왔습니다. 지금 보는 눈이 많습니다. 혹시 둘만 있게 해주실 수 있습니까?"

왕은 비밀스럽고 은근한 제안에 귀가 번쩍 뜨였다. 에글론은 주변의 경호원들을 물렸다. 그리고 뭔가 굉장한 것이라도 얻을까 기대하는 마음으로 에훗의 선물을 기다렸다. 그런 에글론의 귀에 청천벽력 같은 소리가 들렸다.

"제가 하나님의 명령을 받들어 왕에게 말씀을 드립니다!"

에글론은 귀를 의심했다. 하나님이란 이름이 나올 거라고는 생각지도 못했던 터였다. 얼떨결에 에글론은 자리에서 벌떡 일어섰다. 에훗은 그때를 놓치지 않고 오른쪽 허벅지에 감춰두었던 칼을 꺼내서 그대로 왕의 몸을 찔렀다. 얼마나 힘을 주었던지 칼자루까지 배를 뚫고 들어갔고, 등 뒤까지 칼끝이 통과되었다. 에글론은 그 자리에서 즉사했다. 에훗은 서둘러 시신을 다락에 넣고 잠근 뒤 창문을 통해 밖으로 빠져나갔다.

아무리 기다려도 왕의 방에서 기별이 없자 경비병들이 들이 닥쳤는데, 이미 에훗이 뒷정리를 해둔 터라 살인의 흔적은 보이지 않았다. 왕이 없는 것을 보고 다락을 두드렸으나 다락문은 잠겨 있었다. 경비병들은 왕이 다락 안에서 용변을 보는 줄로 알고 밖에서 기다렸다. 기다리는 시간 동안 에훗은 길갈 근처를 지나 스이라까지 도망쳤다. 경비병들은 아무리 기다려도 왕이 나올 생각을 않자, 열쇠로 문을 땄더니 에글론의 시체가 널브러져 있었다.

그때 이미 에브라임 산간 지방까지 올라간 에훗은 나팔을 불어 이스라엘을 깨웠다. 그 소리에 이스라엘 자손은 하나둘씩 모이기 시작했다. 에훗은 말했다.

"하나님께서 우리의 적 에글론을 죽이게 하셨습니다. 왕을 잃은 적들은 이미 패배한 것이나 다름이 없습니다. 요단강 나루로 모이십시오."

모압 군인들은 왕을 잃은 뒤 혼비백산해서 도망쳤고, 에훗은 정확하게 적들의 퇴로를 알고 있었다. 요단강 나루에 숨어 도망치는 모압 군사들을 하나씩 치기 시작했고, 그날 죽은 자가 약 만 명이나 되었다. 단 한 명도 본국으로 돌아가지 못하고 다 섬멸된 것이다.

여기에서 우리가 놓치지 말아야 할 것은 에글론이 자신과 그의 나라의 전성기, 힘, 능력에도 불구하고 비참하고 우스꽝스럽게 죽었다는 사실이다. 에글론은 몸에 기름기가 많아서 에훗이 칼로 찔렀을 때 칼날에 기름이 엉겼다. 성경은 이런 그의 모습을 비둔한 자라고 묘사하고 있다(삿 3:17). 다락을 안에서 잠갔을 때 밖에 있는 경비병들이 문을 열 생각을 못했던 것은 평소에 에글론이 화장실 사용을 오래 했다는 사실을 방증한다. 성경이 자세하게 에글론의 죽음과 그 배경에 대한 이야기를 하고 있다. 우리는 그것을 통해 교훈을 얻어야 한다.

에글론은 게으른 자였다. 어떤 게으름이었을까? 그것은 몸의 게으름이었다. 여러 가지를 유추해 보건대 에글론은 건강하지 못했다. 당시 모압이란 나라의 전성기는 하나님이 허락하신 것임에 틀림없었다. 그러나 에글론은 군사적, 정치적, 경제적 절정기를 보내면서도 자신의 몸 하나 제대로 관리하지 않고 방만하게 두었던 까닭에 그의 최후는 우스꽝스럽게 마감되고 말았다. 상대적으로 에훗이 지혜롭게 행동한 모습도 있지만 몸에 대해 게으른 자가 얼마나 자신을 나락으로 빠뜨리는지 역설적으로 강조되는 부분이다. 우리는 그것을 타산지석으로 삼아야 한다. 에글론을 제거한 후 이스라엘에 평화가 도래하는데, 사사시대 중 역대 최장 기간인 80년 동안의 평화였다(삿 3:30).

왕과 왕비가 망한 것은 이 게으름 때문

이스라엘에 악명 높은 왕 아합이 있었는데, 그를 더욱 악하게 만든 것은 그의 아내 이세벨이었다. 아합은 이스라엘의 정통성을 무시하고 이방나라의 공주와 정략결혼을 했다. 그는 이스라엘의 국격을 높이고 세계 무대에 뛰어들려는 의도가 있었다. 그러나 하나님의 뜻과 다르면 대부분의 경우 의도는 빗나가기 마련이다. 아합의 저의와는 다르게 이스라엘이 세계 유수의 나라들과 격이 같아지기는커녕 악하고 저속한 것들이 이스라엘에 들어와서 나라 자체가 망쳐질 지경이었다. 아합은 시돈 왕 엣바알의 딸 이세벨과 혼인을 했다. 아합의 장인인 엣바알은 '바알과 함께한 자'라는 뜻으로, 원래는 바알 신전의 제사장이었는데 자기가 섬기던 왕을 죽이고 시돈의 왕이 되었다. 그리고 그 딸을 이스라엘의 왕 아합에게 주었다. 그렇게 아합 시대의 어둠이 시작되었다.

이세벨이 이스라엘 왕가에 들어오면서 나라의 형편은 점점 엉망이 되어갔다. 바알과 아세라 숭배가 온 이스라엘에 유행이 되었고, 수백 명의 이방 선지자들이 수입되어 북이스라엘의 수도 사마리아가 우상의 본거지가 되어버렸다. 이세벨의 교만을 극단적으로 보여주는 일은 이스르엘 사람 나봇의 포도원을 강탈한 사건이었다. 길보아산 서북쪽 유대 산지에 나봇이라는 사람이 조상 대대로 내려오는 포도원을 가꾸고 있었다. 왕궁에서 내려다보이는 곳에 자리를 잡은 터라 아합 왕이 눈독을 들였다. 왕은 나봇에게 적절한 대가를 지불할 테니 포도원을 팔라고 했다. 그러나 나봇은 거절했다. 포도원은 조상의 유산이었고, 그것을 지키는 것이 나봇의 의무였기 때문이다. 사명을 돈 거래로 살 수는 없는 일이었다. 아합 왕은 포도원을 갖지 못하자 토라져버렸다. 어린아이처럼 밥까지 굶자, 이세벨이 나섰다.

"왕이시여, 뭘 그 정도 가지고 고민을 하십니까? 이스라엘이란 나라가 전부 당신의 것이 아니옵니까. 조금만 기다리시면 나봇의 포도원을 고스란히 왕께 바칠 터이니 식사를 하시옵소서."

이세벨은 간악한 여인답게 아합의 이름을 도용하여 왕명으로 된 편지를 나봇이 사는 마을의 장로와 귀족들에게 보냈다. 편지에는 동네 깡패 두 명을 거짓 증인으로 준비하여 하나님과 왕을 저주한 죄목을 나봇에게 덮어씌운 후 돌로 쳐죽이라는 명령이 적혀 있었다. 성읍의 장로와 귀족 중에 왕명을 거절할 사람은 없었다. 어떤 후환이 닥칠지 몰라서였다. 그들은 시키는 대로 나봇에 대한 거짓 증언자를 세운 뒤 성읍 밖으로 끌고 나가 처참하게 죽였다. 나봇이 죽자 포도원은 손쉽게 아합 왕의 것이 되었다. 아합은 만족감과 쾌락에 들떴다. 그러나 그 모든 것을 지켜보고 계신 분이 있었으니, 바로 하나님이셨다. 하나님은 엘리야를 보내 아합 왕의 죄를 지적하셨다. 아직 쾌감의 여운이 남아 있는 왕과 왕비의 간담을 서늘하게 하는 말이었다.

"너는 그에게 말하여 이르기를 여호와의 말씀이 네가 죽이고 또 빼앗았느냐고 하셨다 하고 또 그에게 이르기를 여호와의 말씀이 개들이 나봇의 피를 핥은 곳에서 개들이 네 피 곧 네 몸의 피도 핥으리라 하였다 하라"(왕상 21:19).

> "이세벨에게 대하여도 여호와께서 말씀하여 이르시되 개들이 이스르엘 성읍 곁에서 이세벨을 먹을지라" (왕상 21:23).

엘리야의 불 같은 경고에 아합 왕은 바로 그 자리에서 옷을 찢고 굵은 베로 몸을 동였다. 자신이 얼마나 흉악한 일을 저질렀으며, 하나님이 보시기에 얼마나 악한 일을 벌였는지 양심이 그를 찔렀다. 하나님은 그런 아합 왕을 보시고 재앙을 조금 유예해주셨다. 그러나 엘리야의 제자인 엘리사 때에 하나님의 심판이 재개되었다. 하나님은 예후라는 인물을 통해 아합 왕가를 완전히 멸절시키기로 하셨다.

아합의 최후는 어떻게 되었을까? 아합은 유다의 왕 여호사밧과 연합해서 전쟁을 벌였다. 원래 이스라엘의 땅이었던 길르앗 라못을 되찾아온다는 명분이었다. 아합은 적의 눈에 띄지 않도록 왕의 옷을 벗어 여호사밧에게 주고, 자신은 일반 사병의 복장으로 갈아입었다. 아람과의 전쟁에서 이스라엘과 유다의 연합군은 밀리기 시작했다. 일반 군인의 옷을 입은 아합은 무사히 도망가는가 싶었다. 그러나 우연히 적군이 쏜 화살이 아합에게 꽂혔다. 아합은 피를 흘리며 사마리아까지 와서 죽었고, 갑옷과 병거에는 그의 피가 흥건했다. 사마리아 연못에 흘린 아합의 피는 개들이 와서 핥았다. 엘리야의 예언대로였다.

이세벨은 어떻게 되었을까? 예후가 아합의 가문을 전멸시키는 난장판 속에서 그녀는 태연히 이스라엘 궁으로 들어갔다. 자신의 미모라면 얼마든지 역전을 노릴 수 있을 것이라 생각했다. 이세벨은 아름답게 머리를 꾸민 채 2층 창가에 앉아 창밖을 바라보고 있었다. 젊고 정열이 넘치는 예후 정도라면 얼마든지 자신의 손아귀에 넣을 수 있으리라. 이세벨은 요염하게 눈을 뜨며 예후에게 인사를 건넸다. 그러나 그녀는 예후의 열정을 오해했다. 예후는 주변에 있는 내시에게 이세벨을 창밖으로 던지라고 명령을 내렸고, 내시는 잠시의 머뭇거림도 없이 이세벨을 밖으로 내던졌다. 순식간에 일어난 일이었다. 이세벨은 벽과 담에 그슬리다 땅 바닥에 떨어져 즉사하고 말았다. 바닥에는 이세벨의 피가 흥건하게 고였다. 예후는 이세벨이 죽기를 기다린 뒤에 사람을 보내 시신을 수습하게 했다. 이세벨의 시체에 사람들이 도착했을 때는 사나운 개들이 두골과 발, 손을 제외하고는 다 먹어 치운 뒤였다. 엘리야의 예언대로 이세벨은 종말을 맞았다.

아합과 이세벨이 끔찍한 결말은 그들의 게으름으로 기인한 것이었다. 어떤 게으름 때문이었을까? 그들은 <u>관계의 게으름</u>에 빠졌다. 왕이라는 절대적인 권력과 그 권력을 업고 세상 모든 것이 자기 것이라 여긴 이세벨의 교만이 빚어낸 참극이었다. 관계는 언제나 연결되어 있다. 사람은 절대로 홀로 서지 못한다. 씨줄과 날줄이 정교하게 교차되며 짜인 베틀과 같다. 아합은 권력과 힘이라면 무엇이든지 가능하다고 생각했기 때문에 엣바알이라는, 이름부터 끔찍한 이방 왕을 자기 세력의 거점으로 삼았다. 이세벨은 왕이라도 자신이 뒤에서 조종할 수 있다 여겼고, 그렇게 되면 더 큰 힘을 가질 수 있다고 믿었다.

나봇이 가진 하나밖에 없는 포도원은 그들의 재산에 비하면 별 볼 일 없는 것이었다. 그러나 왕과 왕비의 소유욕은 끝이 없었다. 그들 권력의 속성이 다른 사람의 작은 재산도 빼앗지 않으면 견딜 수 없도록 만들었다. 그들은 누구든지 자신의 소유와 욕망을 위해 헌신하게끔 만들었지, 타인의 입장에 서보거나 다른 사람과의 관계를 헤아려

본 적이 없는 사람들이었다. 그것이 바로 관계의 게으름이었고, 게으른 그들의 관계망은 점점 여위고 삭아가기 마련이었다. 아무리 대단한 권력이라도 관계를 소홀히 하고 상대적으로 약한 자를 돌아보지 않는다면 반드시 망한다는 것을 보여주는 사례라고 하겠다.

악순환으로 가게 만드는 게으름의 길

청년 중에 수민이라는 형제가 있었다. 물론 가명이다. 수민이는 겉으로 보기에는 게으름과는 거리가 먼 친구였다. 늘 계획을 세웠고, 모임에 참석하는 것을 좋아했으며, 평판도 좋았다. 신앙심이 좋은 친구였는데, 그의 집안에 몇 대째 내려오는 유서 깊은 신앙이 그를 더욱 돋보이게 했다. 수민이의 조부모님과 부모님이 교회에서 중직자로 오랫동안 헌신했다는 사실 역시 그에게 후광효과를 주었다. 그런데 내가 보기에 그에게는 치명적인 게으름이 있었다. 그것은 습관의 게으름이었다.

수민이는 교회의 수련회 프로그램이란 프로그램에는 모두 활발하게 참여했다. 늘 땀에 절었고, 그런 열정적인 모습이 보기에 좋았다. 그런 그에게는 어떤 문제도 없으리라 여겼는데, 오랫동안 그를 관찰했던 수민이의 선배가 수민이 곁에 늘 탄산음료가 붙어 있다는 점을 지적했다. 그러고 보니 수련회 장소 뒤에는 아이스박스에 얼음을 채운 음료수가 있었는데 그 근처에는 항상 수민이가 있었고, 한 가지 활동을 한 뒤에는 어김없이 탄산음료를 들이켰다. 그리고 수민이의 옆

자리에는 빈 캔이 굴러다녔다. 탄산음료는 수민이의 습관이었다. 수민이는 스스로 탄산음료 중독이라고 얘기했다. 수민이 스스로가 탄산음료를 끊을 수가 없다고 농담처럼 고백할 정도였다. 그러나 그것은 그의 다른 습관에 비하면 애교에 불과했다.

무슨 일이 있어서 수민이에게 문자로 연락을 하면 바로 답이 오는 법이 없었다. 빠르면 여섯 시간에서 느리면 하루가 지나서야 답이 왔다. 전화를 잘 받지 않아서 음성을 남기는 일이 태반이었다. 나중에 알고 봤더니 친구들과 어울리고 친하게 지내는 것을 좋아하는 그의 성격상 늦은 밤까지 한국에 있는 친구들과 연락을 하고 새벽 네 시 이후에나 잠에 든다는 사실을 알았다. 학교 수업은 대부분 오후에 잡아 놓았고 오전에는 주로 이불 속에 있었다.

수민이는 청소년 때 미국으로 이민을 왔고 한국에 있는 친구들과의 관계를 매우 중요하게 여겼다. 한국에 사는 친구들과 이야기하고 연락할 수 있는 시간은 새벽 시간이었기 때문에 그것은 늦잠을 자는 습관으로 이어졌다. 한국의 친구들과 연락을 하지 않을 때에도 늦게까지 깨어 있는 게 일상화되어 게임을 하거나 웹툰을 보면서 밤을 지새웠다. 부모님이 일찍 자라고 아무리 이야기를 해도 밤에 잠이 오지를 않는다고 했다. 그러면서도 학교 성적은 나쁘지 않았고, 수업을 따라가는 것도 어렵지 않은 것을 보면 나름대로의 노하우가 있는 듯했다.

수민이의 안 좋은 습관은 그것뿐이 아니었다. 교회 행사에 빠지지 않는 수민이는 일을 맡는 것을 좋아했다. 교회에 늦게까지 남아서 일을 하거나 집으로 가져가서 필요한 준비를 하기도 했다. 부서의 중심 인물이기 때문에 행사가 생기면 일을 맡기지 않을 수가 없었다. 그리고 스스로도 어떤 일이든 잘한다고 믿었다. 수민이는 교회의 여러 장비를 수리하는 데도 일가견이 있었다. 손재주가 뛰어난 친구였다. 문제는 고장 난 악기나 앰프를 맡기면 항상 필요한 기간이 지나서야 가지고 온다는 사실이었다. 깔끔하게 고쳐졌지만 행사를 위해 이미 다른 곳에서 빌려 사용한 뒤라 수민이의 헌신이 빛바랠 때가 잦았다.

수민이는 일중독이기도 했다. 누군가 부탁을 하면 거절하는 법이 없었다. 학교 과제도, 교회 사역도 언제나 자신의 차지였는데, 개인의 능력과 시간에는 한계가 있기 마련이라 맡겨진 일들이 번번이 뒤로 밀리곤 했다. 수민이도 일을 미룰 수 있을 때까지 미루었다. 그리고 자기의 마음에 드는 일, 자기가 하고 싶은 일을 제일 먼저 했다. 수민이의 말에 의하면 하고 싶은 일이 이루어져야 성취감을 느끼고, 그래야 다른 일도 할 수 있다고 했다. 그 때문에 공적인 일은 늘 미뤄졌고, 항상 늦어졌다.

그렇게 일에 몇 번 펑크가 나자 사람들의 불만이 나오기 시작했다. 그리고 그 불만의 소리가 그의 귀에 들리기 시작했다. 스스로 일을 잘 조정하지 못하고, 시키는 일이라면 거절하지 못하는 것이 불만이었던 수민이라서 남들의 불평을 들으면 굉장히 힘들어했다. 그때부터 수민이는 원망을 했고, 결국 원망의 원인이 자기 자신에게 향하기 시작하면서 자신을 비관하고 자기 비하를 했다.

청년부 조별모임을 할 때면 수민이는 자신이 아무것도 할 줄 모르는 부족한 사람이라는 표현을 했다. 주변에서 불편한 기색을 보일수록 자기 비하는 더 심해졌다. 그의 말 속에는 날이 서 있었다. 청년부원들은 언제부터인가 그런 수민이를 못마땅하게 여겼고, 그럴수록 수민이도 자신을 더욱 비관했다. 악순환의 고리였다. 그래서 지금은 청년부 행사가 생기면 제일 먼저 불평하는 사람이 수민이가 되었다. 어떤 때는 자신이 비관주의자처럼 보이려고 의도적으로 부정적인 얘기를 하곤 했다. 수민이에게는 처리하지 못한 일들이 산처럼 쌓여갔다. 수민이는 청년부 일에 소외될 때가 많아졌고, 그의 의견과 청년부 안에서의 불만이 부딪히는 일도 잦았다. 수민이는 자신은 습관적인 게으른 자라고 스스로를 비하하면서도 그것은 어쩔 수 없는 일이라고 말했다. 그리고 성경에 나오는 게으르고 형편없는 자가 바로 자신이라고 자책했다. 그가 짚어낸 성경 말씀은 다음과 같았다.

> "게으른 자여 네가 어느 때까지 누워 있겠느냐 네가 어느 때에 잠이 깨어 일어나겠느냐 좀 더 자자, 좀 더 졸자, 손을 모으고 좀 더 누워 있자 하면 네 빈궁이 강도같이 오며 네 곤핍이 군사같이 이르리라"(잠 6:9-11).

어떻게 하면 게으름에서 벗어날 수 있을까?

게으름의 결과가 인류를 죄악에 빠지게 하고, 자신과 나라에 위기를 초래하며, 높은 자리에서 완전히 바닥으로 떨어지고, 열심히 잘 살고 있는데도 비관적이게 될 정도로 우리의 삶에 치명적이다. 게으름이란 적은 예전에만 유행하던 게 아니라 오늘날에도 우리 삶의 귀퉁이에 숨어 있다가 우리를 낙망하게 하며 넘어뜨린다. 더욱이 누구나 다 게으른 요소가 있고, 내면의 게으름이 있다. 아마 당신도 예외가 아닐 것이다. 그러면 어떻게 해야 할까?

프랑스의 철학자이자 시인인 폴 발레리는 이렇게 말했다. "생각하고 행동하라. 그렇지 않으면 행동하는 대로 생각하게 될 것이다." 생각하지 않고 엉망인 행동을 하면 생각도 그것을 따라가게 되어 결국 모순적인 사람이 될 수 있다는 말이다. 그러므로 생각하고 행동해야만 생각의 게으름에서 빠져나올 수 있다. 그러나 우리가 생각하지 않는 이유가 있다. 생각이 잘되지 않는 것이다. 그리고 그 생각이 옳은지도 확신할 수 없다. 그래서 생각을 하지 않거나 아예 멈춰버린다. 그럴 때 생각이 게으른 상태가 온다. 생각하기 힘들어도 생각을 해야 한다.

생각을 한다는 것은 이리저리 궁리하는 일이 아니다. 그것은 생각 속에 말씀을 넣는다는 의미이다. 성경을 여러 시각으로 읽고 또 읽으며 끊임없이 생각과 함께 맞물려야 한다. 아담이 생각의 게으름에 빠지지 않으려면 하나님의 말씀을 생각하고 또 생각해야 했다. 하나님은 아담에게 많은 말씀을 하신 것도 아니었다. "선악을 알게 하는 나무의 열매는 먹지 말라. 네가 먹는 날에는 반드시 죽으리라"(창 2:17). 딱 한마디였다. 아담은 하나님의 말씀을 생각하고 또 생각해야 했다. 히브리 원어에 의하면 "반드시 죽으리라"는 말은 '모트 타무트'(mot tamut)라고 하여 '죽음'(mot, 모트)이라는 단어를 두 번이나 사용했다. 외우기도 쉽지 않은가? 죽고 또 죽는다. 아담은 이 말씀을 묵상해야 했다. 그는 죽음에 대해서 늘 생각해야 했다. 아담의 생각 속에 이 말씀이 있었다면 선악과를 봤을 때 저절로 '죽음'이 떠올랐을 것이고, 그러면 절대로 무너지지 않았을 것이다.

당신의 생각 속에 나 자신과 이웃과 일을 넣어보자. 나는 홀로 서 있지 않다. 내가 처해 있는 위치를 생각해보자. 나와 연결된 사람, 나를 필요로 하는 사람, 나와 관계된 사람…. 그 관계 속에서 나의 위치를 생각하면 관계의 게으름에서 벗어날 수 있다. 내 생각 속에 나의 몸을 집어넣어보자. 내 몸은 나의 것이 아니다. 나와 관련된 사람들을 위해 사용되어야 할 몸이다. 하나님이 나에게 잠시 맡겨주신 몸이다. 그 몸을 방만하게 운영해서는 안 된다. 내 몸을 망칠 정도로 무책임하게 많은 일을 맡을 필요는 없다.

당신이 없어도 일은 돌아간다. 책임을 진 사람이 어쩔 수 없이 그 책임에서 떠나는 경우가 있다. 멀리 이사를 가거나, 외국으로 떠나거나, 심지어 죽으면 그는 더 이상 그 일을 책임질 수가 없다. 그럴 경우에 어떻게 되는가? 누군가 새로운 인물이 나타나서 그 일을 맡게 된다. 그리고 생각보다 훨씬 더 잘할 때가 많다. 물론 그 일이 와해되는 경우도 있다. 무책임하게 맡은 일을 외면해서 망쳐버려서는 안 되지만 누군가 그 일을 떠나면서 일이 없어질 때 그 일은 없어졌지만 새로운 일이 생겨서 공동체에 더 큰 활기를 주기도 한다. 꼭 당신이 아니어도 아무런 문제가 없다. 당신은 당신에게 맡겨진 일을 당신의 때에 책임감 있게 감당하고 때가 되면 미련 없이 그 자리에서 내려오면 된다. 당신은 더 이상 게으른 사람이 아니다. 하나님의 뜻이 있는데 당신이 게을러질 만큼 일이 많아서야 되겠는가?

CHAPTER 2

핑계

: 너무 바빠서요!

- 핑계 없는 무덤?
- 왜 그렇게 기를 쓰고 핑계를 대는 것일까?
- 핑계를 대봐야 소용이 없는 걸
- 모세는 핑계의 대명사였다
- 우리 주변에서 볼 수 있는 핑계의 모습들
- 그리스도인은 핑계 댈 수 없는 사람이다

핑계
너무 바빠서요!

핑계 없는 무덤?

미국의 캘리포니아 주 국도 605번과 60번이 만나는 지점에 로즈 힐스(Rose Hills)라는 공동묘지가 있다. 1914년에 시작된 이 묘지는 현재 170만 평의 규모로 묘지 하나당 최저가가 오백만 원이 넘는다. 좋은 자리의 묘는 몇 억짜리라는 소문도 있다. 현재 30만 개의 묘가 있는 이 거대한 공동묘지는 북미지역 가장 큰 묘지로 손꼽힌다. 미국 이민사회에서 살다 돌아가신 분들의 시신은 한국으로 모시지 않고 대부분 이곳에 묻힌다. 그래서 나는 장례예배가 있을 때 이곳으로 갈 기회가 자주 있었다. 미국 무덤의 비석은 한국과 달리 수평으로 땅에 놓이기 때문에 묘지 안에 들어가면 어쩔 수 없이 비석을 밟거나 넘어가게 되어 있다. 장례식에 참석할 때마다 땅에 박힌 묘비들을 보게 된다. 그들은 어디에서 왔다가 어디로 가는 것일까?

"핑계 없는 무덤은 없다"라는 속담이 있다. 모든 무덤에는 핑계가 있다는 뜻이다. 자연사, 사고사, 병사, 노사(老死) 등 죽은 사람들은 각자 죽은 이유와 사연이 있다. 핑계 없는 무덤은 없다. 그러나 생각해보라. 무덤 앞에서 핑계를 대봐야 소용없는 일이다. 이미 죽었기 때문이다. 무덤 앞에서 핑계를 대봐야 어리석고 부질없다. 죽은 사람이 일어나 죽게 된 핑계를 댈 수 없는 일이다. 비석에는 죽은 사람의 이름과 태어나고 죽은 날짜만 새겨져 있을 뿐 죽은 이유는 기록되지 않는다. 쓸모없는 핑계에 불과하기 때문이다.

죽음에 대해서도 다 할 말이 있고 이유와 핑계를 댈 수 있다면 살아 있는 사람들이야 말해 무엇하랴. 어떤 일이든 반드시 핑계와 이유를 댈 수 있다. 하지만 살아 있는 당신! 이제 당신은 핑계가 아닌 다른 것을 찾아봐야 한다. 핑계와 이유, 변명을 찾기 전에 행동과 책임을 생각해보는 것은 어떨까? 핑계 따위는 무덤에게 맡기고 당신은 다른 일을 해보자.

왜 그렇게 기를 쓰고 핑계를 대는 것일까?

핑계란 무엇인가? 사전적인 용어로 말하자면 "잘못한 일에 대하여 이리저리 돌려 말하는 구차한 변명"이다. 이 개념 속에서 우리가 관심을 가져야 할 것은 '잘못한 일'이다. 만약 일을 잘했다면 핑계 따위는 대지 않는다. 지각을 했을 때 차가 막힌다는 핑계를 대지, 시간에 맞춰 도착하면 핑계는 필요가 없다. 성적이 안 나왔을 때 컨디션이 안 좋았다는 핑계를 댈 수 있지만 성적이 잘 나오면 핑계를 대지 않는다. 사람은 언제나 '잘못한 일'을 저지르고 '잘못한 일'에 대해서만 핑계를 댄다. 사람이 하는 일에 잘못이 생기는 이유는 무엇일까? 그것은 <u>인간이 불완전한 존재</u>이기 때문이다. 그렇다면 인간이 불완전한 이유는 무엇일까? 그것은 바로 죄인이기 때문이다. 다윗은 말했다. "내가 죄악 중에서 출생하였음이여 어머니가 죄 중에서 나를 잉태하였나이다"(시 51:5). 태어나기를 죄인으로 태어난 인간이기 때문에 불완전하고, 불완전하기 때문에 꼭 실수를 한다. 죄인인 인간이 가진 불완전함과 실수의 반복이 인간을 핑계 대는 존재로 이끌어간다.

그러므로 핑계에 대해서 다루려면 인간이 죄인이라는 사실이 먼저 진단되어야 한다. 바울은 로마서를 통해 이렇게 말했다. "<u>모든 사람</u>이 죄를 범하였으매 하나님의 영광에 이르지 못하더니"(롬 3:23). 특정한 몇몇 사람이 죄를 범했거나 일부분의 사람이 죄를 저지른 것이 아니다. 모든 사람이다. 모든 사람이 죄인이기 때문에 실수와 잘못을 저지르고, 그것을 말로 덮으려는 시도가 바로 핑계이다. 그래서 인간은 핑계를 댈 수밖에 없다. 이것이 모든 인간의 운명이다. 그런데 인간의 서글픈 운명은 불완전함을 보완하고, 잘못한 일에 대해 보충하려 하지만 핑계를 대면 댈수록 구차하고 비굴해진다. 핑계를 대봐야 불완전한 인간이 완전해지지 않는다.

불완전한 인간임에도 완전에 가깝거나 위대하게 되는 경우가 종종 있다. 성경의 주요 인물 중에 다윗이 그에 해당된다. 다윗은 존귀한 자였다. 다윗이 그렇게 된 이유는 인간을 뛰어넘는 완전한 존재가 되었기 때문이 아니다. 그가 했던 일이 대단하거나 말과 행동에 흠이 없었기 때문이 아니다. 그가 존귀한 자가 될 수 있었던 이유는 오직

한 가지밖에 없었다. 바로 하나님이시다.

> "네가 어디로 가든지 내가 너와 함께 있어 네 모든 대적을 네 앞에서 멸하였은즉 세상에서 존귀한 자들의 이름 같은 이름을 네게 만들어주리라"(대상 17:8).

이렇게 존귀한 자이며 흠 없는 다윗이었으나 그도 실수를 하고 잘못을 했다. 아무리 대단한 존재라도 실수를 한다. 다윗 역시 실수를 했다. 불완전한 인간이기 때문이고 죄인이기 때문이다. 다윗은 자신의 죄와 잘못을 핑계 대면서 무마하려 했고, 그렇게 하면 할수록 더 구차해졌으며, 이스라엘 전체를 위기에 처하게 만들었다. '이리저리 돌려 말하는 구차한 핑계'는 말을 매개로 하는 것이기 때문에 쉽게 할 수 있는 것이다. 힘이 많이 들거나 비용을 지불할 필요가 없다. 그냥 말로 하기 때문에 언제든지 핑계를 댈 수 있다. 그러나 말은 행동과 다르다. 행동한 것을 말로 보완하려니 오히려 더 어려워졌다. 잘못한 행동을 가벼운 말로 가리려니 오히려 무거운 결과가 왔다. 핑계는 그렇게 무섭다.

핑계를 대봐야 소용이 없는 걸

가인의 경우를 보자. 가인은 자신의 제물을 하나님이 받으시지 않았다는 이유로 동생 아벨을 들판으로 불러내서 죽였다. 하나님이 가인에게 아벨에 대해 물으시자 그는 핑계를 댔다. "내가 내 아우를 지키는 자니이까." 당시에 전 인류는 총 네 명이었다. 아담, 하와, 가인, 아벨. 가인이 아벨을 죽임으로써 전 인류의 4분의 1이 없어진 셈이다. 가인은 인류 최초의 살인을 저질러 놓고서도 "나는 아우를 지키는 자가 아닙니다"라는 핑계를 댔다. 그러나 핑계로 잘못을 덮을 수 없었다. 하나님은 아벨의 죽음을 다 보셨고 아셨다. 하나님은 가인에게 아우의 죽음에 대한 책임을 물으셨다. 그러자 가인은 벌이 너무 크다고 항변을 했다. 핑계라는 방패 뒤에 숨었다. 자기가 한 일에 대해서 도망가고 변명하기에 바빴다.

유다서는 이단에 대한 경고의 말씀이다. 유다는 성도들에게 믿음을 지키도록 권하며, 교회에 들어와 그리스도를 부인하게 만드는 이단에 대해 주의를 시킨다. 그럴 때 악한 인물들이 예증으로 나오는데 그중에 대표적인 인물이 가인이다.

> "화 있을진저 이 사람들이여 가인의 길에 행하였으며 삯을 위하여 발람의 어그러진 길로 몰려 갔으며 고라의 패역을 따라 멸망을 받았도다" (유 1:11).

가인은 악한 자에 대한 대표적인 인물이 되었다. 온 인류는 가인이 얼마나 악인이고 얼마나 큰 죄악을 저질렀는지 다 안다. 가인이 아무리 핑계를 대봤자 아무 소용이 없었다.

가룟 유다의 경우를 보자. 가룟 유다가 예수님을 판 이유와 원인을 우리가 정확히 알 수는 없다. 그러나 그가 예수님을 팔게 된 결정적인 장면이 있다. 요한복음 12장에는 예수님이 나사로의 집에 들어가는 장면이 나온다. 죽은 나사로가 살아났고 그 집에는 잔치가 벌어졌다. 예수님이 식사를 하고 있었는데, 나사로의 막냇동생 마리아가 값진 순 나드 향유 한 근을 가지고 나타났다. 마리아는 예수님의 발에 향유를 붓고 머리칼로 발을 닦았다. 그러자 온 집안에 향유 냄새가 가득했다. 가룟 유다가 말했다. "이 향유를 어찌하여 삼백 데나리온에 팔아 가난한 자들에게 주지 아니하였느냐"(요 12:5). 합리적인 생각이었다. 비싼 향유를 땅에 쏟아버렸으니 아까워보였다. 그에 비해 가룟 유다는 가난하고 소외된 사람을 생각하는 기특한 모습처럼 보인다.

그러나 가룟 유다는 자비로운 사람이 아니었다. 호위병들을 끌고 예수님을 잡으러 올 때 입을 맞추는 것으로 암호를 삼았다. 가룟 유다는 제자들의 저항(눅 22:36-38)에 대비했다. 당시 제자들은 무장되어 있었다. 베드로는 말고의 귀를 잘랐다. 그는 평소에 칼을 지니고 다녔다. 베드로 말고도 과격한 제자들도 있었고 무기를 감춘 제자들도 있었다. 제자들의 면면을 잘 아는 가룟 유다는 예수님의 제자들에게 위압감을 주도록 다수의 무장한 병사들을 이끌고 왔다. 그는 예수님만 배반한 것이 아니라 3년간 함께했던 동료들까지도 배반한 것이다.

요한복음 12장 6절은 이렇게 말한다. "그는 도둑이라. 돈궤를 맡고 거기 넣는 것을 훔쳐 감이러라." 가룟 유다는 도둑이었다. 예수님과 제자들이 공생애 기간에 돈을 버는 일은 없었다. 그럼에도 부족함 없이 살 수 있었던 것은 자발적인 헌물이 있었고 주변에서 도와주는 사람들 덕분이었다. 그래서 재정 담당자가 필요했고 가룟 유다가 그 일을 했다. 그런데 가롯 유다는 돈을 훔쳐가곤 했다. 왜 훔쳤을까? 처음에는 돈이 일정하게 생기는 게 아니어서 넉넉할 때 미리 챙겨놓고자 했을 것이다. 그런데 여분이 많아지자 횡령의 대상이 되었다. 유다는 은 30에도 스승을 팔아버릴 정도로 돈에 눈이 멀었다. 신의, 믿음, 공동체라는 가치보다 돈을 더 우선시했다.

유다가 "삼백 데나리온에 팔아 가난한 자들에게나 주지"라고 한 말 속에는 재정 담당자다운 빠른 계산이 있었다. 그가 말한 가난한 자는 누구로 특정되지 않았다. 가롯 유다가 가난한 자를 자기 자신이라고 해버리면 그만이었다. 그는 돈을 계산할 때마다 늘 절절 맸다. 돈 때문에 고생하는 내가 곧 가난한 자이니까 "그 돈은 내가 받아야해"라고 말해버리면 끝이었다. 그는 향유를 팔아 벌 수 있는 돈에 눈독을 들이고 있었다.

그러나 예수님은 이렇게 말씀하셨다. "나의 장사 날에 쓰려는 것이다." 예수님은 마태복음에서 세 번이나 고난을 예고하셨다. 일상 속에서는 더 많이 말씀하셨을 것이다. 그만큼 중요한 일이었다. 그런데 제자들은 신경조차 쓰지 않았다. 그들은 아무런 준비도 하지 않았기에 예수님이 잡히시는 그 밤에 다들 도망가기에 바빴다. 그런데 유일하게 마리아가 그것을 기억했다. 예수님의 죽음에 대한 말씀을 들었고, 그 얘기를 마음에 품었다. 자신의 힘으로 예수님의 죽음을 막을 수 없다면 그것을 예비할 수는 있겠다고 생각했다. 가난한 막내 마리아가 평소에 짠순이처럼 모았던 순 나드 향유를 아낌없이 예수님에게 부어드렸다. 예수님의 죽음에 대한 마리아 나름대로의 준비였다. 반면 가롯 유다는 핑계만 댔다. "가난한 자들에게나 주지." 그런 핑계만

대다 보니 그는 예수님을 죽이는 일에도, 스승을 팔고 배반하는 일에도 전혀 거리낌없는 사람이 되어버렸다. 가룟 유다가 가난한 사람을 핑계 대도 우리는 안다. 예수님을 생각하지 않는 사람이 가난한 사람을 생각할 리가 없다는 사실을. 가룟 유다의 정체가 어떤 것인지를 알고 있다.

모세는 핑계의 대명사였다

모세의 경우를 보자. 하나님이 모세를 부르셨다. 그런데 왜 하필이면 모세였을까? 당시 고통받던 이스라엘 백성들을 이끌어 갈 리더가 모세 외에는 없었는가? 그렇지 않다. 가장 잘 준비된 리더가 있었다. 그중에서 아론을 꼽을 수 있다(출 4:14). 모세보다 세 살이 많았고, 그 집안의 장자였으며, 무시무시한 바로의 정권 아래에서도 살아남았다. 아론은 다른 나라로 피신을 가지도 않고 노예인 자기 백성들 속에서 잘 지내고 있었다. 어렸을 때는 부모님의 품에서 이스라엘식 교육을 받으며 자랐다. 그는 달변가였으며 이스라엘 장로들을 설득하는 데에도 능했다. 하나님은 아론과도 말씀하셨으며(출 4:27) 백성들의 신뢰도 얻고 있었다(출 4:31). 그 모든 조건이 있었음에도 하나님은 아론을 통해 출애굽의 역사를 이루지 않으셨고 모세를 택하셨다. 왜 모세였을까?

엄밀히 말하자면 모세는 리더로서 적절하지 않은 사람이었다. 그는 상처가 많았다. 젖도 떼기 전에 강물에 버려졌다. 누나 미리암이나 형 아론과 달리 막내인 모세는 가족으로부터 버림을 받아야 했다. 당시 바로 왕의 명령에 따라 남자아이는 나일강에 던져졌다. 모세도 예외는 아니었다. 임시방편으로 갈대상자에 넣어졌지만 불어난 강물에 휩쓸려 사라질 것은 뻔한 일이었다.

모세는 구사일생으로 살아났다. 그것도 바로 왕의 딸인 공주에 의해서. 그러나 그의 아기 때를 기억하는 사람들은 모세를 볼 때마다 강물에 버려졌던 사건을 상기시켰다. 강에서 건져낸 아기, 모세라는 이름부터가 그런 의미였다. 모세의 주변에 있는 사람들은 어린 모세를 보면서 쑥덕거렸다. 저 아이는 버려졌던 아이라고. 모세라는 이름을 부를 때마다 아기 때 버려졌던 상처가 되새겨졌다. 버림받았던 기억이 문신처럼 그의 삶에 새겨졌다.

게다가 모세는 젊었을 때 살인을 저질렀다. 그는 혈기가 많은 사람이었고 경솔했다. 같은 민족인 히브리 백성들의 편을 들어주려다 우발적으로 관리를 죽였다. 그런데 도리어 히브리 백성들로부터 불신을 받았다. 다음 날, 히브리인끼리 시비가 생기자 모세가 나섰다. 그러자 히브리인들이 말했다. "우리도 죽일 셈이냐?" 히브리인들은 반목의 눈으로 모세를 바라보았다. 살인은 곧 들통이 났고, 바로 왕은 살인자 모세를 불러들였다.

모세는 광야로 도망쳤다. 빈 몸이었다. 그는 완전히 바닥에서부터 시작해야 했다. 우여곡절 끝에 미디안 광야에 사는 십보라라는 여인과 결혼하여 야인으로 살아갔다. 아들이 태어났을 때 '게르솜'이란 이름을 붙였다. 낯선 땅에서 나그네가 되었다는 뜻이다. 한스럽고 괴로운 자신의 인생을 아들의 이름에 새겨 넣었다. 그렇게 여러 해가 지났고, 모세는 허송세월만 보내고 있었다. 그런 모세였기에 하나님을 만났을 때에도 그의 모든 말에는 변명과 핑계밖에 없었다.

하나님은 모세를 부르셨다. 어느 날 평소처럼 양을 치면서 광야를 지나고 있는데, 광야 서쪽 호렙산의 기슭에 이르렀을 때 신기한 장면을 목격하게 되었다. 키가 작고 가지와 줄기가 섞인 초라한 떨기나무가 불에 타고 있었다. 흔한 모습이었다. 그런데 모세의 눈길을 끄는 것은 금방 사라져야 할 떨기나무의 불이 시간이 갈수록 더욱 맹렬히 타오르는 것이었다. 모세는 가까이 다가갔다. 그때 모세의 귀를 울리는 소리가 들렸다. "하나님이 이르시되 이리로 가까이 오지 말라. 네가 선 곳은 거룩한 땅이니 네 발에서 신을 벗으라." 낯설지만 위엄 있는 소리였다. 하나님은 모세에게 떨기나무의 불로 나타난 이유와 이스라엘 백성들을 향한 당신의 계획을 드러내셨다. 자세하고 분명한 말씀이셨다. 하나님은 아브라함, 이삭, 야곱의 하나님이시며, 이집트에 있는 이스라엘 백성들의 고통을 분명히 알고 계시며, 그들을 건져내어 약속의 땅 가나안으로 데려갈 꿈과 계획을 말씀하셨다. 그리고 놀랍고 가슴 벅찬 그 여정에 영광스럽게도 모세를 사용하고자 하셨다.

> "이제 내가 너를 바로에게 보내어 너에게 내 백성 이스라엘 자손을 애굽에서 인도하여 내게 하리라"(출 3:10).

가슴이 뻥 뚫려버릴 엄청난 비전과 능력의 말씀이셨다. 당장에라도 이집트로 뛰어 들어가야 마땅했다. 그런데 모세의 첫 대답은 이랬다. "내가 누구이기에 바로에게 가며 이스라엘 자손을 애굽에서 인도

하여 내리이까"(출 3:11). 하나님은 자신의 계획을 자세히 말씀하셨고, 그것은 누구라도 설득될 말씀이었다. 그런데 모세는 일언지하에 거절했다. 모세는 자기 신세만 얘기했다. "내가 누구라고 갑니까." 모세의 <u>첫 번째 핑계</u>였다.

그러나 하나님은 지지 않으셨다. "하나님이 이르시되 내가 반드시 너와 함께 있으리라. 네가 그 백성을 애굽에서 인도하여 낸 후에 너희가 이 산에서 하나님을 섬기리니 이것이 내가 너를 보낸 증거니라"(출 3:12). 마치 눈에 그려 보이는 듯한 말씀이셨다. 지금은 모세 혼자서 호렙산 기슭에 서 있지만 언젠가 이 광활한 광야에 수많은 이스라엘 백성들이 하나님을 향해 손을 들고 예배할 것이었다. 그런데 모세의 대답은 산통을 깼다.

> "모세가 하나님께 아뢰되 내가 이스라엘 자손에게 가서 이르기를 너희의 조상의 하나님이 나를 너희에게 보내셨다 하면 그들이 내게 묻기를 그의 이름이 무엇이냐 하리니 내가 무엇이라고 그들에게 말하리이까"(출 3:13).

모세는 가긴 가더라도 하나님이 나를 보내셨다고 하면 하나님이 누구인데, 그 이름이 무엇이냐고 물을 텐데 무슨 대답을 해야 할지 모르겠다고 말했다. <u>두 번째 핑계</u>였다. 하나님은 모세의 짧은 변명에 긴 대답을 해주셨다. 나는 스스로 있는 자이다. 아브라함, 이삭, 야곱의 하나님, 영원한 그 이름을 기억해라. 이스라엘의 장로들에게도 같은 이야기를 전해주어야 하며, 어떤 길을 가게 될 것이고, 어떤 땅을 밟게 될 것인지를 말하라. 이스라엘 백성들을 데리고 나에게 절하고 제사를 드리게 될 것이며, 나는 강한 손으로 애굽의 바로 왕을 쳐서 결국은 모두 이집트에서 당당하게 자유인으로 나오게 될 것이다(출 3:14-22). 평범한 사람 같으면 항복하고 순종할 말씀이었다. 이 정도의 설득이면 감격하여 그 자리에서 뛰쳐나가야 했다. 그런데 모세는 이렇게 긴 설득에도 맥없는 대답을 했다.

> "모세가 대답하여 이르되 그러나 그들이 나를 믿지 아니하며 내 말을 듣지 아니하고 이르기를 여호와께서 네게 나타나지 아니하셨다 하리이다"(출 4:1).

힘이 빠지는 대답이었다. 모세는 그래봐야 소용없다고 말했다. 아무도 자신의 말에 귀를 기울이지 않을 것이라고 했다. 하나님의 원대한 계획에 찬물을 뿌리는 것 같았다. 모세의 세 번째 핑계였다. 그러자 하나님은 말로는 안 되겠다고 생각하셨는지 모세의 손에 있는 것을 물어보셨다. 지팡이였다. 하나님은 지팡이를 던지라고 하셨다. 그러자 지팡이는 살아서 움직이는 뱀이 되어 금방이라도 물 것처럼 꿈틀거렸다. 하나님은 뱀의 꼬리를 잡으라고 하셨다. 다시 지팡이가 되었다. 이번에는 손을 품에 넣게 하셨다. 투박하긴 했지만 건강했던 그의 손이었다. 그런데 품에 넣었다 꺼낸 그의 손에는 하얀 버짐이 피어올랐고, 보기에도 흉측한 나병이 끔찍하게 발병했다. 다시 손을 품에 넣자 전처럼 건강한 손이 되었다. 말이 안 통하면 방금 본 기적이 모세의 힘이 되어줄 터였다. 그래도 믿지 않는다면 나일 강물을 조금 떠다가 땅에 부으면 강물이 시뻘건 피로 변한다고 하셨다. 굳이 보여주지 않아도 눈에 선했다. 이 정도면 지팡이를 붙잡고 당장 이집트로 뛰어가야 마땅했다. 그런데 모세는 그런 기적을 눈앞에서 보고서도 이런 대답을 했다.

"모세가 여호와께 아뢰되 오 주여 나는 본래 말을 잘하지 못하는 자니이다. 주께서 주의 종에게 명령하신 후에도 역시 그러하니 나는 입이 뻣뻣하고 혀가 둔한 자니이다"(출 4:10).

모세의 네 번째 핑계였다. 하나님은 지팡이와 손의 기적을 보여주셨는데 모세는 더듬거리는 서툰 말솜씨라는 핑계를 댔다. 핑계의 특징 중에 하나가 엉뚱한 데서 원인을 찾는 데 있다. 논리적으로 따진다면 지팡이가 부러지면 뱀으로의 변신은 어떻게 되는 것인지, 손을 품에 넣어도 나병이 생기지 않으면 어떻게 할 것인지, 강물을 떠서 부어도 피가 되지 않을 때 대안은 있는지를 물어야 마땅했다. 그런데 모세는 말을 잘 못한다는 핑계를 댔다. 모세는 주머니에 핑곗거리를 가득 담았다가 필요할 때마다 꺼내는 사람 같았다. 아무리 기적을 보여주어도 소용없었다.

그래도 하나님은 설득을 멈추지 않으셨다. "모세야, 누가 사람의 입을 지었느냐? 내가 사람을 만들었고, 사람의 입도 만들지 않았느냐? 말을 못하거나 말을 잘하는 것, 보거나 못 보는 것은 아무 문제가 되지 않는단다. 말을 못한다고 걱정하지 마렴. 내가 너의 입이 되어줄 것이다." 인내심 있는 하나님의 설득이었다. 이 정도쯤 되면 항복해야 마땅했다. 그러나 모세는 기어들어가는 목소리로 말했다. "오 주여, 보낼 만한 자를 보내소서." <u>다섯 번째 핑계</u>였다. 하나님은 더 이상 참을 수가 없었다.

> "여호와께서 모세를 향하여 노하여 이르시되 레위 사람 네 형 아론이 있지 아니하냐. 그가 말 잘하는 것을 내가 아노라. 그가 너를 만나러 나오나니 그가 너를 볼 때에 그의 마음에 기쁨이 있을 것이라"(출 4:14).

아마도 모세는 하나님을 화나게 한 유일한 사람이 아니었을까? 하나님은 모세를 위한 헬퍼로 그의 형 아론을 언급하셨다. 아론은 그동안에 차근차근 이스라엘 내부에서 지지를 얻어왔고, 논리적이며 분명한 말솜씨를 지니고 있었으며, 모세에게 없는 것들을 충분히 채워줄 수 있는 인물이었다.

모세와 하나님 사이의 대화를 통해 우리는 무엇을 알 수 있을까? 모세의 끈질긴 핑계를 볼 수 있다. 모세의 고집은 대단했다. 평범한 사람 같으면 몇 번이고 뒤집어졌을 상황에서도 계속 핑계를 댔다. 모세의 핑계가 쌓이면 쌓일수록 모세의 바닥이 보였으나 하나님은 그런 상황 속에서도 계속해서 모세를 설득해 나가셨다. 모세는 하나님과의 대화를 통해서도 자신이 얼마나 못났는지를 깨닫지 못했을 것이다. 그러나 모세가 이집트의 바로에게 가서 대결을 펼칠 때 자신의 모습을 발견할 수 있었다. 모세는 계속 거절을 당했다. 말로도, 지팡이로도, 어떤 기적으로도 바로 왕의 고집을 꺾지 못했고, 애굽 왕 바로는 계속해서 핑계를 댔다. 하나님 앞에서 핑계로 일관했던 모세의 모습이 거울처럼 보였다. 이것은 어느 정도 하나님의 의도 속에 있었다.

> "내가 바로의 마음을 완악하게 하고 내 표징과 내 이적을 애굽 땅에서 많이 행할 것이나 바로가 너희의 말을 듣지 아니할 터인즉 내가 내 손을 애굽에 뻗쳐 여러 큰 심판을 내리고 내 군대, 내 백성 이스라엘 자손을 그 땅에서 인도하여 낼지라" (출 7:3-4).

하나님은 바로가 고집을 부리고 핑계를 대도록 내버려두셨다. 바로를 감당하기 힘들어서가 아니라 모세를 다루기 위한 것이었다. 칼은 칼로, 핑계는 핑계로 다루신 것이다. 모세는 바로의 완악한 모습을 보면서 자신이 하나님 앞에서 얼마나 말도 안 되는 핑계를 댔는지를 보았을 것이다. 하나님이 모세 같은 사람을 써야 할 이유는 없었다. 성경은 출애굽기를 통해서 '모세'라는 한 사람을 그 배경과 상황 속에서 추적하고 있지만, 모세라는 인물이야말로 이스라엘의 리더가 되기에는 부적절하다는 사실만 부각된다.

그렇다면 모세가 하나님의 선택에 들게 된 결정적인 이유는 무엇일까? 그것은 그의 결함 때문이었다. 그가 핑계를 대고 하나님을 노하게 하는 결함에도 불구하고 하나님은 그를 선택하셔서 결국은 자신의 역할을 잘 감당하게 하셨다. 모세는 이스라엘 백성 전체를 이집트에서부터 불러내 약속의 땅까지 이끌어간 위대한 인물이 되었다. 그리고 현재까지도 유대인뿐만 아니라 인류에게 중요한 자산으로 남아 있다. 그가 그렇게 영향력 있는 인물이 될 수 있었던 이유는 그의 핑계나 변명보다 하나님이 훨씬 크신 분이기 때문이었다.

우리 주변에서 볼 수 있는 핑계의 모습들

이기적인 핑계. 하나님은 십계명을 통해 부모를 공경하는 게 얼마나 중요한 일인지를 보여주셨다. 다섯 번째 계명인 "네 부모를 공경하라"는 말씀을 통해 하나님의 백성으로서 부모를 존중하는 것을 아예 규정으로 삼아 반드시 부모의 말씀에 순종하도록 하셨다. 그래서 부모는 자녀들에게 필요한 것을 요구할 수 있었다. 그런데 자녀의 입장에서 부모가 요구하는 것을 거절할 필요가 생겼다. 그럴 때 사용했던 것이 '고르반'이었다.

> "너희는 이르되 사람이 아버지에게나 어머니에게나 말하기를 내가 드려 유익하게 할 것이 고르반 곧 하나님께 드림이 되었다고 하기만 하면 그만이라 하고"(막 7:11).

부모를 공경하는 것은 중요한 규범 중의 하나이지만 부모보다 우선시되는 분이 있었으니 곧 하나님이셨다. 아무리 부모여도 하나님보다 높지 않다. 자녀가 이것을 알았다. 부모가 자녀에게 무엇인가를 요구했는데, 그것을 들어주고 싶지 않을 때 자녀는 '고르반'이라고 했다. 고르반은 "하나님에게 드림이 되었다"라는 뜻이었다. 처음에는 정말로 하나님에게 드려야 되기 때문에 부모에게 드리지 못했다. 부모는 아무리 자신에게 필요해도 고르반이란 말이 나오면 한발 물러서야 했다. 부모도 하나님이 더 우선이기 때문이었다. 그러자 자녀에게 '고르반'은 매우 유용한 핑곗거리가 되었다. 부모에게 불필요하게 설명할 필요도 없었고, 부모에게 주기 아까울 때 '고르반'이라고 하면 항상 유예되었다. 유대인들은 이 좋은 핑곗거리를 자주 사용하기 시작했다. 부모도 공경하지 않고, 하나님도 아예 안중에 없는 이기적인 핑계가 바로 '고르반'이 되어버린 것이다.

그리스도인들도 종종 하나님을 핑곗거리로 삼는다. 우리는 부드럽게 거절하고 싶을 때 "기도해 볼 게요"라고 말한다. 수용할 의향은 없으나 바로 거절하면 매몰차게 보이니까 기도를 핑계 삼는다. 하나님을 핑계로 여겨서 '고르반'이라고 말하는 유대인과 '기도'를 핑곗거리로 삼는 그리스도인은 이런 점에서 닮았다.

<u>혜택을 놓치고 마는 핑계.</u> 굉장한 부자가 있었다. 큰 잔치를 계획했고 많은 사람들을 잔치에 오게 하고 싶었다. 명단에 있는 사람들에게 종들을 보내서 정중하게 잔치 자리로 초대했다. 그런데 손님들이 마치 말을 맞춘 것처럼 핑계를 댔다. 어떤 사람은 밭을 샀기 때문에 급히 나가야 한다고 했고, 어떤 사람은 소 열 마리를 방금 샀는데 시험을 하러 가야 한다고 했다. 또 어떤 사람은 장가를 갔기 때문에 아내와 시간을 보내야 한다며 거절했다. 종은 빈손으로 돌아와서 주인에게 알렸다. 부자는 화가 났다. 그는 종들을 다시 밖으로 보냈다. 그리고 손님 명단에 올라가지 않았고, 앞으로도 올라갈 일이 없을 사람들, 즉 가난한 사람들, 몸이 불편한 사람들을 데려오라고 했다.

잔치에 손님들이 하나둘씩 채워지기 시작했지만 여전히 빈자리가 많았다. 주인은 종에게 말했다. "더 멀리 나가서 사람들을 억지로라도 끌고 와 잔치를 다 누리도록 하여라." 곧 잔치 자리는 뜻밖의 사람

들이 들어차서 흥겨워지기 시작했다. 초라한 사람들이지만 잔치의 혜택을 맛보는 기분이 좋았다. 부자는 큰 잔치의 자리가 사람들의 만족과 기쁨으로 가득 찬 것이 마음에 들었다.

그러나 부자는 한편으로 마음에 상처가 있었다. 그는 종을 불러서 말했다. "내가 너희에게 말하노니 전에 청하였던 그 사람들은 하나도 내 잔치를 맛보지 못하리라"(눅 14:24). 처음 초청을 받았던 사람들, 그러나 어떻게든 핑계를 대면서 잔치를 피했던 사람들은 절대로 잔치의 혜택을 누리지 못하게 되었다. 때때로 우리는 핑계를 대서 그 자리를 모면할 때가 있다. 그러다가 인격과 신뢰에 금이 가곤 한다. 차라리 있는 사실을 솔직하게 말하는 것이 더 나을 것이다.

<u>터무니없는 핑계.</u> "게으른 자는 길에 사자가 있다. 거리에 사자가 있다 하느니라"(잠 26:13). 게으른 사람이 있었다. 얼마나 게을렀던지 집에만 있는 게 좋았다. 그 부모는 그가 하도 집에만 있어서 걱정이었다. 부모는 몸을 좀 움직이기도 하고 돌아다니면서 세상을 알았으면 하는 생각이었다. 친구들이 그 집으로 몰려왔다. "우리 나가서 얘기할까?" 그런데 이 게으른 사람은 대뜸 이렇게 대답했다. "길에 사자가 있어. 밖에 나가면 죽게 될 거야."

어쩌면 밖에 진짜 사자가 있을 수도 있다. 그러나 길에서 사자를 만날 확률은 마른하늘에서 날벼락을 맞을 확률보다 낮았다. 하늘도 있고 날벼락도 있고 사자도 있지만 터무니없는 핑계이며, 그걸 빌미로 아무 일도 안 하는 것은 어리석은 짓이다. 그런데 이 게으른 사람은 실체가 있는지도 없는지도 모르는 사자의 핑계를 대고 있다. 사자

가 나오는 거리에 나가지 않겠다고 계속 집 안에만 머무는 그를 보면서 사람들은 안타까워할 뿐이다. 우리는 얼마나 터무니없는 핑계 속에 숨고 있는가?

그리스도인은 핑계 댈 수 없는 사람이다

핑계를 대는 이유가 무엇일까? 자신의 겉과 속이 다르기 때문이다. 보이지 않는 속마음이 사람들에게 걸리지 않도록 겉모습이라도 꾸며대는 것이 바로 핑계이다. 우리는 남을 속이기 위해 핑계를 댄다. 겉으로라도 잘 보이려는 의도가 핑계 속에 담겨 있다. 그러나 사람들을 잘 속일 수 있을지 몰라도 하나님은 절대로 속일 수가 없다. "스스로 속이지 말라. 하나님은 업신여김을 받지 아니하시나니 사람이 무엇으로 심든지 그대로 거두리라"(갈 6:7). 자신을 속이지 마라. 하나님은 다 아신다.

세상 사람이라면 몰라도 그리스도인은 핑계를 댈 수 없는 존재이다. 성경이 분명히 그렇게 말하고 있기 때문이다. 온 세상 만물이 하나님의 말씀을 반영하고 있기 때문이다. 우리 삶의 태도는 핑계 뒤에 숨는 비겁한 모습이 아니라 당당하게 서서 하나님을 대면하며 그분의 임재를 통해 자신 있게 세상으로 나아가야 한다. 핑계보다 책임을 다하는 자세가 필요하다.

많은 사람들이 하나님의 존재에 대해 부인한다. 하나님이 보이지 않기 때문이다. 하나님을 믿지 않고, 하나님을 인정하지 않는 사람들은 하나님의 존재에 대한 증거를 대라고 말한다. 이것 역시 일종의 핑계이다. 우리의 눈은 믿을 수가 없다. 과연 눈으로 보는 게 실제로 존재하는 것일까? 눈으로 볼 수 없다고 존재하지 않는 것일까? 하나님은 분명히 말씀하신다. 하나님의 능력과 신성을 모든 만물에 다 투영해 놓으셨다고. 눈을 들어 당신이 보는 모든 세상 속에 하나님의 존재가 증명되고 있다고. 당신이 현재 살아 있으며, 당신이 존재하는 이유가 바로 하나님이 살아계시는 증거라고.

하나님에 대한 핑계를 대는 인간은 다른 모든 일에 대해서도 핑계를 댈 수밖에 없다. 그러면 반대로 핑계 댈 수 없다고 하나님이 말씀하셨기에 그 말씀을 믿는 당신은 그 어떤 핑계도 댈 수 없다. 때로는 비난받기 싫고, 때로는 책임지기 싫어서 핑계를 댄다. 핑계를 방패삼아 미루고 숨고 도망갈 때가 많다. 그러나 그런 우리 자신을 보며 하나님은 말씀하신다. "너희는 핑계 댈 수 없다."

> "창세로부터 그의 보이지 아니하는 것들 곧 그의 영원하신 능력과 신성이 그가 만드신 만물에 분명히 보여 알려졌나니 그러므로 그들이 핑계하지 못할지니라" (롬 1:20).

C·H·A·P·T·E·R·3

타협

: 그래, 그것도 괜찮아!

- 기적의 사람 엘리사
- 기적이 필요한 사람 나아만
- 그래, 그것도 괜찮아
- 하나님은 타협하지 않으신다
- 아무 일도 일어나지 않았다
- 이것저것 다 괜찮은 시대를 살며
- 모순된 두 개의 말씀
- 원칙을 지켰던 사람들
- 디헙의 시대에 굽히지 않은 사람들

> 타협
> 그래, 그것도 괜찮아!

기적의 사람 엘리사

구약성경에서 가장 많은 기적을 베푼 선지자 중 하나가 엘리사이다. 엘리사의 선배격인 선지자로는 엘리야를 꼽을 수 있다. 엘리야는 겉모습만으로도 알아볼 수 있었다. 털이 많고 허리에 가죽 띠를 띤 모습이 멀리서도 엘리야인줄 알게 했다(왕하 1:8). 엘리야의 머리숱은 더부룩했고 수염도 수북이 나 있었다. 반면 엘리사는 대머리였다. 털이 많은 것과 털이 없는 것 중에 어떤 게 나을까? 엘리야는 머리숱이나 털 때문에 감정이 상하는 일은 없었다. 그러나 엘리사는 달랐다. 여리고에서 베델로 올라가는 길에 어린아이들이 "대머리여 올라가라"며 놀려댔다(왕하 2:23). 아이들이 무슨 이유로 엘리사를 조롱했는지 알 수 없다. 그러나 엘리사는 그 소리에 감정을 통제하지 못해 저주를 퍼부었다. 그러자 갑자기 숲에서 두 마리의 곰이 나타났다. 곰들이 얼마나 광폭하게 날뛰었던지 놀려대던 아이들이 모두 찢겨나갔다. 마흔두 명이나 되는 아이들이었다.

　이 기적을 제외하면 엘리사의 기적은 대부분 사람을 살리고 세우는 데 집중되었다. 여리고 성읍의 물이 좋지 않아 주민들 중에 임신부가 유산하고, 사람들이 복통을 호소하는 등 안 좋은 일이 계속해서 벌어지자 엘리사는 물의 근원지로 갔다. 엘리사는 그곳에 소금을 뿌렸다. 놀랍게도 엘리사가 소금을 뿌린 후 성읍의 물은 맑고 깨끗해졌으며, 더 이상 불행한 일이 발생하지 않았다. 엘리사의 기적은 전쟁에서도 큰 힘을 발휘했다. 당시 모압의 메사라는 왕이 있었는데 암양과 숫양을 합쳐 20만 마리의 양털을 해마다 이스라엘 왕에게 바쳤다. 그러다 메사의 마음이 변했는지 조공을 중단하고 이스라엘과 전쟁을 하려고 했다. 이스라엘 왕은 유다 왕과 연합해서 메사 왕을 치러 갔다. 배신한 모압 왕에 대한 처절한 응징을 위해서였다. 그러나 이스라엘 왕은 행군하던 중 말과 군사들이 먹을 물이 모두 바닥 난 것을 알게 되었다. 모압을 치기는커녕 군사들이 갈증으로 전멸할 위기였다. 그때 엘리사가 도움의 손길을 내밀었다.

　엘리사는 거문고를 연주하라는 주문을 했고 연주를 마친 후 예언을 하기 시작했다. 엘리사는 계곡에 도랑을 많이 파라고 했다. 목이 마른데 음악과 노동이라니! 어쩔 수 없이 군인들은 물도 없는 메마른 개울을 파 놓았다. 다음 날 아침이 되자 신기하게도 비가 내리기 시작했다. 금세 그칠 비가 아니었다. 비는 개울을 따라 넘치도록 흘렀다. 군사들은 물론 군마까지도 충분히 마시고도 남을 양이었다. 같은 시간에 전투를 준비하던 모압 군인들은 도랑으로 흐르는 물을 군인들의 피로 오인했다. 햇빛에 비친 물이 피처럼 붉게 보였기 때문이다. 모압의 군인들이 그것을 표적으로 삼아 공격을 감행했다가 원기를 회복한 이스라엘 연합군에게 대패를 당했다. 승리를 이끈 엘리사의 기적이었다.

엘리사의 기적은 그것으로 그치지 않았다. 남편을 잃고 경제적으로 파산하게 된 수련생의 아내에게 기름병을 준비하게 했다. 남은 두 아들과 함께 동네의 기름병이란 병은 다 모아들였고, 하나의 기름병에 기름이 채워지면 또 다른 병에 기름이 채워지기 시작했다. 기름으로 가득 찬 병을 팔아 빚도 다 갚고 가족의 생활비도 벌게 해주었다. 또 수넴 마을에 사는 여인이 엘리사와 그의 심부름꾼 게하시에게 늘 은혜를 베풀었다. 엘리사는 여인에게 아들을 점지해주었고, 예언대로 아이가 태어나는 축복을 누리게 되었다. 안타깝게도 그 여인의 어린 아들이 갑자기 죽었고, 그런 안타까운 상황에서 엘리사는 죽은 아이를 다시 살려내는 기적도 베풀었다.

기적은 더 있었다. 공동생활을 하는 예언자 수련생들이 넝쿨 국을 한 솥 삶았는데, 그만 독이든 넝쿨이 들어가서 집단으로 사망할 뻔 했다. 그때 엘리사가 솥에 밀가루를 뿌려 독을 중화시켰다. 밀가루를 넣는다고 독이 없어질리 만무하겠으나 신기하게도 넝쿨 국은 안전한 국이 되었다. 생명을 살린 엘리사의 기적이었다. 또한 바알 살리사에서 온 사람이 보리빵 스무 덩이와 햇곡식을 가져온 일이 있었는데, 한두 사람이라면 배불리 먹을 수 있겠으나 그 동네 사람들은 백 명이 넘었다. 엘리사는 다시 기적을 일으켰다. 보리빵과 햇곡식을 동네 사람들에게 내놓았는데 그 모든 사람이 배부르게 먹고도 넉넉히 남았다. 예수님이 베푸셨던 오병이어의 기적과 매우 유사한 사건이었다.

기적이 필요한 사람 나아만

엘리사의 수많은 활약이 소개된 후에 등장한 사람은 아람의 군대장관인 나아만이었다(왕하 5장). 당시 아람은 중근동 지역의 최강자였다. 아람은 이스라엘과 적국이었지만 필요하면 서로 방문도 하고 물건도 거래하는 등 상호관계가 있었다. 이스라엘이 강할 때에는 크게 문제될 것이 없었지만 국력이 약해지면 아람으로부터 공격을 당했다. 아람은 앗수르라든가 바벨론 같은 메소포타미아의 강력한 제국들과도 당당하게 대결을 했다. 도시국가라는 체격에 비해 악착같은 면이 있는 나라였다. 그런 아람이 강력한 군사력을 갖출 수 있게 된 것은 나아만이라는 군사령관 덕분이었다. 아람이 어려움에 처했을 때 전광석화 같은 지도력으로 번번이 위기에서 벗어나게 만든 주인공이었다. 아람의 왕은 나아만을 아꼈고 존중해주었다. 그런데 나아만에게는 결정적인 약점이 있었는데, 그가 나병환자라는 사실이었다.

노르웨이 의사 한센(Hansen)이 나환자의 조직에서 세균을 발견했기 때문에 그의 이름을 따서 '한센병'이라고 불리는 나병은 주로 말초신경이나 피부에 나균이 침범해서 각종 염증을 일으킨다. 너무 가렵거나 반대로 아예 감각을 잃어버리게 되는 병, 붉은색 반점이 점점 퍼져나가서 매우 흉하게 보이는 병, 썩고 냄새가 나기 때문에 곁에만 가도 불쾌한 냄새에 저절로 고개를 돌리게 되는 병, 더욱이 전염되기 때문에 누구라도 가까이 가기를 꺼려하는 무서운 병이었다. 아무리 왕으로부터 존경을 받고 수많은 전쟁에서 혁혁한 공을 세워도, 그 덕분에 엄청난 금은보화가 상금으로 내려져 부를 쌓아 놓았다 해도 나병으로 고통받는 나아만을 위로해주지는 못했다. 나아만이 군사령관의 지위에서 물러나 사람들로부터 손가락질을 받으며 서서히 썩어 죽어가는 것은 시간문제였다.

나아만의 집안에 전쟁 포로로 끌려온 이스라엘 출신의 여종이 있었다. 어디에서 소식을 들었는지 여종은 엘리사의 기적적인 능력을 알고 있었다. 여종은 나아만의 아내에게 '사마리아의 예언자'를 만난다면 얼마든지 나병을 고칠 수 있을 것이라고 했다. 아내는 그 소식을 나아만에게 전했고 나아만은 왕에게 말했다. 지푸라기라도 잡는 심정이었다. 나아만을 아끼는 아람 왕은 이스라엘 왕에게 자신의 이름으로 된 서신을 보냈다. "이스라엘의 왕은 들으라. 나아만의 나병을 반드시 고치도록 하라."

친서를 받아든 이스라엘 왕은 곤혹스럽기가 짝이 없었다. 이스라엘보다 군사력이나 경제력에서 우위에 있는 아람이 이스라엘로 쳐들어올 구실이 아닌지 의심스러웠다. 왕의 요구대로 하지 못하면 아람은 트집을 잡아 얼마든지 이스라엘을 공격할 수 있었다. 그렇다고 해서 자신이 한센병을 고칠 뚜렷한 방법이 있는 것도 아니었다. 이스라엘 왕은 두려웠다. 이 소식을 들은 엘리사는 전전긍긍하고 있는 왕에게 전갈을 보냈다. "왕이시여, 나아만을 저에게 보내주십시오. 이스라엘에 예언자가 있다는 사실을 알려주겠습니다."

나아만은 호위병들과 함께 엘리사에게로 갔다. 엄청난 양의 은과 금을 동반한 상태였다. 엘리사가 자신을 만나면 아픈 부위를 진단해주고 약을 쓰거나 안수를 하는 등 물리적이고 가시적인 기적을 통해 병을 고쳐줄 것이라 기대를 했다. 그런데 나아만의 예상과 다르게 엘리사는 문도 열어주지 않고 심부름꾼만 보냈다. 심부름꾼은 요단강에서 일곱 번 몸을 씻으라는 명령을 전했다. 나아만은 모욕을 느꼈다. 힘없는 나라인 이스라엘에 몸소 온 것도 그렇고, 예언자가 나와 보지 않은 것도 그렇고, 기껏 한다는 처방이 요단강이라는 볼품없는 강에서 씻으라는 것도 모두 나아만의 심기를 건드리기에 충분했다. 기왕에 몸을 씻는다면 아람의 수도인 다메섹의 강들이 훨씬 훌륭했다. '아바나'나 '바르발'이라는 강은 요단강에 비해서 훨씬 크고 깨끗한 강이었다(왕하 5:12). 거기에 비하면 요단강은 보잘것없는 너무나 초라한 강이었다.

나아만은 자존심이 몹시 상했다. 가려움증이 더 커지는 것만 같았다. 예언자라는 사람은 코빼기도 보이지 않으니 여종의 말을 믿고 여기까지 온 자신이 한심스러웠다. 나아만은 말을 돌렸다. 고향으로 돌아가 이 수치를 갚아주어야겠다는 생각뿐이었다. 그때 부하 중에 하나가 나섰다. "장군님, 예언자가 비록 무례해 보이기는 하나 그의 처방을 시도해본 후에 따질 일입니다. 강에서 몸을 씻으라는 것보다 훨씬 더한 것도 해볼 만한 일 아닙니까? 그런데 시도도 하지 않고 가시면 평생 후회가 될 것입니다."

부하의 말은 일리가 있었다. 그는 요단강으로 내려가 몸을 씻기 시작했다. 여섯 번째만 해도 아무 차도가 없었던 그의 피부는 일곱 번째 몸을 씻고 나오자 아기 피부처럼 깨끗하고 부드러워졌다. 무뎌졌던 감각도 돌아왔고 번져가던 홍반도 사라졌다. 보기에 흉측했던 피부에 새살이 돋았다. 다시 젊음을 찾은 것만 같았다. 나아만의 가슴은 뛰기 시작했다. 가망이 없었던 병든 몸이 이토록 쉽게 건강을 되찾을 수 있을 것이라곤 생각지도 못했다. 나아만은 의관을 갖춰 입었다. 그는 모든 호위병을 거느리고는 엘리사에게로 갔다. 정중하게 엘리사에게 말했다. "이제 알겠습니다. 온 세상에 이스라엘 외에는 하나님이 계시지 않는다는 것을요. 저는 예언자님의 종입니다. 종이 드리는 이 선물을 부디 받아주십시오."

호위병들이 열 달란트의 은과 육천 개의 금과 열 벌의 옷을 엘리사에게 보여주었다. 눈이 휘둥그레질 만한 엄청난 양의 금은보화였다. 그러나 엘리사는 고개를 저었다. "내가 섬기는 주님이 살아 계심을 두고 맹세하지만 나는 그것을 받을 수 없습니다." 나아만과 엘리사 사이의 실랑이가 벌어졌다. 선물을 받으라, 안 받는다, 서로 권하고 사양했다. 얼마 전까지만 해도 엘리사를 죽이냐 마느냐 분노했던 그였다. 그런데 지금은 엘리사의 종으로 자처하며 진귀한 진상품을 정중하게 내놓고 있었다. 그만큼 엘리사의 기적은 감격스럽고 대단한 일이었다. 끝내 엘리사가 이겼다. 그런 기적을 베풀고서도 엘리사는 금전 하나 받지 않았다. 나아만은 선물을 거절하는 엘리사의 의도가 무엇일까를 고민했다. 고심 끝에 나아만은 엘리사에게 부탁했다.

"그러면 청하건대 노새 두 마리에 실을 흙을 당신의 종에게 주소서. 이제부터는 종이 번제물과 다른 희생제사를 여호와 외 다른 신에게는 드리지 아니하고 다만 여호와께 드리겠나이다. 오직 한 가지 일이 있사오니 여호와께서 당신의 종을 용서하시기를 원하나이다. 곧 내 주인께서 림몬의 신당에 들어가 거기서 경배하며 그가 내 손을 의지하시매 내가 림몬의 신당에서 몸을 굽히오니 내가 림몬의 신당에서 몸을 굽힐 때에 여호와께서 이 일에 대하여 당신의 종을 용서하시기를 원하나이다"(왕하 5:17-18).

엘리사는 걱정 말고 평안한 마음으로 돌아가라고 권했다. 나아만이 귀국하는 길에 엘리사의 심부름꾼 게하시가 몰래 뒤따라갔다. 방금 보았던 진귀한 보물들이 아까워서 거짓말을 했다. 선지자 생도가 와서 그를 돕기 위해 은과 옷을 부탁한다는 엘리사의 말을 전했다. 나아만은 이상하게 생각했으나 두 달란트의 은과 두 벌의 옷을 순순히 내어주었다. 물건을 집에 숨겨두고 엘리사에게로 돌아온 게하시는 아무 일도 없던 것처럼 능청을 떨었다. 그러나 그것을 모를 예언자가 아니었다. 엘리사는 추상처럼 외쳤다. "지금이 어찌 은을 받으며 옷을 받으며 감람원이나 포도원이나 양이나 소나 남종이나 여종을 받을 때이냐. 그러므로 나아만의 나병이 네게 들어 네 자손에게 미쳐 영원토록 이르리라"(왕하 5:26-27). 그 순간 게하시의 손과 얼굴에 하얗게 나병균이 퍼지기 시작했다. 요단강에서 일곱 번 씻기 전에 나아만을 망치고 있었던 한센병이 은과 옷에 눈이 멀었던 게하시의 인생을 망치게 되었다.

여기서, 우리의 관심은 게하시가 아니기 때문에 나아만에 대한 이야기를 더 해보기로 하자. 자신의 나라로 돌아간 나아만은 어떻게 되었을까? 성경은 나아만의 이후 행적에 대해 더 이상 언급하지 않는다. 의미가 없는 것은 과감하게 생략되는 성경의 특성상 나아만의 후기는 우리가 알 수가 없다. 나아만이 죽었거나 장군의 자리에서 내려왔을까? 여전히 왕성하게 활동했을까? 도저히 알 수가 없다. 그러나 우리의 문학적인 상상력을 동원해서 나아만의 행보를 더 쫓아가보기로 하자.

그래, 그것도 괜찮아

나아만이 아람으로 돌아왔을 때 가장 크게 기뻐한 것은 왕이었다. 아끼는 부하가 쳐다보기에도 두려운 나병으로 고통스러워 하던 것이 불과 며칠 전이었는데, 이스라엘에서 돌아온 나아만은 어린 아이와 같은 뽀얀 피부에 자신감이 넘치는 표정이었으니 놀라지 않을 수가 없었다. 왕궁에서는 잔치가 벌어졌다. 온갖 산해진미와 음주가무가 펼쳐졌다. 잔치는 오직 나아만 한 사람만을 위한 것이었고, 그것은 자신들이 섬기는 신에게 제사를 지내는 것으로 절정을 이루었다.

당시 아람의 신은 림몬이었으나 원래의 이름은 '하다드'라는 신이었다. 남유다의 아하스 왕이 아람을 정복한 뒤 아람의 수도인 다메섹에서 하다드의 신전을 보고 깜짝 놀랐다. 그 신전이 얼마나 웅장하고 훌륭했는지 아하스는 신전의 설계도를 가져와 예루살렘에 동일한 제단을 만들었다(왕하 16:10). 림몬(하다드)의 신전은 그 정도로 뛰어난 모습이었다. 하다드라는 신은 한 손에는 번개, 다른 한 손에는 철퇴가 들려져 있는 황소 형상이었다. 비를 관장하는 신이기 때문에 기후를 중시하는 농경사회에서는 마치 바알 신처럼 최고의 신으로 떠받들었다. 바알이라는 이름이 가장 유명하기는 하나, 하다드는 그에 못지않게 중동 지역의 절대 강자로 그들의 신앙을 지배하고 있었다. 하다드 신은 왕의 이름에서도 그 흔적을 발견할 수가 있다. 소바의 왕 하닷에셀(삼하 8장)은 '하다드는 도움'이라는 뜻이며, 벤하닷(왕상 20장)은 '하다드의 아들'이라는 뜻이다. 하다드라는 신은 당시 사회에서 가장 유명한 신이었다(임미영, 「고고학으로 읽는 성경」(서울: CLC, 2016), 82쪽).

높고 웅장한 제단과 하늘 높은 줄 모르고 쌓은 수많은 벽 위로 제단에서 태워진 제물의 연기가 피어오르고 있었다. 먼지 하나 없이 미끈하게 세워진 하다드 신은 압도적인 위용을 과시하며 서 있었다. 아람의 왕은 제사장의 부축을 받으며 신에게 제사를 지낼 예정이었다. 그러나 왕은 제사장을 밀어내고 나아만을 불렀다. 그의 부축을 받으며 하다드 신에게 경외의 절을 하려고 했다. 그러나 나아만은 망설였다. 엘리사에게 여호와 하나님만이 신이며 다른 어떤 것도 여호와만한 신이 없다고 고백했던 터였다. 그러나 장엄한 제단 앞에서 하다드의 동상을 보니 여호와 하나님이 하나도 떠오르지 않았다. 다시 한센병이 도지면 어떻게 하나 잠시 머뭇거리기는 했으나 엘리사로부터 이미 양해를 얻은 후였다. 나아만은 왕의 팔을 부축하고 제단 앞으로 나섰다. 고개를 숙이고 납작 엎드려 절을 하는 왕을 따라 '하다드' 앞에 몸을 굽혔다. 그러면서도 마음으로는 여호와 하나님께서 자신을 용납해주시기를 바랐다.

나아만의 결단은 어디로 갔을까? 한센병으로 죽게 될 위기에서 자신의 목숨을 건져준 엘리사에 대한 감사와 하나님에 대한 분명한 신앙고백은 어디로 사라진 것일까? 나아만은 하다드 신에 대한 의식을 치른 뒤 집으로 돌아와서 여호와 하나님에 대한 제사를 따로 지냈다. 나귀 두어 마리에 실었던 이스라엘의 흙을 바닥에 깔고 그 위에서 하나님에게 예배를 드렸다. 하루에 우상과 하나님을 왔다 갔다 했다. 그러나 엄밀히 말하자면 흙을 깔고 그 위에서 예배를 드린다고 그것이 진정한 예배가 되지는 않는다. 어느 지역이나 특정한 땅에 들어가서 예배를 드려야 진정한 예배라고 믿는다면 그것이야말로 우상 숭배일 수밖에 없다. 하나님은 특정한 지역, 땅, 흙의 하나님이 아니시기 때문이다.

나아만은 이스라엘로 돌아가 예배를 드리지 못할 바에야 이스라엘에서 취토한 흙 위에서 예배하면 좀 더 나아질 것이라고 생각했다. 나아만이 흙을 실어 나귀에 실은 것부터가 하나님에 대한 오해와 우상 숭배적인 관습에 따른 타협에 불과했다. 그것은 하나님에게 드리는 진정한 예배가 될 수 없다. 나아만은 여전히 우상 숭배자였다. 하나님을 우상처럼 섬기려고 했다. 그는 흙이라든가 강이라든가 지리적이고 풍수적인 것을 중요시 여기는 사람에 불과했다.

나아만에게는 죽을병에서 놓여난 간증이 있었고 하나님을 만난 신앙고백이 있었다. 그러나 그 고백이 진짜가 되려면 결행이 있어야 한다. 나아만은 자기 나라의 모든 부와 권력과 힘도 림몬(하다드)이라는 신을 통해 받은 게 아니라 하나님이 주신 것임을 분명히 알았다. 그러나 거기까지였다. 나아만의 결단은 거기에서 멈췄다. 나아만은 자신의 신을 버리고 여호와 하나님의 신앙으로 돌아오지 않았다. 하나님이 진짜 신이라는 사실을 분명히 알았는데도 그랬다. 하나님을 섬긴다고 위협을 받는 상황이 아님에도 타협부터 했다.

하나님은 타협하지 않으신다

게하시 이야기로 다시 돌아와보자. 게하시가 그동안 수고했던 것에 비하면 나아만에게서 착복한 재물 정도는 크게 문제될 것이 없었다. 어차피 주려던 금과 은이었다. 그것을 다 주어도 나아만은 손해볼 것이 없었다. 오히려 곤궁한 예언자의 가계에 보탬이 될 수 있었다. 그러나 게하시는 물질을 빼돌린 이유로 저주를 받았다. 나아만이 걸렸던 나병이 고스란히 전이되었다. 물질 때문이 아니었다. 하나님은 게하시의 의도와 동기를 알았다. 하나님은 타협하지 않으신다. 그렇다면 나아만의 경우는 어떻게 된 것일까? 나아만이 이스라엘의 흙을 실어가는 것이나, 왕을 부축해서 림몬(하다드)신에게 절하는 것이나 모두 우상 숭배이며 하나님을 배신하는 행위인데, 하나님은 왜 나아만의 타협은 받아주시는 것일까? 만약 나아만이 타협을 하지 않고 그의 평생에 여호와 신앙을 가졌다면 어떻게 되었을까?

> "그때에 아람 왕이 이스라엘과 더불어 싸우며 그의 신복들과 의논하여 이르기를 우리가 아무데 아무데 진을 치리라 하였더니 하나님의 사람이 이스라엘 왕에게 보내 이르되 왕은 삼가 아무 곳으로 지나가지 마소서. 아람 사람이 그곳으로 나오나이다 하는지라. 이스라엘 왕이 하나님의 사람이 자기에게 말하여 경계한 곳으로 사람을 보내 방비하기가 한두 번이 아닌지라" (왕하 6:8-10).

아람의 왕은 틈틈이 이스라엘을 노렸다. 우수한 군인들을 보내 이스라엘의 허를 찌르는 공격을 했다. 그런데 번번이 이스라엘의 방어에 막혔다. 마치 안방에서 CCTV를 보듯 이스라엘은 아람 나라의 경로를 꿰뚫고 있었다. 그 배후에는 엘리사가 있었다. 엘리사는 하나님의 능력으로 아람의 모든 공격을 알았다. 아람이 군사적으로 우월해도 엘리사의 정보력이면 아무 소용이 없었다. 아람은 이번에 엘리사를 공격했다. 아람의 군사들이 새까맣게 몰려와 엘리사가 살고 있는 도단을 포위했다. 그러나 하나님은 불 말과 불 병거를 보내서 도단 뒤의 온 산을 휘감아버렸다. 하나님은 더 강한 분이셨다.

만약 나아만이 타협하지 않고 여호와 신앙을 고백한 신앙으로 살았더라면 그는 하나님의 엄청난 역사를 일으킨 사람이 되었을 것이다. 그러나 그의 인생은 한센병을 고친 것으로 끝이 났다. 나아만이 죽었다는 뜻이 아니다. 그는 성경에서 사라졌다. 성경적으로 아무 의미 없는 인물이 되었다. 아람의 군사작전 중에도 나아만의 이름은 나오지 않는다. 좋게 해석해서 나아만이 이스라엘과의 전쟁에 등장하지 않은 것은 여호와 하나님에 대한 의리를 지킨 것이라고 할 수도 있다. 그러나 그 정도의 힘과 능력에, 더욱이 다시 찾은 건강에 비해서 나아만은 너무나 허무하게 성경에서 사라지고 말았다. 거기까지가 그의 한계였다.

아무 일도 일어나지 않았다

예수님의 사촌 형인 세례자 요한이 탐욕스러운 헤롯 왕에 의해 참수형을 당하고 말았다. 예수님은 요한이 죽었다는 소식을 듣고 배를 타고 외딴 곳으로 물러가셨다. 배에 탄 예수님의 제자들은 아무 말이 없었다. 그중에는 한때 요한을 따르던 제자도 있었다. 비통에 잠긴 배는 속절없이 강기슭을 흘러갈 뿐이었다. 그런데 저 멀리 수

많은 사람들이 배를 따라 걸어 내려오는 것이 보였다. 예수님이 지나간다는 소문이 여러 동네에 퍼졌고, 소식을 들은 여자, 남자, 어린아이들은 예수님과 그의 일행이 탄 배를 좇아갔다. 예수님은 그들을 모른 체 할 수가 없었다. 배에서 내린 예수님은 고개를 들어 그들을 보았다. 참담한 시대였다. 많은 사람들이 따르는 요한마저도 쉽게 목이 잘려나가는 시절이었다. 예수님은 그들이 너무나 불쌍하게 보였다. 예수님을 보러 온 이들 중에는 앓는 사람이 많았다. 가난과 병에 시름하는 사람들을 보고 예수님은 안타까운 마음이 들었다.

한 사람 한 사람, 예수님에게 가까이 다가온 사람들은 병에서 놓여났다. 예수님은 그들의 아픈 부위를 보고 손을 얹거나 기도하셨고, 그들은 고침을 받았다. 자신의 병을 고친 사람들은 뒤에 오는 사람들을 위해 자리를 비켜주었다. 그렇게 수많은 사람들이 예수님을 만났고 병 고침을 받았다. 그들은 병에서 놓인 감격을 안고 예수님의 주변에 머물고 있었다. 한 사람도 예수님을 떠날 생각이 없었다. 어느새 날이 저물고 있었다. 예수님의 제자 중에 하나가 예수님께 말했다. "여기는 빈 들이고 날도 이미 저물었습니다. 그러니 무리를 헤쳐 보내어 제각기 먹을 것을 사먹게 마을로 보내시는 것이 좋겠습니다"(마 14:15, 새번역).

예수님은 무리를 보았다. 그들의 눈동자가 모두 예수님을 향했다. 육체의 병은 고쳤지만 그들의 허기는 또 다른 갈망을 불러왔다. 예수님은 제자들에게 직접 먹을 것을 주라고 하셨다. 그러나 먹을 것이 있을 리가 없었다. 어린아이가 가져온 도시락이 전부였다. 도시락에는 어른 손가락 정도의 물고기 두 마리와 주먹만한 빵 다섯 개가 있었다.

예수님은 모두 자리에 앉게 했다. 그리고 하나님께 기도드린 후 제자들에게 나눠주게 하셨다. 그러자 기적이 일어났다. 어린아이 하나 배부릴 정도의 빵과 물고기가 산처럼 많아졌다. 사람들은 먹을 것을 즐겼다. 축제와 같았다. 한 사람도 빠짐없이 배부르게 먹고 남은 부스러기를 모았더니 열두 개의 광주리가 가득 찰 정도였다.

그러나 그것이 다였다. 병을 고치고 오병이어의 기적을 맛보았지만 그들에게는 아무 일도 일어나지 않았다. 그들은 다시 일상으로 돌아갔다. 예수님의 시대에, 예수님을 만나고, 예수님의 말씀을 듣고, 예수님과 함께 그 자리에서 기적을 맛보았으나 아무 일도 일어나지 않았다. 그들을 통해 세상이 바뀌지도 않았고, 그들의 삶에 새로운 변화가 일어나지도 않았다. 빵과 물고기를 배불리 먹고 집으로 돌아간 후 아무 일도 일어나지 않았다.

나아만의 기적과 오병이어의 기적에는 공통점이 있다. 굉장한 기적에도 그들의 삶에서 아무 일도 일어나지 않았다는 사실이다. 나아만은 씌이기는 병을 고치고 생명을 다시 얻었지만 아무 일도 일어나지 않았고, 오병이어의 현장에 있었던 군중들은 병을 고치고 오병이어를 통해 없는 것을 있는 것으로 바꾼 예수님의 이적을 보았지만 역시 아무 일도 일어나지 않았다. 기적이 중요한 것은 아니다. 예수님의 시대에, 예수님과 함께 현장에 있는 것은 아니더라도 오늘 내 삶에서 하나님의 말씀을 붙들고 세상과 타협하지 않고 살아가는 것이 중요하다.

이것저것 다 괜찮은 시대를 살며

타협하지 않기 위해서는 어떻게 해야 할까? 우리는 일상에서 너무나 많은 타협 속에 살아간다. '이것저것 다 괜찮은 시대'를 살고 있다. 예수님만이 진리이며, 예수님을 통해서만 하나님에게로 갈 수 있다는 말씀은 관용과 포용의 시대에 맞지 않는 것처럼 여겨진다. 그러나 두루뭉술하게 이것도 좋고, 저것도 좋다는 것은 진실로 좋은 것이 없다는 것과 마찬가지다. 모든 이성을 다 좋아하는 사람에게는 진짜로 좋은 단 하나의 이성이 없는 것과 마찬가지다. 우리는 두 주인을 섬길 수 없다(마 6:24). 하나님 외에 다른 신들을 하나님 앞에 두지 말아야 한다.

그렇다면 어떻게 할 것인가? 진정으로 용납해야 할 것은 무엇이고, 타협해서 안 되는 것은 무엇일까? 왜 지금 이 시대는 모든 것을 용납하는 시대가 되었는가? 사상도, 인권도, 모든 것도 다 좋고 다 용납하는 관용의 시대가 되어버렸는가? 그것은 이 시대가 모든 것을 진심으로 품어주는 관용의 시대이기 때문이 아니라 그동안 우리가 통과했던 시대가 불관용과 차별의 시대였기 때문이다. 더욱이 현실을 보면 지금 이 시대가 진심으로 포용적인 시대는 아니라는 것, 오히려 여전히 차별이 있고, 여전히 갈등이 있는 시대라는 것을 알게 된다. 인종의 갈등, 세대의 갈등, 계급, 지역, 이념의 갈등은 현존하고 있다. 포용적이고 이성적인 시대처럼 보이는 것이 지금이야말로 배려가 없다는 사실을 역설하고 있다. 다양한 갈등은 한국 사회를 뒤덮고 있는 차별을 부채질하고 있다.

모든 것을 용납하는 것에 좋은 점이 있다면 인정과 포용, 다양성의 세상으로 향하고 있다는 사실이다. 그러나 나쁜 점은 혼합주의다. 다 좋다고 여기면서 모든 것을 혼합시키는 사상이 문제이다. 포용과 혼합, 이 두 가지를 구별하는 것은 매우 힘들다. 예수님의 방식을 생각해보자. 예수님은 중요하지 않은 것이라면 다 용납하고 받아주셨다. 안식일에 예수님이 바리새인 중에 어느 지도자의 집에 들어가셨다. 예수님은 인기도 많았지만 인기에 비례해서 적들도 많았다. 그들은 예수님을 고발할 흠만 찾았다. 적들이 지켜보는 앞에서 수종병(水腫病) 걸린 사람이 나왔다. 다른 말로 고창병이라고 하는 이 병은 복부에 물이 차서 심장이나 신장 등을 압박하고 몸이 부어오르는 병이다. 독소가 나오다 보니 이 병에 걸린 사람은 끔찍한 고통을 호소했다. 그런데 하필이면 그날은 안식일이었다. 안식일 규정에 의하면 병을 고칠 수가 없었다. 안식일을 범하기 때문이었다. 예수님은 적들의 의도를 파악한 듯 그들에게 물으셨다.

"예수께서 대답하여 율법교사들과 바리새인들에게 이르시되 안식일에 병 고쳐주는 것이 합당하냐 아니하냐" (눅 14:3).

아무 대답을 하지 못하는 그들 앞에서 예수님은 머뭇거림 없이 수종병 환자를 고쳐주셨다. 그는 기뻐하면서 집으로 돌아갔다. 예수님은 바리새인들을 향해 말씀하셨다. "아무리 안식일이어도 소가 우물에 빠지면 끌어내는 법이거늘 어찌 안식일이라고 고통을 호소하는 이 사람을 고치지 않을 수 있겠느냐?" 율법교사와 바리새인들은 꿀 먹은

벙어리가 되었다. 그들이 아무 말도 못하고 잠잠한 이유는 무엇이었을까? 예수님의 말씀에 동의하자니 예수님의 적이란 사실을 망각하게 될 것이고, 예수님의 말씀에 반박하자니 사람들의 비난을 받을 것 같아서였다. 예수님은 진실로 중요한 것과 중요하지 않은 것을 분명히 구분하실 수 있었다. 포용해야 할 것은 무엇이며, 혼합해선 안 될 것이 무엇인지를 아셨다.

그러나 예수님이 절대로 용납하시지 않을 때가 있었다. 예수님은 성전에서 채찍을 꺼내드셨다. 성전 앞마당에서 양과 염소, 양들이 버젓이 판매되고 있었고, 성전세를 내기 위한 동전 바꾸는 상인들이 좌판을 벌이고 있었다. 예수님은 그들의 상을 뒤엎으며 말씀하셨다. "내 아버지의 집은 기도하는 집이다!" 예수님은 타협할 수 없는 것이라면 단호하게 거부하셨다. 이 두 가지를 병행하셨다. 바울에 대해서도 마찬가지였다. 바울의 악행과 분노가 예수님을 믿는 사람들을 향했고, 그것은 곧 예수님을 겨냥한 것이었다. 그러나 예수님은 바울을 그 자리에서 죽이는 대신에 그를 용납해주셨다. 그리고 그를 변화시켰고, 그의 인생을 타협하지 않는 인생으로 바꾸셨다. 바울이 세상과 타협하지 않은 이유는 무엇일까? 예수님이 진리에 대해서만큼은 양보하지 않으셨기 때문이다.

그런 면에서 그리스도인은 이중국적자이다. 하나님 나라의 시민이며, 동시에 우리가 살아가고 있는 이 땅의 시민이다. 그렇다면 반드시 이런 이중적인 사고가 있어야 한다. 포용해야 할 것과 혼합해서는 안 될 것을 구별할 수 있어야 한다. 받아줄 수 있는 것은 얼마든지 다 받아주어야 한다. 그러나 받아주지 말아야 할 것은 절대로 받아주어서는 안 된다. 그런데 문제가 있다. 이 두 가지가 서로 구분되지 않는 다는 사실이다. 많은 사람들은 타협해야 할 것과 포용해야 할 것이 혼잡한 상태로 살아가고 있다.

모순된 두 개의 말씀

성경에는 타협과 관련된 상반되고 모순된 두 개의 말씀이 나온다. 다음의 두 구절을 읽어보자.

> "내가 네 행위를 아노니 네가 차지도 아니하고 뜨겁지도 아니하도다. 네가 차든지 뜨겁든지 하기를 원하노라"(계 3:15).

> "내가 오늘 너희에게 명령하는 그 말씀을 떠나 좌로나 우로나 치우치지 아니하고 다른 신을 따라 섬기지 아니하면 이와 같으리라"(신 28:14).

하나님은 라오디게아교회를 향해서 차든지 뜨겁든지 둘 중에 하나를 택하라고 말씀하신다. 라오디게아교회의 행위가 차갑지도 않고 뜨겁지도 않은 애매한 모양이었다. 그들의 태도가 미지근하기 때문에 아예 입에서 뱉어버리겠다고도 하셨다. 부족함이 없던 라오디게아교회는 비참한 자신의 실상을 알지 못했다. 그러니까 라오디게아교회는 아예 냉철하고 차가운 모습으로 서 있든지, 뜨겁고 열정적인 신앙을 갖든지 둘 중에 하나를 분명히 해야 했다.

그런데 반면에 하나님은 이집트를 탈출한 이스라엘 백성들에게 좌로나 우로나 치우치지 말라고 하셨다. 가나안 땅을 눈앞에 두고 있는 여호수아에게도 동일한 말씀을 주셨고(수 1:7), 여호수아도 죽기 전 이스라엘 백성들 앞에서 똑같은 내용으로 말했다(수 23:6). 차갑든지 뜨겁든지 둘 중에 한쪽을 택하라는 말씀과 좌로나 우로나 한쪽으로 치우치지 말라는 말씀이 서로 상반되고 모순되어 보인다. 이 말씀은 어떻게 조화를 이룰 수 있으며 어떻게 모순 없이 이해될 수 있을까?

차거나 뜨거울 때 그것의 유용성이 있다. 그런데 그중에 어느 쪽에도 속하지 않게 되면 모호하고 불분명하여 아무 짝에도 쓸모없게 된다. 미지근한 아이스크림이나 미지근한 설렁탕은 별로 매력 없어 보인다. 좌로나 우로나 치우치지 말라는 것은 좌우의 극단이라는 한계를 말한다. 좌에 서든지, 우에 서게 되면 다른 쪽은 적대관계가 된다. 좌든 우든 어느 쪽에도 치우치지 않는다는 것은 기계적인 중립을 말하는 것이 아니다. 오히려 좌로나 우로나 치우치지 않으려면 분명하고 확고해야 한다. 두 마리의 암소가 법궤를 실은 수레를 끌면서 좌로나 우로나 치우치지 않고 목적지까지 가는 것과 마찬가지다(삼상 6장).

여기에서 그리스도인은 균형이 필요하다. 좌와 우, 뜨거운 것과 차가운 것을 구별해낼 수 있는 분별력이 필요하다. 또한 분별해냈더라도 그것을 실천해낼 수 있는 용기가 필요하다. 분별력과 용기를 가진 사람은 나 자신을 위한 이기심, 나 자신의 유익을 위한 태도에서 벗어날 수 있다.

안식일에 대한 논쟁이 일어났을 때 예수님은 안식일을 피해서 병자를 고칠 수 있으셨다. 다음 날 오라고 해도 될 일이었다. 그런데 예수님은 그들이 보는 앞에서 병자들을 고치고, 이삭을 까서 먹었다. 마치 논쟁을 부추기는 것처럼 보인다. 이것은 안식일에 대한 예수님의 의도가 있다는 뜻이다. 예수님을 미워하고 반대하는 사람들은 안식일을 구실로 삼았다. 만약 예수님이 다른 날에 병자를 고쳤더라도 반대자들은 꼬투리를 잡았을 것이다. 예수님은 안식일을 논쟁의 장으로 적극적으로 끌어오신 셈이다. 예수님은 안식일을 통해서 보이시고자 했던 원칙이 있었다. "안식일이어도 매인 것은 풀어야 한다." 예수님은 중요한 원칙을 말씀하셨다. 사람을 살려내는 게 가장 중요한 일이었다.

순서를 따지자면 이렇다. 제일 먼저 원칙이 있었고, 그 이후에 규칙이 따라 붙었으며, 규칙을 보강하기 위해 세칙이 생겨났다. 하나님은 사람을 창조하시고, 그 사람을 보존하고 살리시려는 원칙을 세우셨다. 그래서 안식일이라는 규칙을 만드셔서 사람이 사람답게 살도록 하셨다. 안식일을 거룩히 지켜 일하지 않고 쉬면서 그들의 생명을 보존히도록 하셨다. 그런데 사람들은 그 후에 안식일에 일하지 않는 것이란 무엇인지 세칙을 만들어내기 시작했다. 문제는 나중에 이 세칙이 규칙을, 또 규칙이 원칙을 앞질러 버리는 데 있었다. 그러므로 항상 원칙으로 돌아가야 한다. 원칙으로 돌아가다 보니 규칙을 무시하게 되고, 세칙을 깨기도 한다. 그러나 언제나 우선시 되는 것은 원칙이다. 하나님이 원래 의도하셨던 것을 찾아가는 것, 하나님이 정말로 기뻐하시는 것을 찾기 위해서 끊임없이 몸부림쳐야 한다.

그렇다면 하나님의 원래 의도, 원칙을 어떻게 알 수 있을까? 하나님은 모든 인간이 다 알 수 있게 인간의 마음속에 원칙을 두셨다. 죄로 물든 마음이 분별을 하는 데 어려워하게 만들 뿐이지, 원래 인간의 마음속에는 원칙에 대한 판단력이 있었다.

　소나 나귀를 끌어다가 물을 마시게 하는 이유가 무엇일까? 동물에 대한 불쌍한 마음이 있기 때문이다. 인간의 마음속에 생명에 대한 사랑이 있다. 따라서 부자유, 고통, 아픔은 우리가 신속하게 풀어야 할 일이다. 우리는 하나님의 원칙을 세우고 그 원칙을 지켜야 한다. 그러려면 원칙을 알아야 하는데 하나님의 말씀에 대한 고민이 필요하다. 그리고 그 원칙이 분명해지면 백절불굴의 신앙으로 다양한 유혹과 융통성에 대한 타협을 거부해야 한다. 구부러지지 않는 신앙이 필요하다.

원칙을 지켰던 사람들

　　　　　　바벨론의 느부갓네살 왕은 금으로 신상을 만들었다. 높이가 60규빗(약 30미터)이 넘는 엄청난 높이의 우상이었다. 바벨론의 모든 세력가를 다 모아놓고 낙성식을 거행했다. 다양한 악기의 위압적인 연주가 울릴 때 인종과 민족을 막론하고 모두 금 신상에 절하게 했다. 바벨론이 전 세계에서 가장 큰 위세를 떨칠 때였다. 왕은 신상에게 절하지 않으면 왕과 바벨론에 대한 반역으로 간주해서 풀무불에 던져 넣는다는 위협도 잊지 않았다. 그때 다니엘의 세 친구 사드락과 메삭과 아벳느고는 바벨론의 유력한 행정직을 맡은 왕의 신하들이었다. 그들은 악기 연주가 아무리 고막을 찢어놓아도 신상 앞에 절하지 않았다. 고개조차 까닥하지 않았다. 느부갓네살 왕이 그 소식을 들었을 때 분노로 얼굴이 일그러졌다. 왕은 자기가 아끼는 신하들이라 마지막 기회를 주었다. "지금이라도 절을 하라!" 그러나 왕의 회유에도 불구하고 사드락, 메삭, 아벳느고는 거절했다.

> "왕이여 우리가 섬기는 하나님이 계시다면 우리를 맹렬히 타는 풀무불 가운데에서 능히 건져내시겠고 왕의 손에서도 건져내시리이다. 그렇게 하지 아니하실지라도 왕이여 우리가 왕의 신들을 섬기지도 아니하고 왕이 세우신 금 신상에게 절하지도 아니할 줄을 아옵소서"(단 3:17-18).

왕의 분노는 풀무불을 평소보다 일곱 배나 더 뜨겁게 하는 것으로 돌아왔다. 사드락, 메삭, 아벳느고가 풀무불에 던져졌을 때 뒤에서 그들을 던지던 사람들마저 불에 탈 정도였다. 왕은 멀리서 불타는 신하들을 지켜보았다. 사드락, 메삭, 아벳느고가 금방 불에 타서 사라질 줄 알았다. 그런데 그들은 타지 않고 불 가운데서 유유자적 걷는 것이 아닌가! 이윽고 그들은 불에서 나왔다. 머리카락 하나 타지 않은 상태였다. 왕은 놀라서 그들이 섬기는 하나님을 인정해주었다.

그런데 만약 이 세 친구가 불 속에서 속절없이 타버렸다면 어떻게 되었을까? 그들의 전언(前言)을 참고하면 불에 타서 잿더미조차 없이 사라진다 해도 그들은 금 신상에게 절하지 않았을 것이다. 그들에게는 목숨보다 더 소중한 원칙이 있었다. 인간에게 가장 중요한 것은 인간 자체이며 인간의 생명인데, 그보다 더 소중하게 여기는 게 바로 원칙이었다. 목숨까지도 후순위가 되는 원칙, 기독교는 그 원칙을 가지고 있다.

기독교는 세계의 여러 종교 중에 하나가 아니다. 예수님만이 유일한 길이며, 예수님만이 유일한 원칙임을 말하는 종교이다. 왜 예수님만 유일한 길인가? 예수님만 유일한 구세주가 되는 이유는 무엇인가? 우리 주 예수님은 말씀하셨다. "예수께서 이르시되 내가 곧 길이요 진리요 생명이니 나로 말미암지 않고는 아버지께로 올 자가 없느니라"(요 14:6). 예수님만이 유일한 길이기 때문에 다른 길로 갈 필요가 없다. 오늘 이 시대의 종교다원주의는 무엇일까? 다른 종교 자체일까? 그렇지 않다. 인간이 생겨난 이후에 종교가 없었던 때는 없었다. 다만 그 종교에 타협하는 인간이 있었다. 기독교라는 유일무이한 원칙을 가지고 있으면서도 그것을 잊어버리고 다른 데 기웃거리면서 타협하며 살아가는 인간만 있을 뿐이다.

다시 마지막으로 나아만에 대해 이야기해보자. 나아만은 특수한 상황에 처할 자신에 대해서 이해해주기를 엘리사에게 요청했다. 자신이 장군으로 있는 한 아람의 왕 옆에서 우상에 대한 경배를 드려야 했다. 그런데 만약 그가 하나님에 대한 신앙고백을 왕 앞에서 했다면 어떻게 되었을까? 만일 그가 신앙의 타협을 하지 않았다면 어떻게 되었을까? 아마도 성경에 기록된 이방인 최초의 선교사가 될 수 있었을 것이다. 그러나 마음으로는 여호와 신앙을 가지고 있으나 실제적인 삶은 여전히 우상 숭배의 삶에 머물러 있었기 때문에 아무리 양해를 얻어내고, 엘리사 선지자가 이해해주고, 하나님이 용인해주셨다 해도 그가 우상 숭배자로 그의 인생을 마감했다는 사실에는 변함이 없다.

결국 그는 세상을 바꾸지 못했고, 더 이상 성경에도 등장하지 않았다. 썩어 냄새나는 병을 고치면서까지 보여주셨던 하나님의 원칙은 그를 통해서는 이루어지지 못했다. 하나님은 그를 용납해주셨으나 그를 통해서는 아무 일도 일어나지 않았다.

타협의 시대에 굽히지 않은 사람들

나아만이 몸을 굽혀 절을 했던 하다드 신상은 아람의 수도인 다메섹에 있었다. 나아만이 평생 지냈던 곳은 다메섹이었다. 그가 죽은 뒤 그의 무덤 역시 다메섹 어딘가에 있었을 것이다. 그런데 세월이 흘러 하다드 신상으로 가득했던 다메섹에는 일군(一群)의 기독교인들이 생겨났다. 그들의 신앙에 대한 소문은 예루살렘에 사는 사울이란 청년의 귀에까지 들렸다. 사울은 예수님을 믿는 기독교인들에 대한 위협과 살기로 가득했다. 대제사장에게 다메섹 회당에 가져갈 공문을 구해서 예수님을 따르는 무리를 잡아올 계획을 세웠다. 당시는 로마시대였다. 아람의 전성기였던 하다드의 신상보다 로마의 다신교 신상들이 몇 배나 더 기세를 떨칠 때였다. 그런데 아람의 수도였던 다메섹에는 만 명 이상의 유대인들이 살고 있었고, 그들 중에 많은 사람들이 예수님을 믿고 따르는 기독교인이 되었다(앞의 책, 82쪽).

사울은 흉포한 개인 군사들을 동원해서 말을 달려 다메섹으로 향했다. 한센병을 고친 나아만이 호위병들과 함께 말을 달려 다메섹을 향해 가던 바로 그 길이었다. 다메섹 그 길가에서 사울은 빛이신 주님을 만났고, 후에 바울 사도가 되었다. 바울은 눈이 먼 채로 다메섹으로 들어갔지만 그곳에서 기독교인 아나니아의 안수를 받고 눈에 비늘이 벗겨졌다. 나아만이 하다드 신상 앞에서 왕을 부축하며 우상 숭배했던 바로 그 다메섹에서 바울은 회당을 돌아다니며 예수님이 하나님의 아들이심을 전파했다(행 9:20). 나아만이 타협하며 못 다 이루었던 일을 바울은 예수님을 만나자마자 해내기 시작했다.

CHAPTER 4
기도 감정
: 기도하고 나니 속이 후련해!

- 한나가 문제를 다루는 방식
- 박 집사가 기도하는 이유
- 구리 뱀인가, 기도인가?
- 기도 잘하던 '하나님의 사람'은 왜 죽었을까?
- 어떻게 기도할 것인가?

기도 감정
기도하고 나니 속이 후련해!

한나가 문제를 다루는 방식

엘가나는 에브라임 지파에 속한 레위인이었다(대상 6:27). 그러나 그는 모범을 보여야 할 레위인이었으나 삶에서 신실하지 못해 아내를 둘이나 두었다. 사랑이 나뉘면 갈등이 있는 법이라 두 명의 아내는 서로 앙숙이 되었다. 첫 번째 부인인 한나는 남편의 사랑을 많이 받았으나 자식이 없었다. 자식이 없다는 것은 치명적인 약점이었다. 자식을 중시하는 시대이기에 체면이 서지 않았다. 더 중요한 것은 남편이 죽으면 자신에게 돌아올 재산이 없었다. 아들이 없기 때문이었다. 두 번째 부인인 브닌나에게는 아들도 있었고 딸도 있었다. 그럼에도 브닌나는 남편의 사랑이 한나에게로만 향하는 것을 알았기에 항상 불평이 일었다. 그래서 한나의 심기를 늘 건드렸다.

엘가나는 일 년에 한 차례 제사 절기가 되면 식솔들을 거느리고 성막이 있는 실로로 올라갔다. 이 제사는 가족축제나 다름없었다. 율법을 철저히 지키는 레위인답게 엘가나는 매해 꼬박꼬박 절기를 지켰다. 재산이 많았기 때문에 절기를 마칠 쯤에는 넉넉한 제물을 준비해서 제사장의 몫은 물론이고 아내들과 자식들의 몫도 여유롭게 나누어 주었다. 자녀가 없는 한나에게는 특별히 두 몫의 제물을 주곤 했다. 브닌나는 그것이 더욱 못마땅했다. 자녀가 많은 자신이 두 몫을 받아야지 혼자 사는 한나에게 무슨 제물이 필요한지 의문이었다. 브닌나는 질투와 원망이 일었다. 일부러 엘가나 앞에서 자녀들을 내세워 한나를 소외시키고, 또 남편이 없는 틈을 타서 한나에게는 적개심을 드러냈다. 한나 앞에서 아이들을 과시하듯 데리고 다닌다든지, 아이들에게 조금이라도 관심을 두는 것 같으면 냉정하게 대했다. 한 집안에서 한나와 브닌나의 갈등으로 인해 집안 분위기는 점점 어두워져가고 있었다.

괴롭힘을 당하는 한나의 입장에서는 남편의 사랑도, 남편이 주는 제물도 다 소용없는 일이었다. 매년 실로에 올라갈 때마다 한나는 마지못해 따라나섰다. 한나는 아무것도 먹지 않았다. 자리에 앉아서도 멍하니 넋을 놓고는 했다. 신세를 생각하니 눈물만 계속 쏟아졌다. 가족축제의 시간에 자신만 섬처럼 느껴졌다. 엘가나는 한나를 위로하면서 말했다.

"여보, 왜 울기만 하오? 왜 먹지 않으려 하오? 왜 늘 그렇게 슬퍼만 하는 거요? 당신이 열 아들을 두었다고 해도, 내가 당신에게 하는 만큼 하겠소?"(삼상 1:8, 새번역).

그러나 엘가나가 아무리 위로해도 한나를 달래줄 수는 없었다. 무슨 수를 써서라도 엘가나가 다른 아내를 얻는 것을 막았더라면 어땠을까? 자신에게 아들이 하나 있었다면 어땠을까? 한나는 남편의 위로에 반응하는 대신에 부질없는 가정을 해보았다. 한나는 브닌나의 자식들을 볼 때마다 자신도 모르게 질투심이 나서 견딜 수 없었고, 자신을 경계하고 무시하는 브닌나에 대해서 아무 저항할 수 없는 것도 암담했다. 한나는 무능과 무위(無爲)가 싫었다. 먹는 것도 마시는 것도 귀찮기만 했다. 가족들은 한나의 눈앞에서 즐겁게 음식을 먹고 있었다. 더 이상 보기가 힘들었다. 엘가나를 생각해서 음식을 겨우 입에 댔으나 모래알을 씹는 것 같았다.

가족들 앞에서 한없이 초라해진 한나는 자리에서 일어났다. 제사장 엘리가 성전 문설주에 놓인 의자에 앉아 있었다. 한나는 제사장 엘리를 지나 장막 앞으로 나갔다. 한나는 장막 앞에 주저앉았다. 하나님 앞이라 생각하니 고장 난 수도꼭지에서 물이 쏟아지듯 눈물이 떨어졌다. 한나는 울부짖기 시작했다. 그녀는 연민에 빠졌다. 눈물은 더 많은 눈물을 불러왔고, 이내 통곡으로 변했다. 한나가 했던 기도를 엿들어보자.

> "서원하여 이르되 만군의 여호와여 만일 주의 여종의 고통을 돌보시고 나를 기억하사 주의 여종을 잊지 아니하시고 주의 여종에게 아들을 주시면 내가 그의 평생에 그를 여호와께 드리고 삭도를 그의 머리에 대지 아니하겠나이다"(삼상 1:11).

한나는 아들을 달라했고, 아들을 주시면 그 아들을 주님에게 바치겠다는 서원의 기도를 드렸다. 그만큼 한나는 절박했다. 한나가 통곡하며 드렸던 기도는 멀리 의자에 앉아 내려다보던 제사장 엘리의 귀에는 들리지 않았다. 한나는 그저 통곡하고 있었고 비애에 젖은 오열만 보일 뿐이었다. 엘리 제사장은 한나가 기도를 하는지, 술주정을 부리는지 구분할 수 없었다. 엘리는 한나를 오해했다. 한나의 가족들이 떠들썩하게 음식을 먹을 때 포도주가 있던 것을 지켜본 터라 한나가 술에 취한 것으로 여겼다. 성스러운 하나님의 장막에서 만취한 모습은 있을 수가 없었다. 엘리는 한나를 꾸짖었다.

"언제까지 술에 취해 있을 것이오? 포도주를 끊으시오."

기도하던 한나는 뒤에서 외치는 엘리의 질책에 눈물을 훔치며 대꾸했다.

"제사장님, 저는 술에 취한 것이 아닙니다. 포도주나 독한 술을 마신 것이 아닙니다. 다만 슬픈 마음을 가눌 길이 없어서 저의 마음을 주님 앞에 쏟아 놓았을 뿐입니다. 이 종을 나쁜 여자로 여기지 마시기 바랍니다. 너무나도 원통하고 괴로워서 이처럼 기도를 드리고 있습니다"(삼상 1:15-16, 새번역).

엘리는 한나의 얼굴을 자세히 들여다보았다. 그제야 술에 취하지 않은 것을 알 수 있었다. 엘리는 짐짓 모른 척 말했다.

"그렇다면 평안한 마음으로 돌아가시오. 이스라엘의 하나님이 그대가 간구한 것을 이루어주실 것이오."

엘리 제사장은 미안한 마음과 불쌍한 마음이 반반이었다. 그래서 한나에게 평안을 빌어주고 기도의 응답을 확신해주었다.

그런데 바로 그 순간부터 한나에게 반전이 일어났다. 한나는 기도를 그치고 자리에서 일어서더니 의연한 모습으로 가족들이 있는 곳으로 돌아갔다. 그리고 남은 음식을 먹었다. 며칠을 굶은 사람처럼 식사를 했다. 그리고 한나는 기운을 차렸다. 그 후 한나의 얼굴에 근심된 표정은 더 이상 드리워지지 않았다. 놀랍게도 슬픈 마음이 완전히 사라져버렸다.

이상한 일이지 않는가? 한나의 기도는 아직 이루어지지 않았다. 한나가 서원했던 기도, 아들을 주시면 평생 삭도를 그의 머리에 대지 않겠다는 서원은 아들이 생겼을 때에야 유효했다. 지금 당장 임신을 해도 1년은 지나 자신의 품에 아기가 안길 때 기도의 응답은 이루어지는 것이었다. 그런데 한나는 마치 기도가 성취된 것처럼, 그동안 그를 괴롭혔던 문제가 처음부터 없었던 것처럼 아무렇지도 않게 행동했다. 한나는 기도했고, 엘리 제사장은 기도에 대해서 축복해주었다. 단지 그것뿐이었다. 그런데 한나는 문제가 해결되고 기도가 응답받은 것처럼 행동했다. 도대체 무슨 일이 있었던 것일까?

한나가 기도했을 때 가슴 속에 묻어두었던 자신이 당한 한스러움과 고통이 기도와 함께 사라졌다. 아픔을 하나님 앞에 꺼내놓았고, 제사장에게 자신의 억울함을 호소했다. 그러자 한나의 응어리졌던 모든 고통은 기도와 함께 사라졌다. 아직 기도가 응답되지도 않았는데 한나의 슬픔과 괴로움이 없어진 이유는 무엇일까? 우리는 두 가지를 가정할 수 있다.

<u>첫 번째</u>는 한나가 통곡하며 부르짖었던 기도가 감정과 기분을 나아지게 만들었던 진통제나 각성제의 역할을 한 것으로 볼 수 있다. 여전히 브닌나는 자기 자식들을 동원해서 한나를 따돌렸고 조롱의 눈빛으로 한나를 바라보고 있었다. 한나는 자식이 없는 외로운 상태였다.

그런데도 기분이 좋아졌다. 기도에는 이처럼 감정을 녹여주고 문제를 망각하게 만드는 요소가 있다. 그러나 그것만으로 다 설명되지 않는다. 기도가 기분만 좋게 한 것으로 끝났다면 한나의 그다음 이야기는 인생이 망가지는 방향으로 가야 한다. 문득 정신을 차리고 보니 이전보다 더 초라하고 한없이 비관적이 되어 극단적인 선택까지도 갈 수 있다. 그런데 한나는 더 용감해졌고 더 강인해졌다.

그렇다면 <u>두 번째</u>는 기도가 한나의 기분만 풀어준 게 아니라 진실로 한나의 문제를 가져갔다고 볼 수 있다. 한나가 통곡하며 기도했던 그 순간 하나님은 한나의 마음속에 있던 문제의 근원을 가져가셨다. 그래서 한나의 적인 브닌나 앞에서도, 브닌나의 자녀들 앞에서도, 자신의 마음을 몰라주는 남편 엘가나 앞에서도 아무렇지 않을 수 있었다. 그것을 뒷받침해주는 내용이 있다.

엘가나와 그의 가족들은 다음 날 아침 마지막 제사를 지낸 뒤에 라마에 있는 자신의 집으로 돌아왔다. 하나님은 한나를 불쌍히 여기셔서 그의 기도를 들어주셨다. 그동안에 아무리 애를 써도 생기지 않던 아기가 기적적으로 생긴 것이다. 시간이 흘러 아이가 태어났고, 한나는 그 아이에게 '사무엘'이라는 이름을 지어주는데, 그 뜻은 '하나님에게 구해서 얻었다'라는 의미였다.

사무엘이 태어난 뒤에도 엘가나는 가족들을 데리고 매해 제사를 지내기 위해 실로로 올라갔다. 그러나 한나는 사무엘이 태어난 이후 더 이상 가족제사에 참여하지 않았다. 남편에게는 아기가 젖을 뗀 후에 하나님 앞에 가서 아이를 바칠 거라고 말했다. 엘가나는 어렵게 얻은 아들이지만 한나의 결심에 동의해주었다. 한나가 서원을 이행하려는 것에 대해서 말릴 마음이 없었다. 한나가 괜찮기만 하면 그것으로 더 이상 바라는 게 없었다.

이윽고 사무엘이 젖을 뗄 나이가 되었다. 이스라엘에서는 몇 살 정도까지 젖을 먹였을까? 우리는 정확한 나이를 알 수가 없다. 다만 아브라함은 이삭이 젖을 뗄 나이가 되었을 때에 잔치를 벌였고(창 21:8), 그것은 적어도 꽤 자랐다는 뜻이며, 아기에서 어린이가 되었다는 의미다. 또한 엄마의 품에서 내려놓아도 안전한 나이로 해석해도 무리가 없다. 한나는 엘가나에게 "아이를 젖 떼거든 내가 그를 데리고 가서 여호와 앞에 뵙게 하고"(삼상 1:22)라고 말했다. 그때 '아이'란 단어는 '나아르'(naar)라고 해서 어린이, 어린아이, 젊은이라는 뜻도 포함된다. 한나는 사무엘이 젖을 뗄 나이, 즉 어느 정도 컸을 때에 그를 데리고 하나님의 장막으로 올라갔다. 수소 세 마리, 밀가루 한 에바, 포도주 한 가죽부대가 동원되었다. 한나는 자신을 위로해주던 엘리 제사장 앞에 섰다.

> "한나가 이르되 내 주여 당신의 사심으로 맹세하나이다. 나는 여기서 내 주 당신 곁에 서서 여호와께 기도하던 여자라. 이 아이를 위하여 내가 기도하였더니 내가 구하여 기도한 바를 여호와께서 내게 허락하신지라. 그러므로 나도 그를 여호와께 드리되 그의 평생을 여호와께 드리나이다 하고 그가 거기서 여호와께 경배하니라" (삼상 1:26-28).

만약 한나가 기도를 마친 바로 그 순간에 자신의 문제가 해결되지 않았다면 절대로 편안한 마음으로 가족과 함께 먹고 마실 수는 없었을 것이다. 일시적으로 기분이 좋을 수는 있겠으나 환각상태가 사라진 뒤에 여전히 고민하고 원통해하면서 끊임없이 눈물을 흘려야 할 것이다. 브닌나와의 갈등은 계속되었을 것이며, 이로 인해 집안에서는 평화가 없는 불안한 가정환경이 되었을 것이다. 그러나 한나의 기도 이후 한나의 불안정한 모습이나 집안의 어지러운 모습은 찾아볼 수가 없다.

사무엘이 태어나고 젖을 먹이고 키울 때 한나의 행복감을 우리는 짐작할 수 있다. 어떤 아기든 젖을 뗄 즈음은 가장 귀엽고 예쁠 때이다. 그런데 한나는 그 아이를 하나님의 장막으로 데려갔다. 만약 한나의 기도가 감정만 건드린 것에 불과했다면 진실로 한나의 문제가 해결된 것이 아니었다. 한나는 아들에 대한 이성적인 결단을 내리지 못했을 것이다. 매년 행사에 불참했고, 그 이후에도 죽을 때까지 다시는 제사 자리에 가지 않았을 것이다. 실로에 가면 아팠던 감정이 떠오르고, 아이를 바쳐야 한다는 의무감이 끊임없이 상기될 것이기 때문이다. 비이성적인 신앙으로는 사무엘을 하나님에게 드릴 수가 없었다. 남편에게 책임을 떠넘기거나 아이를 지키기 위해 갖은 방법을 다 동원했을 것이다. 그러나 한나는 감정에 지배되지 않았다. 하나님에게 기도한 그 순간에 한나의 근본적인 문제가 해결되었기 때문이다.

하나님에게 기도했던 것이 단지 쌓였던 감정을 배출한 것으로만 끝나지 않은 이유가 바로 여기에 있었다. 한나는 확신과 겸손과 순종으로 하나님과의 약속을 기다리고 이행했다. 도대체 기도에는 어떤 요소가 있기에 그토록 소중한 한나의 아이를, 통곡하며 기도했던 그 응답의 아이를 하나님께 드릴 수 있었던 것일까?

한나의 기도 속에는 한나보다 더 통곡하고 탄식했던 하나님의 아픔이 있었다. 하나님은 한나의 기도와 더불어서 같이 아파하셨다. "이와 같이 성령도 우리의 연약함을 도우시나니 우리는 마땅히 기도할 바를 알지 못하나 오직 성령이 말할 수 없는 탄식으로 우리를 위하여 친히 간구하시느니라"(롬 8:26). 엘가나의 어느 식구도 한나의 아픔을 대신해주지 못했다. 제사장 엘리조차도 한나의 아픔에 공감하지 못했고, 오해하고 질책만할 뿐이었다. 그러나 하나님은 통곡하는 한나의 마음에 들어오셔서 공감해주시고 같이 슬퍼해주셨다. 함께 탄식하는 사람이 있다는 사실만으로도 큰 위로가 된다. 누군가 자신을 이해해주고 자신의 아픔처럼 여긴다면 크나큰 위안이 된다. 한나는 기도를 통해 자신의 부족과 비천함을 알았다. 자신이 얼마나 연약한 자이며 얼마나 초라한 존재인지를 깨달았다. 하나님은 그런 자신에게 찾아오시며 아픔을 어루만지시는 분임을 알았다. 다음은 사무엘을 하나님에게 드린 이후에 한나가 드린 기도의 일부이다.

"가난한 자를 진토에서 일으키시며 빈궁한 자를 거름더미에서 올리사 귀족들과 함께 앉게 하시며 영광의 자리를 차지하게 하시는도다. 땅의 기둥들은 여호와의 것이라. 여호와께서 세계를 그것들 위에 세우셨도다"(삼상 2:8).

한나는 자격이 없지만 하나님이 은혜를 내려주셨다는 사실을 깨달았다. 하나님이 분명히 자신의 기도를 들어주셨고, 비천함 속에 있는 자신을 건지셔서 영광의 자리에 앉게 해주셨음을 알았다. 기도를 들으신 하나님이 가장 소중한 자기 아들을 가장 잘 책임져주실 것을 알았다. 그렇지 않고서는 아들을 엘리 제사장에게 맡길 수가 없었을 것이다. 그러나 하나님은 자신의 서원 속에 내재되어 있는 자식에 대한 욕망까지도 알고 계셨다. 자식을 반듯하고 온유하게 키우고자 하는 바람도 다 들어주셨다. 한나의 손에서 사무엘이 크는 것보다 한나의 손을 떠나는 게 한나에게도, 사무엘 자신에게도, 이스라엘 나라에게도 좋은 것임을 알았다.

기도는 탄원이다. 원통함과 아픔을 토하는 것이다. 기도에는 결핍의 요소가 있다. 무엇인가 부족하기 때문에 기도하는 것이며, 슬프고 아리기 때문에 기도한다. 그런데 단지 그것으로만 끝난다면 기도는 각성제와 다를 바가 없을 것이다. 한나의 기도 속에는 하나님을 향한 신뢰가 내포되어 있었다. 한나의 기도 안에는 하나님과의 관계가 녹아 있었다. 한나는 기도했다.

> "여호와와 같이 거룩하신 이가 없으시니 이는 주밖에 다른 이가 없고 우리 하나님 같은 반석도 없으심이니이다"(삼상 2:2).

하나님의 신실하신 사랑이 한나를 덮었고, 한나는 그 사랑 속에서 하나님의 사랑과 관심을 받았으며, 자신처럼 비천했던 여인이 은혜를 입은 존귀한 자가 되었음을 알았다. 기도는 하나님의 사랑이 한나를 덮어버린 사건이었다. 돌이켜보니 자신이 원통해서 하나님에게 나아갔지만 기도의 자리로 나오게 만든 동인이 하나님의 사랑이었음을 깨달았다.

한나는 기도를 하면서 중언부언할 필요가 없었다. 그토록 간단하게 고통으로부터 빠져나올 수 있었던 이유가 바로 거기에 있었다. 참된 기도는 이방인의 그것과 같이 반복해서 같은 말을 하거나 많은 시간과 정성을 쏟아야 하는 것이 아니다. 한나는 자신의 어려움을 장황하게 설명할 필요가 없었다. 있는 그대로의 모습으로 울고, 마음을 쏟고, 통곡하는 것으로 충분했다. 하나님은 꼭 언어로 표현되지 않는 것도 들으신다. 하나님은 논리적인 설득으로 인간이 원하는 것을 내어 주시는 분이 아니다. 하나님은 뚜렷하게 알아들을 수 있는 언어만 듣지 않으신다. 언어가 되기 이전의 생각의 덩어리들도 들으신다.

한나의 기도가 단지 감정을 배출하며 그 순간만 모면하는 것이었다면 한나는 절대로 서원한 대로 사무엘을 하나님에게 바치지 못했을 것이고, 사무엘을 바치지 않았다면 위대한 사무엘은 등장하지 않았을 것이다. 또한 위대한 사무엘이 없었다면 사무엘을 통해 사사시대의 어둠은 사라지지 않았을 것이다. 감정을 속이는 기도로는 절대로 역사를 움직일 수가 없다.

박 집사가 기도하는 이유

박신실 집사님이라고 있었다. 물론 가명이다. 소위 성령파, 또는 기도파로 불리는 분이다. 새벽기도는 물론이고 철야기도도 늘 하시는 분이다. 이름처럼 굉장히 신실하게 신앙생활을 했다. 기도할 때 매우 뜨거워서 다른 사람들을 감동시키는 부분도 있었다. 어떤 기도의 자리에도 빠지지 않는 박 집사님은 기도를 통해 자신이 얼마나 성장했고, 자신의 가족이 어떤 은혜를 입었는지 분명하게 간증을 할 수가 있었다. 박 집사님은 세상에서 가장 힘든 것이 기도이지만 세상에서 가장 쉬운 것 또한 기도라는 말을 하고 다녔다.

박 집사님은 주로 방언으로 기도를 했다. 따로 성전에서 기도하는 시간도 많이 가졌다. 교회가 비어 있어도 본당의 한구석에 앉아 기도의 자리를 지켰다. 박 집사님은 교회에서 가장 기도를 많이 하고, 기도의 모범을 보이는 분으로 손꼽혔다. 그러나 박 집사님이 모든 면에서 다 잘하는 것은 아니었다. 그에게는 문제가 있었다. 교회 안에서는 호랑이인데 교회 밖에만 나가면 고양이가 되었다. 평판이 별로 좋지 않았다. 그는 헌금도 많이 했는데 개인적으로 목사님께 헌금을 가져다드리는 것을 잘했다. 교회와 관련되어 섬기는 것이라면 잘못된 방법도 서슴지 않았고, 부정적인 일도 마다하지 않았다. 돈을 많이 벌어서 하나님을 위해 사용한다면 아무 문제가 없다고 여겼다. 사람들에게 인정을 받고, 교회를 위해 많은 사업을 벌이는 것이라면 어떤 일이든 사양하지 않았다. 그래서 오랫동안 기도했고, 기도하면서 양심에 찔리는 일을 지워나갔다. 박 집사님은 기도하지 않는 사람에 대해서는 가차 없는 비판을 했다. 그가 입에 달고 다니는 말이 있었다. "왜 기도 안 해?"

우리는 왜 기도하는 것일까? 기도란 무엇일까? 기도의 정의에 의하면 하나님의 음성을 듣는다거나, 하나님과의 대화라거나, 하나님과의 상호 소통을 이야기하는데, 정작 기도하는 이유는 나를 위해서, 내가 답답하니까, 내가 뭔가 얻어야 할 것이 있으니까 기도하는 경우가 많다. 기도의 정의와 실제 기도의 이유 사이에 간격이 클 때가 많다. 기도는 하나님과의 대화, 즉 하나님과의 상호 소통이 중요한 요소이며, 기도를 하는 나 자신보다 하나님이 중심이 되어야 한다. 그러나 기도하는 나 자신의 문제가 중심이 되어버리는 경우가 많다. 그러다 보니 기도의 이러한 차이를 메우기 위해 다른 어떤 것이 만족되어야 했다.

하나님의 뜻이 드러나서 그것에 순종할 때 하나님이 만족하신다. 그러나 하나님의 뜻이 무엇인지, 어떻게 하는 것이 순종하는 것인지, 어디까지 순종해야 하는지가 모호할 경우에 하나님이 만족하신지도 알 수가 없게 된다. 그래서 차선으로 나 자신이라도 만족하는 것이 필요했다. 나의 무엇이 만족될 수 있을까? 가장 만족시킬 수 있는 것이 바로 나의 감정이다. 그래서 기도는 점점 감정적으로 빠지게 된다.

구리 뱀인가, 기도인가?

이집트에서 탈출한 이스라엘 백성들이 호르산을 지나 홍해 길을 따라갈 때였다(민 21:4). 하나님은 그들에게 에돔 땅을 우회해서 가게 하셨다. 그들은 이미 광야를 헤맨 지 오래였다. 백성들은 불평과 원망을 쏟아냈다.

"모세여, 우리가 이집트에서 나올 때 하나님의 기적과 자비를 많이 보았습니다. 그러나 벌써 도착해야 할 약속의 땅은 기별도 보이지 않고, 이스라엘 백성들은 더위와 굶주림 속에 지쳐갑니다. 벌써 몇 날

며칠을 이 고생을 하는 것입니까? 노예로 지냈으나 우리에게는 고향이나 다름없는 곳이 이집트입니다. 차라리 이집트에서 죽었다면 무덤이라도 있었을 텐데 지금은 광야에서 먼지처럼 사라지게 될 판입니다. 먹을 것도 없고 마실 물도 턱없이 모자란 이곳에서 얼마나 더 헤매야 합니까?"

이 정도 호소를 하는 것은 그나마 점잖은 축에 속했다. 나머지 백성들은 모세의 지도력을 의심했고, 어떤 이들은 뒤에서 모세를 비난했다. 이스라엘 백성들은 보이지 않으면 불신부터 했고, 마음에 들지 않으면 모세의 명령을 거스르도록 조장했다. 그동안 그들이 먹었던 만나를 보란 듯이 던지거나 보잘것없다는 식으로 비하하는 것은 보통이었다. 백성들의 불만은 하늘을 찔렀다. 그때 백성들이 머무는 구역에서 소름 끼치는 소리가 들리기 시작했다. 보기에도 징그러운 뱀들이 백성들 사이를 지나갔다. 서 있거나 앉아 있는 이스라엘 백성들이 뱀에게 물려 쓰러졌다.

> "여호와께서 불뱀들을 백성 중에 보내어 백성을 물게 하시므로 이스라엘 백성 중에 죽은 자가 많은지라"(민 21:6).

일반적으로 독뱀에는 치명적인 독이 두 종류가 있는데, 목표물의 신경을 마비시키는 것(신경독)과 신체의 조직을 파괴하는 것(용혈독)으로 나뉜다. 이스라엘 백성들 사이를 지나가는 뱀에게는 어떤 독이 있는지 정확히는 알 수가 없으나 뱀에 물린 사람들은 고통을 호소하며 죽어갔다. 히브리 원어에는 이 불뱀을 '나차쉬'라고 하며, 하와를 유혹했던 뱀, 모세가 지팡이를 던져 이집트의 술객들을 위협했던 뱀과 똑같은 단어로 쓰였다. 욥기에서는 바다 괴물이라고 할 때도 같은 단어가 사용되었다(욥 26:13). 말하자면 원망하던 이스라엘 백성들 사이를 지나다닌 뱀은 크기도 거대했고, 물리면 생명이 위험해지는 무서운 뱀이었다. 뱀에 물린 사람들은 아무리 건장한 사람이어도 고목처럼 쓰러졌다. 모세혈관으로 퍼진 독 때문에 내출혈을 일으켜 입으로 피를 쏟아내기 일쑤였다. 이스라엘 진영은 아비규환이 되었다.

백성들은 급히 모세에게 몰려왔다. 그들은 뱀에 물려 죽어가는 이유가 자신들의 원망과 경솔함이었다는 것을 잘 알았다. "저희들의 죄를 묻지 마시고, 제발 이 백성들을 위해 기도해주십시오. 우리가 하나님에게 죄를 범했습니다." 모세는 하나님 앞에 무릎을 꿇고 간절한 마음으로 기도했다. 백성들의 시비와 불평은 모세의 마음을 상하게 했지만 뱀에 물려 죽어가는 이스라엘의 모습을 외면할 수가 없었다. 독으로 인해 생명이 끊어져가는 이스라엘 백성들의 모습은 모세의 기도를 격정에 휘말리게 했다. 이대로 이스라엘이 전멸할 수는 없는 일이었다.

모세는 하나님께 매달렸다. 기도를 들으신 하나님은 모세에게 말씀하셨다. 구리로 불뱀을 만들어 긴 장대 위에다가 매달고 진영을 두루 다니라고 하셨다. 그것을 쳐다보면 살 것이라고도 하셨다. 모세는 지체할 새가 없었다. 부하들을 시켜 길고 두꺼운 장대를 준비했고, 그 위에 구리로 불뱀의 형상을 만들어서 달았다. 거품을 물거나 피를 토하며 쓰러져가는 사람들, 맹독에 정신을 잃어가는 사람들, 고목처럼 온몸이 마비되어 움직일 수 없는 사람들 등 어떤 사람이라도 장대에 달린 뱀을 본 순간 모두 거짓말처럼 깨끗이 나았다.

그 후 오랜 세월이 흘렀다. 이스라엘 백성들은 약속의 땅인 가나안으로 들어갔고, 여호수아를 통해 안정적으로 가나안을 정복했다. 하나님에게 반역하던 사사시대를 지나, 초대 왕 사울을 통해 왕정의 기틀을 쌓았고, 다윗부터 시작된 다윗 왕가의 정통성을 이어갔다. 그리고 유다의 15대 왕 히스기야 때가 되었다. 놀랍게도 장대 위의 구리 뱀은 그 오랜 세월이 지나는 동안에도 살아남았다. 민가에 남아 있던 구리 뱀은 오래되고 낡았지만 그들 사이에서 신앙처럼 되어 있었다.

"그가 여러 산당들을 제거하며 주상을 깨뜨리며 아세라 목상을 찍으며 모세가 만들었던 놋뱀을 이스라엘 자손이 이때까지 향하여 분향하므로 그것을 부수고 느후스단이라 일컬었더라"(왕하 18:4).

여기서 '느후스단'이란 '놋 조각'이란 뜻이다. 광야에서 뱀에 물려 죽어가던 백성들이 쳐다보았던 그 구리 뱀은 오랜 세월 동안 이스라엘 백성 중에서 다양한 애칭으로, 또는 간절한 바람을 담아 불리며 제사와 분향의 대상이 되었다. 개혁적인 히스기야 왕은 그것을 그대로 둘 수 없었다. 그때까지 다윗이라든가 다른 왕들이 방치했던 이유는 구리 뱀의 영향력이 미미했기 때문으로 보인다. 그러나 히스기야 때에 이르면서 구리 뱀 신앙이 왕성해져버렸다. 히스기야는 서민들이 애지중지하게 대하던 것과는 반대로 구리 뱀을 박살내면서 "이것은 어떤 주술적인 힘도 없는 놋 조각에 불과하다"는 의미로 '느후스단'이라고 불렀다. 히스기야는 구리 뱀 우상의 다양한 명칭을 금지시켰다.

구리 뱀은 이스라엘 백성들의 본능인 우상 숭배에 대한 충동을 자극하는 적절한 대상이었다. 뱀에 물려 죽어가던 사람들이 단지 쳐다보기만 해도 나았다는 전설적인 서사와 영험한 물건의 실체로 그들 사이에서 대대로 간직되었다. 그러나 그것이 어떤 효력을 발휘했을 것이라고는 생각되지 않는다. 무엇인가 유의미한 결과를 내려면 반복 실험을 했을 때 인과적인 결론을 낼 수 있어야만 하는데, 성경 어디에서도 모세 이후에 비슷한 위기에 있던 사람들이 구리 뱀을 쳐다봐서 나았다는 기록은 없다.

뱀에 물려 독이 온몸에 퍼진다면 독을 밖으로 빼내거나, 이미 퍼진 독을 중화시켜야만 독성을 무력하게 만들 수 있다. 그렇지 않으면 독으로 인해 몸이 상하거나 심지어 생명을 잃을 수도 있다. 그런데 단지 쳐다보기만 한다고 해서 독이 중화된다는 것은 대단히 비과학적인 일이다. 시각적 자극이 물리적인 효력을 나타낼 수는 없다. 구리 뱀의 기적은 그 원인이 하나님에게 있었지, 구리 뱀이라는 형상이 원인인 것은 아니었다. 그럼에도 구리 뱀이 세월이 흘러 이스라엘 백성들 사이에 살아남았다는 것은 그것이 일종의 종교가 되었다는 사실을 의미했다. 출애굽 시대의 수많은 기적의 흔적은 다 사라졌다. 모세가 사용했던 지팡이라든가, 비느하스가 반역자들을 처형했던 창이라든가 하는 것은 당대를 지나자마자 없어지고 말았다. 그러나 장대에 달렸던 구리 뱀만큼은 이스라엘 백성들의 믿음을 자극했고, 종교의 역할을 하며 계속 유지되고 있었다.

구리 뱀이 뱀에 물려 죽는 사람들을 살리는 데 사용되려면 반드시 선행되어야 할 조건이 있었다. 하나는 모세의 간절한 기도이고, 또 하나는 하나님의 응답이었다. 구리 뱀은 모세의 기도와 하나님의 인도에 대한 백성들의 반응을 요청하는 기구에 불과하지, 그 자체가 어떤 영험한 능력이 있는 것은 아니었다. 보통의 장대에 보통의 구리 덩어리일 뿐이었다. 모세는 이스라엘 백성들이 하나님을 원망하고, 만나를 짓밟고, 하나님의 은혜를 부정하는 소리를 들을 때 어떤 마음이었을까? 그럼에도 이스라엘 백성들이 뱀에 물려 죽어가면서 제발 좀 살려달라고, 기도해달라고 요청할 때 어떤 심정이었을까?

모세가 하나님에게 기도할 때의 그것은 자신의 억울하고 힘든 상황을 모면하려는 기도가 아니었다. 기도가 모세의 감정을 녹여주는 역할을 한 것도 아니었다. 기도를 마치자마자 하나님이 장대에 불뱀을 만들라고 했을 때 지체 없이 순종하는 것을 보면 비논리적인 명령에 대한 의심보다 말씀을 실천하는 데 우선순위를 둔 것임을 알 수 있다. 모세의 기도는 자신의 감정보다 하나님의 인도하심을 따르는 것이 먼저인 기도였다.

기도 잘하던 '하나님의 사람'은 왜 죽었을까?

솔로몬의 정권 말기 솔로몬의 정적이 있었다. 느밧의 아들 여로보암이었다. 여로보암은 솔로몬을 피해 이집트로 망명했다가 솔로몬 사후에 다시 이스라엘로 돌아왔다. 솔로몬을 이어 르호보암이 왕이 되자 이스라엘의 형편은 더욱 어려워졌다. 아들 르호보암은 선왕의 흥청망청했던 상황을 답보할 뿐이었다. 여로보암은 르호보암에게 백성들의 세금을 쥐어짜고 노동을 착취하는 일을 멈춰달라고 했다. 그러나 르호보암은 그의 요청을 들어주지 않았다. 젊은 부하들의 말만 듣고 악정을 펼쳤다. 그러자 민심은 흉흉해졌다. 그리고 마침내 여로보암은 유다 지파를 제외한 나머지 열한 개 지파의 지지를 받으며 북이스라엘의 왕으로 추대되었다.

여로보암은 백성들의 기대를 한 몸에 받았고, 르호보암의 입지는 줄어들었다. 그러나 여로보암의 지지도는 예루살렘에 성전이 있는 한 언제든지 떨어질 수 있었다. 백성들이 예루살렘에서 하나님에게 제사를 지내려고 할 때마다 자신의 위치가 흔들리는 것 같았다. 그래서 그는 여호와 하나님에 대한 신앙을 북이스라엘에서도 이어갈 수 있도록 벧엘과 단에 제단을 세웠다. 그런데 그것이 금송아지 우상이라는 데 문제가 있었다. 여로보암은 보름달 절기를 제정했고, 제사장들을 세워 금송아지 제단에서 여호와 하나님에 대한 제사를 지내게 했다. 그런데 백성들이 주저하는 모습을 보이자 모범을 보이기 위해 여로보암이 직접 제단 앞에 섰다. 왕이 분향하면 송아지 우상은 공식적인 여호와 신앙이 되는 것이었다. 그때 낯선 한 사람이 여로보암을 막아섰다. 유다에서 왔다는 그는 까랑까랑한 목소리로 외쳤다.

"제단아 제단아 여호와께서 이와 같이 말씀하시기를 다윗의 집에 요시야라 이름하는 아들을 낳으리니 그가 네 위에 분향하는 산당 제사장을 네 위에서 제물로 바칠 것이요 또 사람의 뼈를 네 위에서 사르리라 하셨느니라 하고 그날에 그가 징조를 들어 이르되 이는 여호와께서 말씀하신 징조라. 제단이 갈라지며 그 위에 있는 재가 쏟아지리라"(왕상 13:2-3).

그는 보통 사람이 아니었다. 성경에서는 "하나님의 사람"이라고 표현했다(왕상 13:1). 여로보암은 순간 당황했으나 자신의 권력에 대항하는 자로 간주했다. 그는 '하나님의 사람'에게 분노를 쏟았다. 그를 잡으라고 군인들에게 손을 내밀며 명령했다. 그때였다. 여로보암의 뻗은 손이 갑자기 마비가 되었다. 군사들이 하나님의 사람을 향해 뛰어가다가 멈췄다. 왕은 구부리지도 펴지도 못하는 손을 붙잡고 쓰러졌다. '하나님의 사람'은 당당하게 서 있었다. 여로보암의 뒤로 제단이 갈라지고 재가 쏟아져 먼지가 구름처럼 뭉개져 올랐다. 여로보암은 '하나님의 사람'에게 말했다. 이번에는 분노가 아닌 호소의 소리였다.

"제발 그대의 주 하나님께 은총을 빌어서 내 손이 회복되도록 기도하여주시오."

'하나님의 사람'은 그 자리에서 하나님에게 기도했다. 그러자 신기하게도 왕의 손이 회복되었다. 왕은 '하나님의 사람'에게 자신의 집으로 가자고 구슬렸다. 집에 있는 진기한 선물을 그에게 주겠다고 말했다. 그러나 '하나님의 사람'은 단호하게 거부했다.

"비록 임금님께서 저에게 왕실 재산의 절반을 주신다고 하여도 나는 임금님과 함께 갈 수 없습니다. 이곳에서는 밥도 먹지 않겠으며, 물도 마시지 않겠습니다. 주님께서 나에게 명하시기를, 밥도 먹지 말고, 물도 마시지 말고, 온 길로 되돌아가지도 말라고 하셨습니다"(왕상 13:8-9, 새번역).

벧엘에는 노쇠하나 간사한 노(老) 예언자가 한 명 살고 있었다. 그 사건을 지켜보던 노 예언자의 아들이 급히 집으로 돌아와 아버지에게 방금 일어났던 일을 말했다. 여로보암 왕의 권위에 도전한 '하나님의 사람', 그리고 왕의 팔이 마비가 된 것, 그가 기도했더니 다시 움직일 수 있게 되었고, 왕의 회유에도 굴하지 않고 집으로 돌아가던 일에 대해서 이야기했다. 얘기를 마치자마자 노 예언자는 서둘러 나귀를 타고 그가 간 길을 좇아갔다. '하나님의 사람'은 상수리나무 아래에 쉬고 있었다. 노 예언자는 가쁜 숨을 내쉬며 그에게 다가갔다. 방금 여로보암 왕의 요청을 거절하고 유다로 돌아가고 있는 중임을 확인한 후에 예언자는 자신의 집으로 초청했다. 거의 애원조였다. '하나님의 사람'은 피곤하고 배도 고팠으나 그 어느 집에도 들어갈 수 없으며, 누구의 집에서도 식탁에 앉아서는 안 된다는 뜻을 분명히 말했다. 노 예언자는 포기하지 않았다.

"그가 그 사람에게 이르되 나도 그대와 같은 선지자라. 천사가 여호와의 말씀으로 내게 이르기를 그를 네 집으로 데리고 돌아가서 그에게 떡을 먹이고 물을 마시게 하라 하였느니라 하니 이는 그 사람을 속임이라" (왕상 13:18).

같은 직종으로 치면 한참 선배와 같은 분의 간곡한 말이었다. 더욱이 하나님께서 천사를 보내셨다는 데 거절할 이유가 없었다. '하나님의 사람'은 노 예언자의 집에 가서 밥을 먹고 쉬었다. 기분 좋게 휴식을 취하고 있을 때 노 예언자의 표정이 변하면서 이렇게 외쳤다. "당신은 밥도 먹지 말고 물도 마시지 말라는 하나님의 말씀을 어겼기 때문에 무사히 집으로 돌아가지 못할 것이오." 예언자의 소리가 그치기 무섭게 '하나님의 사람'은 나귀에 안장을 얹고는 황망히 그 집을 떠났다. 그가 떠난 지 얼마 지나지 않아 사자가 나타났고, 나귀에 탄 그에게 달려들었다. 순식간에 일어난 일이었다. 그는 시체가 되어 바닥에 나뒹굴었고 사자는 주검 앞에서 어슬렁거렸다. 사자의 목적은 '하나님의 사람'의 목숨이라는 듯이 주인을 잃은 나귀에게는 아무런 위협도 가하지 않았다. 노 예언자는 아들들을 시켜서 시체를 가지고 무덤에 장사하게 했다. 노 예언자는 비록 '하나님의 사람'은 죽었으나 그가 했던 예언은 그대로 이루어질 것을 알았다.

여로보암 왕은 손이 마비되고 고쳐지는 일을 겪은 후에도 여전히 악한 마음을 고치지 않아 송아지 우상을 계속 이어갔고, 아무런 자격 없는 사람을 제사장으로 세우곤 하였다. 그렇게 북이스라엘의 우상 숭배는 '하나님의 사람'의 희생에도 불구하고 영속되었다.

기도 잘하는 '하나님의 사람'이 죽은 이유는 무엇일까? 기도의 사람이며 기적을 일으켰던 그는 노 예언자의 말에 넘어가고 말았다. '하나님의 사람'은 죽었고, 아쉽게도 북이스라엘의 우상 숭배를 막지 못했다. 왜 그랬을까? 그는 기도의 기적을 맛본 후에 더 깨어 있어야 했다. 기도의 사람이었던 '하나님의 사람'은 기도의 놀라운 일을 발휘했음에도 분별하지 않았기 때문에 음험한 꼬임에 넘어가고 말았다. 노 예언자가 아무리 하나님이 천사를 보냈다고 설득을 해도 자신에게는 하나님이 왜 그 말씀을 안 하셨는지, 하필이면 먹고 쉬는 것 같은, 욕망을 실현해내는 쪽으로 노 예언자가 권유했는지 의심해봐야 했다. 기도로 기적을 본 후에는 더욱 기도해야 했다. 그렇게 하지 않으면 놀라운 기적을 경험하고서도 쉽게 몰락해버릴 수 있다.

기도는 기적적인 것만 있지 않다. 기도에는 지성이 밝아지게 되고, 하나님에 대해서 바른 이해를 갖는 것도 있다. 바른 판단력, 위협과 조롱 속에서도 굳건하게 서며, 자존심을 지키고, 하나님의 뜻을 이해하며, 그 길을 바르게 걸어갈 수 있어야 한다. 하나님의 사람은 기도로 하나님에게 더욱 나아가야 했다.

어떻게 기도할 것인가?

다시 한나를 생각해보자. 아직 그의 서원은 이루어지지 않았다. 아직 그의 품에 아들이 안겨 있지 않았다. 그러나 그는 기도를 통해 자신의 욕망과 바람을 놓을 수 있었다. 만약 그가 여전히 기도를 매개로 한 자신의 욕망만이 중요했다면 원하는 대로 아들을 낳고나서는 절대로 그 아들을 하나님에게 드리지 못했을 것이다. 기도가 욕망이기 때문에 그 아이를 욕망대로 키우려고 했을 것이다. 아이는 자라면서 자신의 욕망과 맞지 않아 어머니와 불화했을 것이며, 결국 그것 때문에 '기도가 이루어짐으로써 기도가 이루어지 않은 것만 못한 상태'에 들어가게 될 것이다. 그러나 한나는 기도를 통해 자신의 문제가 해결되고 자신의 소원이 이루어지는 것만 집중하지 않았다. 기도 안에서 하나님을 만나며 그 안에서 하나님이 주시는 만족감과 감사가 있었다.

기독교에만 기도가 있는 것이 아니다. 모든 종교에는 기도가 있다. 우리의 기도가 하나님 앞에서 드리는 바른 기도가 되려면 기도의 미신적인 요소를 제거해야 한다. 미신이란 하나님을 대신하는 모든 것이라고 할 수 있다. 기도를 드리면서도 하나님이 기도의 중심이 아니라 기도하는 내가 기도의 중요한 요소가 되어 버린다면 그것은 우상이 되기 쉽다. 나의 감정, 나의 생각, 나의 만족, 내가 원하는 것이 채워져야만 기도라고 생각한다면 그것이야말로 미신이다. 구리 뱀이 민가에 살아남았다. 인간의 욕망이 아무 쓸모없는 구리 뱀을 살아 있는 신처럼 떠받들게 했다. 기도의 시간이라든가, 기도로 인한 감정이라든가, 기도의 형태라든가, 어떤 것들도 하나님보다 우선시될 수 없다. 내가 절대화하는 기도에 대한 감정은 우상이고 미신일 뿐이다.

　기도를 하는 것 자체도 중요하지만 기도를 한 후에 실행을 하는 것이 더 중요하다. 하나님에게 나의 죄를 고백해 놓고서 여전히 그 죄로 돌아간다면 그 기도는 과연 무엇인가? 기도를 했다는 것 자체가 중요한 게 아니라 기도를 통해 내가 어떻게 변화되는가가 더 중요하다. 기도를 통해 감정적으로 충만해졌을 때 가장 먼저 변하는 것은 세상이 아니라 본인이어야 한다. 기도를 통해 하나님을 만나고, 자기 자신이 얼마나 하나님 앞에서 죄인인지, 하나님 앞에서 말할 수 없는 죄의 짐을 지고, 하나님의 진노가 얼마나 내 앞에 놓여 있는지를 깨닫고 죄에 대해 몸서리 쳐지는 회개로 하나님에게 나아가야 한다. 은혜를 받고 죄의 용서를 받은 것이 얼마나 귀한 일인지를 깨닫고, 하나님의 놀라운 은혜 속에 머물러야 한다. 그래야 기도 후에 자기 자신이 낮아져서 얼마나 변화된 사람인지를 보여줄 수가 있다.

　기도를 통해 감정이 한껏 고조되어 다른 사람보다 우월감을 느끼고, 하나도 변화되지 않는다면 올바른 감정이라고 할 수 없다. 하나님의 용서를 받은 죄인으로서 그 감사와 감격으로 인해 세상이 아름답게 보이고, 세상을 품고, 원수를 용서하며, 이웃과 가족을 사랑하기 때문에 자신을 비우고 희생할 줄 알 때에야 참된 기도의 감정이라 할 수 있다. 한나는 기도를 통해 단지 감정만을 배출한 게 아니라 자신이 변화되었기에 가족 안에서 어떤 동요도 없이 머물 수 있었고, 사무엘을 하나님에게 드릴 수 있었다.

기도를 통해 얻은 감정이 진짜라면 그것은 반드시 행위로 드러나고 열매를 맺는다. 기도를 통해 감정이 감정으로 끝나지 않고 반드시 실천으로 드러나기 때문이다. 기도로 생긴 감정이 진짜 감정이라면 기도하는 다른 성도들과 연대하며, 그들과 함께 하나님의 은혜를 누리고자 하는 열망에 쌓이게 된다. 반대로 하나님을 믿으면서도 하나님의 은혜로부터 멀어진 성도를 향한 하나님의 자비와 긍휼을 구하게 된다. 그래서 더욱 기도하게 된다. 소외되고 어려운 상황에 있는 이웃들을 돌보고자 하는 마음이 생기게 된다. 기도를 통해서 낮아졌기 때문에 낮은 눈으로 세상을 보게 되어 땅에 떨어진 휴지 하나, 바닥에서 고통당하는 사람 한 명을 보게 된다. 낮은 곳에서 어려움에 빠진 사람들을 향해 손을 내밀게 되며, 기독교인의 삶이 어떤 것인지를 보여주게 된다. 그것은 일시적인 봉사활동으로 끝나지 않고 평생 기도하는 자의 삶을 사로잡아 하나님이 가장 기뻐하시는 길로 가게 된다. 그것이 기도의 실천 행위이다.

CHAPTER 5

습관

: 뭐 여태까지 그렇게 해왔는데!

- 예수님의 습관
- 습관은 무의식의 산물이다
- 롯의 어떤 습관이 그를 망하게 했나?
- 살아남았는데 롯은 왜 실패했을까?
- 성경의 위인도 습관 때문에 실수했다
- 다시 예수님의 습관

습관
뭐 여태까지 그렇게 해왔는데!

예수님의 습관

예수님은 기도하실 때 늘 습관처럼 하셨다. 제자들은 초기부터 예수님의 기도 습관을 잘 알고 있었고, 예수님이 사라지시면 어딘가에서 기도하고 계신다는 사실을 알았다. 예수님은 시간을 내어 한적한 곳에서 기도하곤 하셨다. 마가복음 1장 21절~39절은 하루 동안 일어난 사건을 자세하게 다루고 있다. 예수님의 공생애 초반에 있었던 일이다. 시간대별로 내용을 재구성하면 다음과 같다.

    예수님은 바로 며칠 전에 선발한 네 명의 제자, 즉 베드로, 안드레, 야고보, 요한을 데리고 가버나움이라는 마을로 들어가셨다. 마침 그날은 안식일이었다. 가버나움의 어느 회당에 들어가신 예수님은 그곳에서 사람들을 가르치기 시작하셨다. 당시 회당은 누구라도 말씀을 강론할 수 있었다. 권위에 찬 바리새인들이나 성경의 전문가들인 랍비들은 물론이고 평범한 사람도 말씀을 선포할 수 있게 열려 있었다.

5. 습관 : 뭐 여태까지 그렇게 해왔는데! | 119

회중에게 말씀을 나누려면 한 가지만 있으면 되었다. 말씀에 대한 기본적인 실력이었다.

예수님의 차례가 되었다. 사람들은 별 기대 없는 눈빛이었다. 예수님은 어떤 직함도 없는 야인일 뿐이었다. 그러나 예수님이 말씀을 전하자 회중들의 태도가 달라지기 시작했다. 기존에 듣던 율법학자들과 달랐다. 예수님의 말씀에는 어떤 허식도 없었다. 단순하고 쉬운 말씀 속에 성경의 본질이 번뜩였다. 사람들은 놀랐다.

"뭇 사람이 그의 교훈에 놀라니 이는 그가 가르치시는 것이 권위 있는 자와 같고 서기관들과 같지 아니함일러라"(막 1:22).

그곳에 모인 사람들은 예수님의 한마디도 놓치지 않으려고 했다. 이전에 누구로부터도 듣지 못한 말씀이기 때문이었다. 서기관이나 랍비의 강론은 지식으로는 대단한지 몰라도 말씀에 대한 존중을 찾아볼 수 없었다. 진부하고 상투적인 말잔치에 현란한 떠벌림만 있을 뿐 청중들의 삶과는 괴리된 말들이었다. 그러나 예수님은 달랐다. 겉모습은 남루해 보였지만 하나님이 주신 권위를 드러내 보이셨다. 말씀 한 구절 한 구절이 삶의 고민과 아픔을 대변해주었고, 신산함 삶을 보듬어주었다. 회중이 숨을 죽인 채 말씀에 경청하는 동안, 그들 가운데 심상치 않은 모습으로 앉아 있던 이가 갑자기 소리를 지르기 시작했다. 귀신들린 사람이었다. 예수님 말씀의 어떤 부분이 그를 자극했는지 그는 흥분해서 소리쳤다.

"마침 그들의 회당에 더러운 귀신 들린 사람이 있어 소리 질러 이르되 나사렛 예수여 우리가 당신과 무슨 상관이 있나이까. 우리를 멸하러 왔나이까. 나는 당신이 누구인줄 아노니 하나님의 거룩한 자니이다"(막 1:23-24).

사람들은 술렁거렸다. 그는 평소에도 이상한 말을 지껄이던 사람이었다. 눈빛은 항상 허공을 응시하고 있었으며, 겉모습은 어딘지 기괴했다. 사람들은 그가 외치는 소리에 뒤를 돌아보았다. 그리고 곧이어 예수님을 바라보았다. 예수님은 이 상황을 어떻게 통제하실까? 그는 여타의 연설가들과 다른 부분이 있는가? 과연 그는 귀신을 제어할 수 있는 실력가인가? 사람들이 귀신들린 자와 예수님을 번갈아 바라보았다. 팽팽한 긴장감이 흐르고 있었다. 소리를 지르며 흥분해 있는 귀신들린 자에게 예수님이 말씀하셨다.

"예수께서 꾸짖어 이르시되 잠잠하고 그 사람에게서 나오라 하시니 더러운 귀신이 그 사람에게 경련을 일으키고 큰 소리를 지르며 나오는지라. 다 놀라 서로 물어 이르되 이는 어찜이냐. 권위 있는 새 교훈이로다. 더러운 귀신들에게 명한즉 순종하는도다 하더라"(막 1:25-27).

예수님은 한마디로 상황을 종료시키셨다. "그 사람에게서 나오라." 낮은 목소리였으나 위엄 있는 꾸짖음이었다. 귀신들린 사람이 쓰러졌다. 그는 사지를 떨었고 입에 거품을 물었다. 귀신의 마지막 발악이었다. 귀신은 소리를 지르면서 곧 그에게서 나갔다. 잠시 뒤에 쓰러졌던 사람은 멀쩡한 모습으로 자리에 앉았다. 사람들은 예수님의 강론을 들을 때보다 더 놀랐다. 예수님은 과연 실력이 있는 분이구나. 순식간에 회당에서 벌어졌던 일들은 동네로, 마을로, 온 갈릴리 사방으로 소문이 되어 퍼져나갔다.

회당에서 나온 예수님은 야고보, 요한과 함께 베드로의 집으로 가셨다. 베드로와 그의 동생 안드레는 예수님이 자신의 집으로 들어오는 것이 신기하고 기뻤다. 그러나 그의 집은 너저분하기 짝이 없었다. 가난한 동네의 작은 집이기도 했지만 집을 가꾸고 정리할 여인의 손길이 부재하기 때문이었다. 베드로는 예수님을 만날 때 이미 유부남이었다. 그런데 성경에는 베드로의 아내가 한번도 등장하지 않는다. 베드로의 부인이 구체적으로 무슨 일을 했는지, 남편과 그가 따르는 스승인 예수님에 대해 어떤 생각을 가졌는지 우리는 알 수가 없다. 알 수 있는 것은 베드로에게 아내가 있다는 것뿐 베드로의 아내는 성경에 등장하지 않는다. 유일하게 등장하는 베드로 일가의 여인은 장모였다. 베드로의 장모는 바깥을 떠돌아다니는 사위나 집안 남자들을 대신해서 집을 청소하고 정돈해야 했다. 그러나 안타깝게도 베드로의 장모는 열병으로 앓아누워 있었다.

"회당에서 나와 곧 야고보와 요한과 함께 시몬과 안드레의 집에 들어가시니 시몬의 장모가 열병으로 누워 있는지라" (막 1:29-30).

예수님을 따라온 것은 야고보와 요한만이 아니었다. 그 좁은 집에 예수님의 소문을 듣고 찾아온 사람들이 있었다. 대부분 이웃들이었고, 베드로의 사정을 빤히 아는 사람들이었다. 그들은 예수님에게 베드로 장모의 형편에 대해 말하면서 여인을 도와주기를 요청했다. 예수님은 더 이상 들을 것도 없었다. 베드로의 장모에게 다가가 그 손을 잡았다. 오래 누워 있었던지 여인의 손은 가냘팠다. 손에 미열이 느껴졌다. 예수님은 그녀의 손을 잡아 일으켰다. 열병으로 인해 힘없이 누워 있던 베드로의 장모는 잠에서 깨어나듯이 정신을 차렸고, 곧 혈색이 돌고 피부에는 윤기가 났다. 방금까지도 열병으로 헤매던 사람이 맞나 싶을 정도였다. 그리고 그녀는 예수님과 제자들을 위해 식재료를 찾아 맛있는 음식을 내어왔다.

어느덧 땅거미가 지는 시간이 왔다. 사방은 어둑어둑해가고 있었지만 베드로의 집 근처에는 여전히 사람들로 붐볐다. 회당에서 귀신 들린 사람을 고쳤다는 소문과 베드로 장모의 오랜 열병을 고친 소식이 뉴스가 되어 실체를 확인하려는 사람, 자신의 사정을 예수님에게 부탁하려는 사람, 가족 중 귀신 들린 사람을 데려온 사람, 구경하는 사람 등등으로 북적거렸다. 동네 사람들이 거의 다 모인 것 같았다. 예수님은 그들 중에 누구도 소홀히 대하지 않으셨다. 예수님은 찾아온 사람들을 하나하나 고쳐주셨다.

하루에 한 가지 일만 해도 벅차다. 그런데 예수님은 그날 하루만 해도 벌써 몇 가지의 일을 하셨다. 회당에서 말씀을 가르치셨고, 별안간 소리치는 귀신들린 사람을 고치셨다. 또한 베드로의 집으로 가셨고, 베드로 장모의 병을 고치셨으며, 그녀의 시중을 받으셨다. 그리고 소문을 듣고 찾아온 사람들을 하나씩 치료해주셨다. 늦은 밤까지 병자들은 꼬리에 꼬리를 물고 몰려들었다. 예수님도 인간이라 심신이 피곤할 만 했다. 옆에서 일을 거들던 제자들은 하나씩 방구석에 쓰러져 잠에 빠졌다. 병이 고쳐진 사람들은 하나둘 집으로 돌아갔다. 이제 예수님도 쉬실 때가 되었다. 잠깐 눈을 부치셨을까? 어느 덧 아침 해가 떠오르고 있었다.

제일 먼저 잠에서 깬 사람은 베드로였다. 소란스러운 소리가 들려왔다. 많은 사람들이 새벽부터 베드로의 집으로 몰려왔다. 어제의 흥분이 다 가시지 않은 사람들이 예수님을 찾아온 것이다. 베드로는 예수님이 계신 방으로 가보았다. 그러나 예수님은 그곳에 계시지 않았다. 다른 방에도 예수님은 없었다. 모든 사람이 예수님을 찾았으나 예수님을 본 사람은 없었다. 문득 생각난 것이 있어서 베드로는 사람들이 모르는 한적한 곳으로 갔다. 역시 거기에 예수님이 계셨다. 예수님은 기도하고 계셨다. 베드로는 벌써 예수님의 기도 습관을 알고 있었다. 베드로는 반가운 목소리로 말했다. "예수님, 모두가 선생님을 찾고 있습니다."

"새벽 아직도 밝기 전에 예수께서 일어나 나가 한적한 곳으로 가사 거기서 기도하시더니 시몬과 및 그와 함께 있는 자들이 예수의 뒤를 따라가 만나서 이르되 모든 사람이 주를 찾나이다. 이르시되 우리가 다른 가까운 마을들로 가자. 거기서도 전도하리니 내가 이를 위하여 왔노라 하시고 이에 온 갈릴리에 다니시며 그들의 여러 회당에서 전도하시고 또 귀신들을 내쫓으시더라"(막 1:35-39).

예수님의 그 에너지는 어디에서 온 것일까? 분명히 피곤하실 만도

한데 제일 늦게 주무셨다가 제일 먼저 잠에서 일어나셨다. 예수님은 제자들과 함께 갈릴리 동네들을 두루 다니시면서 회당에서는 전도를 하고, 거리에서는 복음을 전하고, 귀신에 들린 사람들에게는 치유의 손길을 베푸셨다. 예수님을 찾는 사람들만을 위해 일하지 않으셨다. 가까운 마을을 시작으로 온 갈릴리를 주무대로 다니셨다. 인간의 몸을 입으신 예수님은 육체적인 한계에 힘겨웠을 법도 했으나 왕성한 활동을 이어가셨다. 그 힘의 원천은 예수님의 습관이었다.

예수님은 공생애의 초기부터 확고한 습관이 하나 있었는데, 바로 기도하는 습관이었다. 습관(習慣)이란 오랫동안 되풀이하여 몸에 익은 채로 굳어진 개인적인 행동을 말한다. 한두 번으로 끝났다면 습관이라고 부를 수가 없을 것이다. 우리는 익숙할 대로 익숙해진 것을 습관이라고 하는데, 예수님의 몸에 익혀진 것이 바로 기도의 습관이었다. 아무리 바쁘거나 아무리 중요한 일정이 있어도 마찬가지였다. 예수님은 늘 하던 대로 하셨다. 기도의 습관화, 기도하는 예수님의 습관이 예수님의 삶을 완벽하고 감동적으로 만들었다. 기도가 인간의 삶을 구태의연하게 놔두지 않기 때문이었다. 올바른 습관은 그 사람을 빛나게 만들어준다. 예수님은 기도하는 습관이 있었기에 과도한 일들을 하면서도 실수가 없으셨고, 인간으로서는 해낼 수 없는 길도 걸어갈 수 있으셨다. 기도의 습관을 통해 예수님은 십자가의 길도 능히 나아갈 수 있으셨다.

"예수께서 나가사 습관을 따라 감람 산에 가시매 제자들도 따라갔더니" (눅 22:39).

예수님은 잡히시기 바로 전까지도 기도의 자리에 계셨다. 습관을 따른 것이다. 얼마나 철저했던지 제자들도 껌딱지처럼 따라붙었다. 문제는 기도보다 잠이 더 필요했던 제자들은 그 한 시간을 참지 못하고 곯아떨어져버린 것이지만. 만약 예수님이 기도의 습관이 없었다면, 그래서 사람들의 인기와 주목에 머무는 것을 좋아하셨다면 절대로 십자가를 받아들이지 못하셨을 것이다. 늘 하던 대로 기도했지만 구태의연한 행태로 가진 않으셨다. 마가복음 1장의 공생애 초기에 보였던 예수님의 기도 습관이 누가복음 22장에 나오는 겟세마네의 기도에까지 이어졌다는 것은 기도 습관이 예수님을 십자가의 길로 완성해나가게 했다는 사실을 잘 보여준다.

습관은 무의식의 산물이다

우리의 무의식 속에는 무엇이 들어 있을까? 우리가 깨어 있는 상태에서 어떤 대상에 대해 인식하고, 그것에 영향을 주고받고 상호작용하는 것을 '의식'이라고 한다. 그런데 의식이 어느새 잠들어버리고 무의식 속으로 무언가 자꾸 쌓이는데, 그것이 바로 '습관'이다. 습관은 의식하지 않고도 자동으로 무엇인가를 행동하게 한다. 우리는 우리도 모르는 사이에 우리 안에 무엇인가를 쌓아두기 시작했고, 그것이 습관이 되어 무의식적으로 사용하게 된다. 습관은 제대로 된 인식이나 판단을 거치지 않고서도 자동으로 일을 처리하게 만든다. 무의식의 창고에서 습관이 튀어나와 일을 처리한다.

습관은 우리 안에서 계속 반복적으로 쌓여나가기 때문에 우리의 판단이나 지각이 굳이 수고하지 않고서도 일하게 만든다. 그래서 구태의연한 습관은 우리의 인생을 향상시키거나 발전시키지 않고 그냥 거기에 굳어버리게 한다. 새로운 자극이 들어오면 무의식의 공간에서 튀어나온 습관은 우리에게 이렇게 말한다.

"뭐, 여태까지 그렇게 해왔는데!"

그러다 보니 새로움도, 도전도 없이 그 상황 속에서 진부하고 피상적인 반응만 반복하게 된다. 그래서 많은 경우 그런 습관은 우리를 망하게 한다. 예수님의 기도 습관과 정확히 반대의 지점에 있는 사람이 있다. 롯이란 인물이다.

롯의 어떤 습관이 그를 망하게 했나?

롯에 대한 이야기를 해보자. 롯의 무의식 창고로 들어갈 수 있다면 우리가 확인할 수 있는 것은 물질과 편안함에 대한 그의 욕망일 것이다. 롯은 큰아버지인 아브라함과 함께 많은 재산을 누리고 있었는데, 그것 때문에 자신의 종들과 아브라함의 종들이 다투게 되었다. 목초지는 좁고, 종들이 책임질 가축들은 많아 토닥거리기 일쑤였다. 아브라함은 같은 식구끼리 싸우는 게 안타까웠다. 그래서 롯에게 필요한 재산을 나눠주고 원하는 곳으로 떠나도록 허락해주었다. 롯이 독립해서 나갈 때가 되었다.

> "이에 롯이 눈을 들어 요단 지역을 바라본즉 소알까지 온 땅에 물이 넉넉하니 여호와께서 소돔과 고모라를 멸하시기 전이었으므로 <u>여호와의 동산 같고</u> 애굽 땅과 같았더라"(창 13:10).

롯은 에덴동산에 가본 적이 없었다. 그런데 소돔과 고모라 땅에 물이 풍부하고 사람들이 사는 모습이 어찌나 넉넉해 보였던지 에덴동산과 같아 보였다고 했다. 욕망의 눈으로 보니 죄악은 감춰지고 풍요로움만 보이는 것이었다. 롯은 어른인 아브라함이 먼저 선택한 후에 나머지 길을 취해야 마땅했다. 그러나 큰아버지 아브라함에게 양보하는 미덕도 없이 자기가 원하는 곳을 먼저 선택해버렸다. 재산을 싸들고 종들과 함께 소돔으로 들어가는 그의 뒷모습을 바라보면서 성경은 이렇게 덧붙인다.

> "소돔 사람은 여호와 앞에 악하며 큰 죄인이었더라"(창 13:13).

롯은 자신이 보고 싶은 것만 보았다. 소돔 사람의 죄악과 하나님의 경고는 보지 못했다. 자신의 욕구만 무의식의 창고에 쌓아둘 뿐이었다. 그래서 결과가 어떻게 되었던가? 우리가 잘 알다시피 소돔과 고모라는 의인 10명이 없어 망하고 말았다. 롯은 의인 10명 중에 해당될 수 있었을까? 의인에 낄 수 있었다. 그러나 롯 한 사람으로서는 소돔과 고모라의 멸망을 막을 수가 없었다. 그 자신과 가족은 살아남았는지 모르지만 하나님의 심판을 막는 인물은 되지 못했다. 그의 습관 때문이었다.

습관을 다른 말로 하면 '거기에 머물러 있는 것'을 말한다. 습관에 찌들어 있으면 모험을 하지 않는다. 인생에는 늘 모험이 있기 마련이다. 어떤 일이 벌어질지 모르기 때문이다. 우리는 믿음으로 모험의 길을 걸어가야 한다. 그런데 롯은 그냥 거기에 머물러 있는 것을 좋아했다. 우리는 머물던 곳에 있으면 안정감을 느낀다. 어쩌면 우리도 소돔과 고모라 한복판에서 익숙하고 진부한 삶을 이어가고 있는 것은 아닐까?

창세기 18장으로 가보자. 아브라함은 소돔 땅을 위해 중보기도를 하는 중이었다. 아브라함은 소돔과 고모라 땅을 심판하시겠다는 하나님의 계획에 반대하면서 매달렸다. 그곳에 조카 롯이 있었기 때문이다.

"아브라함은 강대한 나라가 되고 천하 만민은 그로 말미암아 복을 받게 될 것이 아니냐. 내가 그로 그 자식과 권속에게 명하여 여호와의 도를 지켜 의와 공도를 행하게 하려고 그를 택하였나니 이는 나 여호와가 아브라함에게 대하여 말한 일을 이루려 함이니라. 여호와께서 또 이르시되 소돔과 고모라에 대한 부르짖음이 크고 그 죄악이 심히 무거우니 내가 이제 내려가서 그 모든 행한 것이 과연 내게 들린 부르짖음과 같은지 그렇지 않은지 내가 보고 알려 하노라" (창 18:18-21).

하나님은 소돔과 고모라에 대한 심히 무거운 죄악을 말씀하셨지만 그것이 구체적으로 무엇인지는 말씀하지 않으셨다. 반면 아브라함을 택한 이유는 아브라함이 여호와의 의(義)와 공도(公道)를 행하고,

그것을 자녀와 가족들에게 교육시키기 위해서라고 밝히고 있다. 구체적으로 나와 있지 않은 소돔과 고모라의 죄를 아브라함에 대한 선택의 잣대로 설명하자면 여호와의 의와 공도가 없는 것이라 할 수 있다. 소돔과 고모라는 억울한 일을 당하는 사람을 방치하고, 육체적인 욕망만이 가득 차 있으며, 하나님의 바른 도리를 이루지 않고, 그것을 자녀들에게 가르치지 않았다. 소돔과 고모라에 대한 부르짖음은 분하고 답답한 사람들의 부르짖음일 수도 있고, 쾌락과 탐욕에 찬 도시 사람들의 욕심의 소리일 수도 있다. 그들은 '모든 악한 일', 즉 하나님의 뜻을 가르치지도, 하나님에게 순종하지도 않았으며, 옳고 바른 일을 하지도 않았다. 그래서 하나님은 그곳을 심판하기로 하셨다.

아브라함은 생각했다. 혹시 의인이 있지 않을까? 그들까지도 같이 멸망당하는 것은 억울한 일이 아닐까? 그래서 아브라함은 하나님에게 의인 50명이 있어도 멸망시키실 것인지를 물었다. 공의의 하나님이 그러실 수는 없었다. 아브라함은 의인이 50명이나 되지 않을 것 같아 불안했다. 그래서 5명을 깎아서 45명의 의인이 있어도 멸망시키실지를 물었다. 하나님은 그러지 않겠다고 하셨다. 아브라함은 의인의 숫자를 10명까지 깎았다. 10명의 의인으로 악인들까지 다 구해달라는 협상에 성공했다.

여기에서 의인은 누구를 말하는 것일까? "그로 그 자식과 권속에게 명하여 여호와의 도를 지켜 의와 공도를 행하게 하려고 그를 택하였나니"(창 18:19)라는 말씀이 의인의 조건이었다. 아브라함 같은 사람이 10명만 있으면 되었다. 어렵지 않은 일이었다. 가족 구성원을 4명으로 잡았을 때 두 가정과 2명의 어른만 바르게 살고 있으면 되었다.

하나님에게 순종하고 옳고 바른 일을 하는 사람 단 10명이면 소돔과 고모라 전체 도시의 사람들을 구할 수 있었다. 도시의 인구를 5만 명 정도로 잡았을 때 한 명이 5천 명을 살리는 셈이었다. 그러나 안타깝게도 그런 일은 벌어지지 않았다.

이제 창세기 19장으로 가보자. 성경의 시선은 소돔과 고모라라는 도시의 한복판을 향한다. 소돔과 고모라는 어떤 죄악의 도시였을까? 두 천사가 소돔과 고모라에 도착했을 때는 이미 늦은 밤이었다. 마침 도시 입구에 있던 롯은 그들을 보고 집으로 맞아들였다. 손님들은 거리에서 노숙자처럼 버틸 생각이었으나 롯이 간청하는 바람에 그의 집으로 들어갔다. 저녁식사를 대접받고 잠자리에 들려고 할 무렵 소동이 일어났다.

> "그들이 눕기 전에 그 성 사람 곧 소돔 백성들이 노소를 막론하고 원근에서 다 모여 그 집을 에워싸고 롯을 부르고 그에게 이르되 오늘 밤에 네게 온 사람들이 어디 있느냐 이끌어 내라 우리가 그들을 상관하리라"(창 19:4-5).

롯의 집 앞에 소돔의 백성들이 노소를 막론하고 모였다. 아이, 청년, 노인 할 것 없는 소돔의 시민들이었다. 여기에서 우리는 모든 세대가 다 섞여 있는 것에 주목할 필요가 있다. 의인의 조건 중에는 의와 공도를 가족과 자손들에게 가르치고 교육해야 하는 의무도 포함된다. 그런데 소돔에는 의로움에 대한 가르침과 배움이 없었다. 어른, 노인, 그리고 아이고 할 것 없이 다 똑같이 욕망에 사로잡혀 있었다.

누가 누굴 가르치고 배울 처지가 못 되었다.

롯은 나그네로 가장한 천사들에게 먹을 것과 잘 곳을 제공했다. 이것은 하나님의 뜻과 일치하는 옳고 바른 일이었다(신 14:29). 손님에게 발 씻을 물을 주고, 먹을 것을 제공하는 것은 그 손님에 대한 최상의 대접이었다. 이는 나그네를 **목적**으로 삼는 일이었다. 그런데 소돔 사람들은 나그네를 끌어내라고, 그들과 '상관'(성관계)하겠다고 했다. 그것은 나그네의 필요와는 전혀 상관없는, 손님을 자신의 욕망을 풀기 위한 **수단**으로 삼겠다는 뜻이었다. 인간에 대한 도구화만 있을 뿐 인간에 대한 어떤 존중도 없었다. 소돔과 고모라는 하나님에 대한 '의'가 없었고, 인간에 대한 '공도'가 없었다. 소돔과 고모라는 그런 죄악의 도시였다. 롯은 욕망으로 일그러진 도시의 사람들에게 이렇게 제안했다.

> "내게 남자를 가까이하지 아니한 두 딸이 있노라. 청하건대 내가 그들을 너희에게로 이끌어 내리니 너희 눈에 좋을 대로 그들에게 행하고 이 사람들은 내 집에 들어왔은즉 이 사람들에게는 아무 일도 저지르지 말라"(창 19:8).

롯은 자신의 두 딸을 그들에게 제공하겠다고 했다. 이는 다분히 성적인 것을 암시한다. 롯은 두 딸의 의지와 상관없이 딸들을 소돔 사람들의 욕망의 도구로 주겠다고 했다. 과연 이것은 온당한 일인가? 롯은 딸들을 **목적**으로 삼는 게 아니라 **수단**으로 삼고 있었다. 롯 역시 소돔 사람들의 사상에 오염되어 있음이 드러나는 대목이다. 롯은 딸들을 **목적**으로 대하지 않았고 존중하지도 않았다. 그런 롯이 딸들에게 옳고 바른 일을 가르쳤을 리가 없다. 나중에 두 딸이 아버지에게 술을 먹이고, 자신들의 욕망(아기)을 위해서 의식 없는 아버지와 자면서 아버지를 **수단**으로 삼은 것은 당연한 결과였다.

> "그들이 이르되 너는 물러나라. 또 이르되 이 자가 들어와서 거류하면서 <u>우리의 법관이 되려 하는도다.</u> 이제 우리가 그들보다 너를 더 해하리라 하고 롯을 밀치며 가까이 가서 그 문을 부수려고 하는지라. 그 사람들이 손을 내밀어 롯을 집으로 끌어들이고 문을 닫고 문 밖의 무리를 대소를 막론하고 그 눈을 어둡게 하니 <u>그들이 문을 찾느라고 헤매었더라</u>" (창 19:9-11).

딸들을 주겠다는 제안에도 욕망에 눈이 먼 소돔 사람들은 문을 부술 정도로 반항했다. 롯의 말은 아무 소용이 없었다. 그들이 롯에게 "우리이 법관이 되려 하는도다"라고 이죽거릴 때의 '법관'이란 단어는 판단, 법, 주장, 정당성 등을 의미하는 '샤파트'(shaphat)에서 유래했다. 소돔과 고모라 사람들의 마음속에는 법과 기준에 대한 인식이 있었다. 그러나 그들의 문제점은 법과 기준은 알고 있었지만 실천하지 않는 데 있었다. 그들은 오직 자기의 욕망만을 위해서 움직였다. 천사가 그들의 눈을 모두 어둡게 했음에도 그들은 집으로 돌아갈 생각은 하지 않고 계속 문을 찾고 있었다. 이미 그들 영혼의 눈은 완전히 어두워졌고, 육체의 눈도 천사에 의해서 어둡게 되었으나 그 상태에서도 욕망만큼은 살아 있어서 계속 롯의 집 문을 찾느라 헤매고 있었다. 이것이 소돔과 고모라의 끔찍한 죄의 실상이었다.

천사는 롯에게 경고했다. "하나님은 소돔과 고모라를 멸망시키기로 작정하셨고 이제 초읽기에 들어갔다. 더 이상 지체할 시간이 없다. 그러니 너희 가족은 어서 도망쳐라." 10명의 의인은 끝내 찾을 수가 없었다. 억지로 의인을 끌어 모은다면 최대한 6명은 가능할 수도 있었다. 롯과 롯의 아내와 두 명의 딸과 두 명의 사위, 이렇게 여섯 명은 가능한 숫자였다. 그러나 롯은 손님 대접은 잘했으나 딸들에 대한 태도가 바르지 않았다. 자녀들에게 옳고 바른 일을 가르쳐주지 못했다. 더욱이 곧 유황불이 떨어질 텐데 꾸물거리기까지 했다(창 19:16). 롯의 아내는 소돔에 대한 미련을 버리지 못해 뒤를 돌아보다 그만 소금 기둥이 되었다. 두 사위는 장인의 말을 농담으로 여겼다(창 19:14). 두 딸은 아버지와 관계를 맺었다. 소돔과 고모라에 의인은 없었다. 단 한 명의 의인도 없었고, 결국 멸망하고 말았다.

그럼에도 롯과 가족이 구원을 얻은 것은 그들이 의인이어서가 아니라 하나님의 은혜와 자비 때문이었다(창 19:16). 그러나 목숨을 구하게 된 그들은 그 은혜를 스스로 망쳐버렸다. 도시 바깥으로 대피한 뒤, 천사는 롯의 가족들에게 명령했다. "도망하여 생명을 보존하라. 돌아보거나 들에 머물지 말고 산으로 도망하여 멸망함을 면하라"(창 19:17). 그런데 롯은 산으로 도망하기보다는 다른 곳으로 피신하게 해 달라고 요청했다. 그들이 찾아낸 대안은 '소알'이었다. 그들은 가깝고 작은 성읍 소알로 도망쳤다. 살고 싶어서였다. 그러나 결론적으로 말하자면 소알로 도망친 후 차라리 죽는 것보다 못한 추악한 삶을 살게 되었다.

천사들이 산으로 도망하라고 했을 때 롯이 소알성을 택한 이유는 무엇일까? 롯은 천사들의 명령보다 자신의 느낌을 더 중요시 여겼다. 산까지 가다가 죽을 것 같은 기분이 들었다. 평소에 느끼는 대로, 구태의연하게 생각하던 대로 살았던 사람이었다. 그래서 망했다. 롯의 일가는 어두울 때 도시를 빠져나왔고 소알 성에 도착했을 때 막 해가 뜨고 있었으니(창 19:23), 동트기 전부터 해가 떠오를 때까지가 그들이 피신한 시간이었다. 소돔과 고모라에서 소알까지는 한두 시간의 거리였다. 롯은 그렇게 가까운 곳에서 유황불의 소나기가 소돔과 고모라에 떨어지는 것을 보았다(창 19:24). 하나님의 심판이 시작되었다. 도시가 타오르는 연기가 어찌나 맹렬했던지 멀리 떨어져 있던 아브라함조차 그것을 확인할 정도였다(창 19:27-28).

롯은 소알에 머문 뒤에도 근처 산으로 또 도망을 쳤고, 조그마한 굴에 숨어 들어갔다. 롯 일가의 욕망은 굴까지 좇아왔다. 롯은 술에 취해 잠들었다. 딸들이 아버지에게 술을 취하게 한 뒤에 순서대로 성적인 관계를 맺었다. 도망치는 와중에서 술을 구한 것도, 술을 마시고 취하는 것도 매우 자연스러웠다. 온 도시가 멸망으로 치닫는 중에 롯은 술을 마시고 취했다. 늘 하던 대로의 구태의연한 처사였고, 그것은 그의 습관이었다. 소돔과 고모라는 술을 마시고 취해도 되는 도시니까. 마음껏 난잡한 성적 관계를 맺어도 되는 곳이니까. 소돔과 고모라의 한 구성원으로 살면서 술에 절고, 이성을 놓아버렸던 습관이 굴속에서도 그대로 재연되었다. 롯은 딸들이 누웠다가 일어난 것을 전혀 알아차리지 못했다(창 19:33). 연속으로 이틀 동안 똑같은 일이 반복되었다. 롯은 한순간의 쾌락 속에 인생을 집어던진 사람이었고 구태의연한 습관덩어리였다.

    악한 습관은 왜 생겨나는 것일까? 자신이 속해 있는 환경과 조건이 악한 것을 허용하기 때문이다. 술을 마셔도 되는 환경, 성적인 타락, 동성애와 근친이 익숙한 환경이기 때문에 무의식 속에서 죄의 습성이 쌓이기 시작했고, 그것은 습관이 되어버렸다. 세상에는 항상 유혹이 있기 마련이다. 그러나 우리가 속해 있는 환경 속에 죄가 마음껏 들어오도록 용인해서는 안 된다. 죄가 활개 칠 수 있는 환경과 조건으로 만들지 말아야 한다. 한 번 실수했을 때 빨리 실수를 알아차려야 한다. 그렇지 않으면 더 큰 것이 올 수 있다.

살아남았는데 롯은 왜 실패했을까?

    롯과 관련해서 생각해볼 문제가 있다. 말콤 글레드웰이 쓴 「다윗과 골리앗」이라는 책에는 J. T. 맥커디가 쓴 「The Structure of Morale」이라는 책을 인용한 부분이 나온다. 제2차 세계대전 당시 독일 공군은 런던을 공습하기로 예고했고, 그것은 실제로 이루어졌다. 영국군 사령부는 60만 명이 사망하고 120만 명이 다칠 것으로 예측했다. 엄청난 희생과 소요가 일어날 것이기 때문에 수많은 사람들은 공황상태에 빠질 것이고, 군대는 혼란 속에서 우왕좌왕할 것이었다. 사령부는 살아남은 사람들의 심리적 고통을 돕기 위해 정신병원을 세워야 한다고 주장했다. 죽거나 다친 사람은 물론이고 살아남은 사람들이 겪을 혼란과 두려움을 도와줘야 한다고 했다.

1940년 가을, 57일 동안 엄청난 야간폭격이 일어났다. 수만 발의 고성능 폭탄과 100만 개가 넘는 소이탄이 런던 시내로 떨어졌다. 4만 명의 시민들이 죽었고, 4만 6천 명이 부상을 당했으며, 100만 채의 건물이 파괴되었다. 예상보다는 적은 수가 희생되었지만 살아남은 사람들이 문제였다. 폭격의 충격으로 인한 정신적인 괴로움으로 고통당할 런던의 시민들을 위해 정신병원이 꽉꽉 찰 예정이었다. 그런데 놀라운 일이 벌어졌다. 공황상태는 오지 않았다. 런던 외곽에 구축된 정신병원에는 아무도 오지 않았다. 피할 사람은 시골로 대피했으나 대부분의 사람들은 도시에 그대로 남아 있었다. 그들은 폭격에 직면했다. 폭격은 계속 되었으나 런던 시민들은 도시 안에서 일상생활을 영위하고 있었다. 런던만이 아니었다. 다른 도시들도 마찬가지였다. 하늘에서는 계속 폭탄이 떨어졌으나 시민들은 그에 굴하지 않았다. 독일군의 폭격은 그들이 원하는 효과를 발휘하지 못했다. 도대체 왜 그런 일이 벌어진 것일까? J. T. 맥커디의 연구가 여기에 대한 흥미로운 대답을 보여준다.

폭탄이 떨어졌을 때 세 부류의 사람들이 등장하는데, 첫 번째는 사망자들이다. 이들은 죽었으므로 아무 반응을 기대할 수 없다. 두 번째는 폭탄을 맞을 뻔한 사람들이다. 다행히 목숨은 건졌으나 바로 눈앞에서 폭격을 보았다. 이들은 겁에 질렸고 공포에 빠져 있었다. 세 번째 부류의 사람들이 있었는데 폭격이 멀리 빗나간 사람들이었다. 머리 위로 적의 폭격기가 날아다니는 것을 보았고, 폭탄의 굉음은 들었으나 폭격은 멀리에서 벌어졌다. 그들은 살아남았고, 이런 일이 두세 번 되풀이되자 이들의 감정은 두 번째 부류의 사람들과 정확히 정

반대였다. 정신적으로 혼란에 빠지고 괴로워하는 게 아니라 살아남았기 때문에 불사신의 느낌이 들었고 스스로 천하무적이라고 여겼다. 아이러니하게도 형언할 수 없는 행복과 승리감을 느꼈다. 폭격이 멀리 빗나가게 되자 그들은 폭격 전보다 오히려 더 대담해졌다. 공습으로 두려움에 빠지기도 했지만 실제로는 많은 사람들이 침착한 모습을 보였다. 공포를 극복하면 희열감을 얻게 되고, 현재 안전하다는 사실을 알면 자신감이 생긴다. 그리고 그것이 전후 런던을 재건하는 데 큰 힘을 발휘했다(말콤 글래드웰, 「다윗과 골리앗」,(서울: 21세기북스, 2014), 158-165쪽에서 재인용).

롯은 어떤가? 그는 소돔과 고모라에 대한 불과 유황의 공습에서 벗어났다. 하나님의 심판에 대해 들었고, 새벽 일찍 소돔과 고모라를 빠져나왔기에 심판으로부터 무사히 넘어갔다. 유황불의 공습은 멀리에서 벌어졌다. 그들은 소알이라는 성에 안전하게 피신해 있었다. J. T. 맥커티의 연구에 의하면 롯과 딸들은 폭격이 멀리 빗나간 세 번째 부류의 사람이었다. 롯은 살아남았다. 기뻐하고 즐거워할 만했다. 승리의 쾌감을 느끼며 자신의 삶에서 더 큰 용기와 희망을 가져야 했다. 그런데 그들은 그렇지 못했다. 그들은 굴로 숨어들었고, 롯은 술독에 빠져 이성을 잃었으며, 딸들은 불안함으로 아버지와 관계를 맺어 후에 이스라엘 백성들과 큰 갈등을 빚어낼 후손들을 만들었다.

롯과 그 딸들은 공습에서 살아남은 런던 시민보다 못한 사람인가? 그렇지 않다. 롯의 가족이나 런던 시민은 똑같은 사람이었다. 그런데 왜 롯 일가는 그토록 몰락했는가? 오직 한 가지로 설명이 가능하다. 구태의연함! 롯은 잘못된 습관 속에 빠졌기 때문에 소돔과 고모라의 심판이라는 엄청난 공습에서 살아남았음에도 그들의 삶을 발전시키거나 진보시키지 못하고 예전의 묵은 모습 그대로 살아갔다. 그들은 심판에서 살아남은 뒤 평소와는 다른 태도와 마음을 가져야 했다. 그러나 롯과 딸들은 습관적인 태도로 살았다. 소돔과 고모라의 묵은 찌꺼기 같은 죄를 그대로 가져왔다. 그들은 악한 습관을 활활 타는 유황불에 던지고 다시 태어나야 했다. 그러나 롯은 현실을 외면하고 굴로, 술로 도망을 쳤다. 딸들은 걱정과 두려움 속에서 소돔과 고모라의 죄악된 모습 그대로 살아갔다. 습관은 무섭게도 한 가족을 파멸시켰다.

성경의 위인도 습관 때문에 실수했다

성경의 위인들이 모두 완전무결한 사람은 아니다. 아브라함은 자신의 아내 사라를 여동생이라고 두 번이나 거짓말을 하게 만들었다. 처음이야 실수라고 할 수 있다. 아브라함은 기근으로 이집트에 내려갔을 때 아름다운 아내로 인해 죽을까봐 누이라 속였고, 아내 사라는 바로의 궁에 들어가게 되었다. 하나님은 바로의 집에 엄청난 재앙을 내리셨다. 혼쭐이 난 바로는 사라를 아브라함에게 돌려주었다(창 12장). 그런데 시간이 흘러 아브라함이 그랄 땅에 들어갔을 때 같은 일이 재연되었다. 그랄의 왕 아비멜렉은 아브라함의 누이라는 사라를 왕궁으로 데려갔고, 그날 밤 하나님은 아비멜렉의 꿈을 통해서 무섭게 꾸짖으셨다. 생명의 위협을 느낀 아비멜렉 역시 사라를 아브라함에게 돌려주었다(창 20장).

자신이 태어나기도 전에 있었던 일이 아들 이삭에게 되풀이되는 것은 참으로 민망한 일이다. 흉년을 피해 그랄로 내려갔을 때 이삭은 사람들에게 아내 리브가를 누이라고 속였다. 어느 날 이삭과 리브가가 껴안는 것을 본 블레셋 왕 아비멜렉은 이삭을 불러 호되게 나무랐다. 하마터면 자기 백성 중 누군가가 리브가를 범할 뻔 했다고 말했다. 아브라함이나 이삭에게는 아내를 누이라고 말하는 나쁜 습관이 있었다. 그것은 생명의 위협에서 벗어나고자 하는 본능적인 것이었으나 하나님의 은혜를 맛본 그들이 여전히 그런 습관 속에 있다는 것은 이상한 일이 아닐 수 없다.

사람은 항상 무엇인가를 익히기 마련이다. 마치 이슬비가 스며들 듯이, 하얀 종이에 무엇인가를 그려 넣듯이 인간에게 경험이 쌓이고 그것을 습득하기 마련이다. 세월이 흘러가면서 개성이 입혀지고 성격이 형성된다. 그러면서 습관이 쌓이게 된다. 습관은 자신이 사는 환경 속에 노출되기 때문에 문화의 산물을 먹고 자란다. 무의식 속에서 쌓인 습관은 무엇인가를 결정해야 할 때 선택의 기준이 된다. 거짓말을 허용하는 문화 속에서 거짓말을 쉽게 하고, 성적으로 난잡한 문화 속에서 성적 문란이 습관이 된다. 먼지 같은 작은 습관 하나하나가 그 사람의 인격을 이루고 인생을 결정한다. 성경의 위인이라는 아브라함이나 이삭은 롯처럼 연약한 모습이 있었다. 하나님의 힘과 능력을 경험했음에도 습관은 끈질기게 그들에게 달라붙어서 아내를 누이라고 하는 등의 불신앙적인 모습을 보였다.

습관은 인격이 된다. 성경 위인들의 습관을 가만히 들여다보면 그들의 인격이 보인다. 그들 역시 완벽하기보다는 한계 있는 모습이 드러난다. 그런데 우리라고 별 수 있을까? 지금 이 순간에도 우리의 무의식 속에는 감정의 찌꺼기와 상처들이 차곡차곡 쌓이고 있다. 우리의 무의식 속에 쌓인 잠재적인 습관들은 언젠가 자동적으로 튀어 나올 것이다. 좋은 습관은 쌓기가 힘든데 악한 습관은 쉽게 생긴다. 선하고 아름다운 것들만 우리의 인생을 가득 채우면 좋으련만 죄와 악은 습관이 되어 우리의 삶을 침해한다. 우리는 죄 많은 곤고한 사람일 뿐이다. 그럼에도 하나님은 그런 우리를 불쌍히 여기시고 또다시 용서를 해주신다. 우리는 그 자리에서 하나님을 만난다. 못된 습관 앞에서 하나님의 구원의 손길을 만난다.

다시 예수님의 습관

그러므로 우리는 우리의 작은 일들과 생각 속에 올바르고 긍정적인 습관을 채우려고 해야 한다. 예수님의 기도 습관은 평소에 작은 일들 속에, 늘 하던 일들 속에 녹아들어갔던 삶의 방식이었다. 예수님은 늘 하던 대로 하셨다. 예수님은 항상 기도하셨다. 그리고 그것은 기도의 습관이 되었다. 놀랍게도 기도가 습관이 되자, 그 습관은 예수님을 구태의연으로 몰고 가지 못했다. 기도의 습관으로 인해 십자가라는 가장 최악의, 가장 처참한 운명 앞에서 결연하게 그 길을 걸어가도록 만들었다. 만약 예수님의 습관이 단지 거기 머무는 묵은 모습 그대로였다면 절대로 십자가까지 가지 못했을 것이다. 예수님은 하던 대로 했는데 그것이 기도였고, 하나님과의 만남이었다.

그래서 늘 새로웠다.

　우리의 삶도 그래야 한다. 우리가 모르는 사이에 쌓여가는 습관이 어떤 모습인지 가만히 살펴보자. 우리가 하던 대로 살아가는 모습은 어떤 것인지, 내 삶은 어떤 습관으로 채워지고 있는지를 점검해보자. 당신은 기도가 습관이 되어 있는 사람인가? 아니면 구태의연한 습관이 당신의 기도를 막고, 당신의 인생을 새롭게 하는 걸 막고 있는 사람인가? 당신 자신에게 솔직해질 때이다.

CHAPTER 6

[잠깐의 덫]

: 잠깐인데 어때!

- 요나단이 '잠깐' 꿀을 찍어 먹고 말았다
- 잠깐이라는 함정
- 잠깐의 만족을 위해 거대한 불의로 간 사람
- 역사는 이렇게 바뀐다
- '잠깐'이 '영원'이 된다
- 잠깐의 교만이 어떻게 세계를 어지럽히는가?
- '잠깐'의 유혹에 빠질 것인가, '잠깐'을 견딜 것인가?

> 잠깐의 덫
> 잠깐인데 어때!

요나단이 '잠깐' 꿀을 찍어 먹고 말았다

사울은 40세의 나이에 왕이 되었다. 이스라엘 최초의 왕이었다. 당시 왕은 언제나 주변 국가와의 전쟁에 시달렸다. 나라와 나라 사이의 전쟁이기보다는 왕과 왕 사이 전쟁의 양상이었다. 그러니까 왕의 이름과 사활이 걸린 전쟁이었다. 사울에게는 든직한 장남 요나단이 있었다. 사울에게는 항상 사용할 수 있는 삼천 명의 군인이 있었는데, 그들을 두 패로 나눠서 이천 명은 자신과 함께 있게 하고, 천 명은 요나단에게 배치시켜주었다. 요나단은 용맹스럽게 블레셋과 국지전을 펼쳤고, 사울은 뒤에서 방어막이 되어주었다. 그러자 블레셋은 엄청난 대군을 몰고 이스라엘에게 응전해왔다. 블레셋도 밀려날 수 없는 입장이었다.

전쟁이 전면전으로 치닫게 되자, 사울은 직접 전쟁에 나서려고 했다. 그런데 아직 훈련이 덜 된 군인들은 슬금슬금 눈치를 보면서 도망을 쳤다. 사울은 전쟁에 나가기 전에 하나님에게 예배를 드리고 싶었다. 제사를 통해 성전(聖戰)임을 인정받고 싶었던 것이다. 사무엘에게 제사를 집전해달라고 연락을 취했다. 그러나 아무리 기다려도 사무엘은 오지 않았다. 군인들은 흩어지기 시작하고 블레셋의 위협은 점점 더 커졌다. 참다못한 사울은 직접 번제를 드렸다. 군사들이 모두 도망가면 전쟁을 치를 수 없는 노릇이었다. 사울이 주관한 제사가 끝나자마자 사무엘이 수행원을 이끌고 도착했다. 사울은 사무엘을 볼 면목이 없었지만 도망가는 군인들 때문에 어쩔 수 없었다는 변명을 했다. 사울의 해명이 끝나기도 전에 사무엘이 무섭게 호통을 쳤다.

> "사무엘이 사울에게 이르되 왕이 망령되이 행하였도다. 왕이 왕의 하나님 여호와께서 왕에게 내리신 명령을 지키지 아니하였도다. 그리하였더라면 여호와께서 이스라엘 위에 왕의 나라를 영원히 세우셨을 것이거늘 지금은 왕의 나라가 길지 못할 것이라. 여호와께서 왕에게 명령하신 바를 왕이 지키지 아니하였으므로 여호와께서 그의 마음에 맞는 사람을 구하여 여호와께서 그를 그의 백성의 지도자로 삼으셨느니라 하고"(삼상 13:13-14).

사무엘의 말에 사울의 자존심이 땅에 떨어졌다. 제사를 해놓고도 괜히 위축되어 전쟁에 나서지도 못했다. 속이 상했지만 어쩔 수 없는 일이었다. 블레셋 진영은 이스라엘에 대한 전선을 넓혀가며 사울을 압박해왔다. 블레셋은 특공대를 셋으로 조직해서 이스라엘에 대한 공격을 준비했다. 당시 이스라엘의 무기는 나무 막대기나 돌멩이, 혹은 청동 무기가 고작이었다. 철기가 막 도입되던 시기라 날카롭고 위협적인 무기가 드물었다. 블레셋에는 철이 발달되어 있었으나 이스라엘은 철을 다룰 줄 아는 사람이 한 명도 없었다. 블레셋이 엄격하게 관리하기 때문이었다(삼상 13:19). 변변한 무기조차 없는 이스라엘은 전쟁에 불리할 수밖에 없었다. 이스라엘 군대 전체에 철 무기는 딱 두 개가 있었는데, 사울과 요나단이 가진 게 전부였다(삼상 13:22).

엄청난 대군을 거느린 블레셋 군대는 앞 지역에 경계부대를 파견했다. 경계부대는 무기를 들고 믹마스 어귀로 출동했다. 사무엘에게 혼쭐이 난 사울은 블레셋의 위협에도 주저할 수밖에 없었다. 그때 아들 요나단이 움직였다. 그는 단 한 명의 군인만 이끌고 블레셋의 선두부대가 주둔한 믹마스로 돌진했다. 아무에게도 자신의 동선을 알리지 않은 채로. 요나단의 눈에 블레셋의 경계부대가 보였다. 믹마스에는 '보세스'와 '세네'라는 두 개의 바위가 있었는데 요나단은 재빨리 바위 사이에 숨었다. 그는 동행한 경호원에게 말했다.

"요나단이 자기의 무기를 든 소년에게 이르되 우리가 이 할례받지 않은 자들에게로 건너가자. 여호와께서 우리를 위하여 일하실까 하노라. 여호와의 구원은 사람이 많고 적음에 달리지 아니하였느니라"(삼상 14:6).

요나단은 바위 뒤에서 고개를 내밀며 블레셋 군인들을 자극했다. 블레셋의 전초부대는 몇 명의 군인들을 바위로 보냈다. 군인들이 바위로 올라왔을 때 요나단은 어느새 다른 바위로 숨었다. 두더지 게임을 하듯 이 바위, 저 바위로 숨었다가 블레셋의 배후로 다가가 그들을 공격했다. 게릴라작전이었다. 요나단이 살해한 블레셋 군인들은 스무 명에 불과했지만 그 효과는 엄청났다. 블레셋의 경계부대뿐만 아니라 블레셋의 본진에까지 요나단이 알려졌다. 그들은 공포에 떨었다. 블레셋 군인들은 서로를 공격하기도 했다. 성경은 그때 땅이 진동했다고 증언한다(삼상 14:15).

사울이 멀리에서 블레셋 진영을 보니 벌써 전쟁이 벌어져 있었다. 자세히 살펴보자 블레셋 캠프 안에서 자국 병사끼리 싸우는 것이 아닌가! 사울은 도대체 누가 블레셋 군인들을 흥분하게 했는지 궁금했다. 그는 이스라엘 군사들을 점검해 보았다. 요나단과 병사 한 명의 자리만 비어 있었다. 사울은 이 기회를 놓치지 않았다. 이스라엘 군인들로 하여금 블레셋으로 진군해 들어가 적들과 싸우게 했다. 이스라엘의 군인들은 블레셋 부대를 쳤다. 전쟁은 이스라엘의 승리로 기울어졌다.

> "여호와께서 그날에 이스라엘을 구원하시므로 전쟁이 벧아웬을 지나니라"(삼상 14:23).

사울은 전쟁에서 완전히 이기고 싶은 욕심에 적의 모든 군인을 다 죽이기 전까지 금식을 명령했다. 한바탕 전쟁을 치른 뒤라 이스라엘 군사들은 지쳤고 배가 고팠지만 왕의 명령 때문에 모두 쫄쫄 굶고 있었다. 숲으로 들어간 이스라엘 군인들은 나무들마다 꿀이 흐르는 것을 보았지만 먹을 엄두를 내지 못했다. 게릴라전을 성공적으로 마치고 돌아온 요나단은 숲에 주둔한 군인들과 합류했는데, 허기에 지친 군인들이 자기 앞의 풍족한 꿀에 눈길조차 보내지 않는 것이 아닌가? 그러나 아버지의 금식명령을 듣지 못했던 요나단은 막대기로 꿀을 담뿍 찍어서 먹었다. 배가 고파 죽을 지경이었는데 달콤한 향기에 허기가 달래졌다. 그때 군인 중 하나가 요나단에게 사울의 금식명령을 전했다.

> "요나단이 이르되 내 아버지께서 이 땅을 곤란하게 하셨도다. 보라. 내가 이 꿀 조금을 맛보고도 내 눈이 이렇게 밝아졌거든 하물며 백성이 오늘 그 대적에게서 탈취하여 얻은 것을 임의로 먹었더라면 블레셋 사람을 살륙함이 더욱 많지 아니하였겠느냐"(삼상 14:29-30).

요나단의 말이 떨어지기가 무섭게 군인들은 꿀로 달려들었다. 군인들은 꿀로 만족하지 않았다. 초토화된 블레셋 진영에 양 떼와 소, 송아지가 남아 있었는데 그것도 군인들의 좋은 먹잇감이 되었다. 문제는 군인들이 피 째로 고기를 먹었다는 데 있었다. 피를 먹는 것은 율법이 엄격히 금하는 것이었다. 젊고 혈기 넘치는 군인들은 그것을 가릴 처지가 아니었다. 이스라엘 군인들의 입은 소와 양의 피로 붉게 물들었다.

결국 사울의 귀에 군인들이 명령을 어기고, 심지어 피까지 먹었다는 소식이 들렸다. 사울은 분개했다. 크고 넓적한 돌을 가져다가 고기를 구워먹게 하되 피는 제거하도록 했다. 사울은 그 자리에서 하나님에게 제단을 쌓았다. 그것이 사울의 첫 제단이었다. 그러나 하나님은 이상하게도 사울에게 전쟁의 승리 여부를 말씀하지 않으셨다. 금식에 대한 서원을 어겼기에 하나님이 침묵하신 것이라 여긴 사울은 제비를 뽑아 소동의 원인을 알아내려고 했다. 제비는 요나단을 지목했다. 사울은 자기 아들이지만 서원을 어긴 자를 죽이겠다는 맹세를 했기 때문에 요나단을 죽여야 했다. 사울은 그 정도로 절실했다. 자기의 명예가 걸린 일이었다. 그때 반전이 일어났다.

> "백성이 사울에게 말하되 이스라엘에 이 큰 구원을 이룬 요나단이 죽겠나이까. 결단코 그렇지 아니하니이다. 여호와의 살아 계심을 두고 맹세하옵나니 그의 머리털 하나도 땅에 떨어지지 아니할 것은 그가 오늘 하나님과 동역하였음이니이다 하여 백성이 요나단을 구원하여 죽지 않게 하니라" (삼상 14:45).

사울은 백성들의 여론을 수렴했다. 어느새 요나단은 백성들로부터 신임을 얻는 자로 우뚝 서 있었다. 그렇게 금식 소동은 일단락이 되었다. 그러나 이 사건에서 우리가 주목하고자 하는 사실은 사울이 하나님으로부터 신뢰를 얻지 못한다는 것도, 요나단이 백성들의 지지를 얻고 있다는 것도 아니다. 승리에 대한 욕심에 경박하게 금식서원을 한 사울의 어리석음도, 아버지의 서원을 알면서도 꿀을 찍어 먹은 요나단의 경솔함도 아니다. 단지 꿀을 먹기만 했는데도 이스라엘의 군인들이 짐승을 피 째 잡아먹었다는 사실에 관심을 가질 필요가 있다.

지팡이 끝의 꿀이 가져온 파장은 컸다. 이스라엘 군인들은 율법의 정신을 다 알고 있었다. 이스라엘 백성으로서 기본적인 상식이 있었다. 특히 먹는 것은 조심해야 했다. 엄격한 음식법이 있었다. 그들은 피까지 먹어서는 안 되었다. 인간에게는 익지 않은 고기를 먹는다거나 피를 마시는 것에 대한 본능적인 거부감이 있다. 성경은 창세기부터 생명을 존중하는 정신으로 피를 먹는 것을 엄격히 금하고 있었다. 이스라엘의 군인들은 요나단처럼 꿀을 잔뜩 먹거나 숲의 열매를 따먹으면 그만이었다. 그러나 그들은 인간적인 거부감도, 성경의 가르침도 모두 거부했다. 지팡이 끝에 '잠깐' 찍어 먹은 꿀이 그들의 욕망을 자극했다. 지팡이 끝의 꿀은 이스라엘 군인들에게 내재되어 있던 어떤 스위치를 집단적으로 켜는 역할을 했다.

잠깐이라는 함정

'잠깐'이라는 것은 매우 짧은 시간을 말한다. 시간상의 짧은 단위인 '잠깐'을 물리적으로 바꾸면 '아주 작은 양'이라고 할 수 있다. 그런데 이 잠깐은 큰 파문을 불러올 때가 잦다. 북경 나비의 날갯짓이 뉴욕에 폭풍을 만든다는 '나비 효과'처럼 '잠깐' 혹은 '작은 것'이 엄청난 변화를 초래할 수 있다. 나비 효과는 수많은 우연이 만들어낸 결과이다. 그렇다면 우연이 아닌 의도를 지닌 행위라면 어떨까? 분명한 의사와 목적을 가지고 했던 '잠깐'의 작은 일이 커다란 결과로 귀결되는 것은 어쩌면 당연한 일인지도 모른다.

요나단은 아버지의 금식명령을 안 뒤에도 의도적으로 군인들에게 금식을 어기도록 부추겼다. 요나단이 '잠깐' 먹은 꿀이 이스라엘 군인들의 광기가 되어버렸다. '잠깐' 혹은 '작은 것'은 큰 것과 연결이 되고, 그것은 감당할 수 없는 거대한 결과가 될 수 있다.

> "지극히 작은 것에 충성된 자는 큰 것에도 충성되고 지극히 작은 것에 불의한 자는 큰 것에도 불의하니라"(눅 16:10).

우리는 '잠깐'이라는 작은 단위 뒤에 숨은 무서운 의도를 간파해야 한다. 사람은 발전하게 되어 있는 동물이다. 개나 고양이 같은 동물에게 집이나 먹을 것을 제공하고 놔두면 시간이 지날수록 방치되고 황폐하게 된다. 인간이 손을 떼면 놀이터도, 마을도, 도시도 점점 폐허가 된다. 반면 인간의 손길이 닿는 곳은 점점 발전해간다. 인간의 의도가 들어가면 어떤 곳이든 점점 나아지고 발전하기 마련이다. 이것이 동물과 구별되는 인간만의 특징이다.

인간이 가진 이런 가능성과 특징을 올바른 곳에 투자하고 발전시키면 더욱 좋게 변해갈 것이고, 악하고 잘못된 것에 관심을 쏟으면 죄로 가득차고 악이 발전될 것이다. 이 모든 것은 '잠깐'에서부터 시작된다. '잠깐'은 엄청난 결과를 가져온다. 우리는 어떤 잠깐에 충실할 것인가? 작은 것이지만 올바른 것에 충성할 때 큰 것에도 충성하여 위대한 결과를 마주하게 될 것이고, 작은 것이지만 불의한 것에 충성할 때 거대한 불의와 마주하게 될 것이다.

잠깐의 만족을 위해 거대한 불의로 간 사람

페르시아의 아하수에로 왕은 인도에서 에티오피아까지 127지방을 다스린 왕이었다. 넓은 땅을 다스려야 했기에 수많은 인물들이 필요했고, 다양한 사람을 요직에 두루 앉혀야만 했다. 이때 하만이라는 사람이 등장을 하는데, 아각이란 나라 출신의 함므다다의 아들이었다. 여기에서 '아각이란 나라'는 성경에서 에스더서에만 등장한다. 이름 없는 나라 '아각' 출신이 당시 최강대국 왕의 오른팔이 되기까지 얼마나 큰 노력을 기울였는지 우리는 쉽게 짐작할 수가 있다. 하만은 입지전적인 인물이었다. 그는 권력자에게는 비굴에 가까운 굽신거림을, 자신에게 유익이 없는 자에게는 가차 없는 경멸을 보냈다.

하만이 고위직에 오른 뒤 가장 중요하게 여긴 것은 입궐과 퇴궐이었다. 허세에 찌든 사람은 의전을 화려하게 함으로써 권위를 드러내는 경향이 있다. 궁궐로 들어가는 일상적인 행위를 자신이 왕의 최측근이며 최고위직임을 드러내는 데 사용했다. 아하수에로 왕이 입은 용포를 제외하고 의관은 최고의 복장으로 갖춰 입었으며, 타고 다니는 가마도 최고급으로 갖추었다. 궁중의 모든 신하는 하만의 입장과 퇴장 시간을 알고 있어야 했고, 그 앞에 무릎을 꿇어야만 했다. 하만이 지나갈 때는 고개 숙여 절까지 해야 했다. 하만을 우상처럼 떠받드는 것이 궁궐의 격식이 되었다.

그런데 대궐을 지키는 군무원 중 한 명이었던 모르드개는 하만에게 절을 하는 것은 물론이고 무릎 꿇는 것조차 거부했다. 그것은 하만에 대한 도전이 아니었다. 하나님 외에는 어떤 것에도 절을 하지 않는 것이 모르드개가 평생 지켜왔던 절개이자 자존심이었다. 그러나 하만이 그것을 알 리가 없었고, 하급공무원인 모르드개가 자신에게 저항하는 것처럼 보였을 때 하만이 얼마나 격분했을지 상상이 간다. 동료들은 모르드개를 설득했지만 요지부동이었다. 칼로 목을 잘라 억지로 절을 하는 것 외에는 자신의 의지로 고개를 숙이지는 않을 터였다.

하만은 분노로 이글거렸다. 왕궁 전체에서 자신을 무시하는 사람으로는 모르드개가 유일했다. 모르드개가 유다 출신이라는 사실을 알게 된 그는 모르드개뿐만 아니라 그가 속한 민족까지 몰살하기로 작심했다. 한 민족 전체를 학살하는 것이 쉬운 일이 아니기 때문에 그는 '부르'라고 하는 주사위를 굴려 날짜를 받는 방식을 택했다. 개인적인 복수심을 공식적인 절차로 꾸몄다. '부르'는 12월로 나왔다. 12월이면 페르시아 제국에 흩어져 사는 유다 민족은 모두 효수형에 처해지고 역사에서 사라지게 될 판이었다. 하만은 법령을 어긴 민족에 대한 정당한 규정이라고 왕에게 설명했다. 그러면서 뇌물을 바치는 것도 잊지 않았다.

"왕이 옳게 여기시거든 조서를 내려 그들을 진멸하소서. 내가 <u>은 일만 달란트</u>를 왕의 일을 맡은 자의 손에 맡겨 왕의 금고에 드리리이다 하니" (에 3:9).

여기서 한 달란트는 약 34kg에 해당되는 무게였다. 은 한 달란트는 3000세겔의 가치가 있었다. 1세겔은 11.4g의 무게이며, 은 1세겔은 일반 노동자의 4일 노동의 대가에 해당되는 금액이었다. 하루 노동자의 임금을 10만 원으로 계산하면 1세겔은 40만 원이 된다. 그렇다면 은 1달란트는 3000세겔×40만 원, 즉 12억 원에 해당된다. 하만이 왕에게 입금한 것이 은 1만 달란트이기 때문에 그 총액은 12조 원에 달했다. 하만은 모르드개 한 사람이 자신에게 절하지 않은 대가로 유다 민족 전체의 말살을 꾀했고, 그 대가로 12조 원을 투자했다. '잠깐'의 수치심이 민족 학살로 이어졌고, '잠깐'의 만족을 위해 12조 원이라는 천문학적인 금액으로 부풀어졌다.

결론은 이렇다. 모르드개에게는 사촌 여동생 에스더가 있었는데, 자신의 출신을 밝히지 않은 채 그녀는 아하수에로의 왕비가 되어 있었다. 모르드개는 자신 때문에 유다 민족이 다 죽게 될 처지에 놓이자 이때를 위해 에스더가 왕후가 된 것이라 여겼다. 모르드개는 전갈을 보내 왕에게 사정을 알리라고 했다. 에스더는 처음에는 거부했다. 아무리 왕의 아내여도 규율이 있어 함부로 왕에게 갈 수가 없었다. 더욱이 왕을 알현한 지도 한 달이 넘었다. 언제 왕을 볼 수 있을지 모를 일이었다. 그러자 모르드개는 말했다.

"이때에 네가 만일 잠잠하여 말이 없으면 유다인은 다른 데로 말미암아 놓임과 구원을 얻으려니와 너와 네 아버지 집은 멸망하리라. 네가 왕후의 자리를 얻은 것이 이때를 위함이 아닌지 누가 알겠느냐 하니" (에 4:14).

에스더는 입장이 곤란했다. 왕 앞에 나가는 것에도 규율이 있었고, 그것은 매우 엄격했다. 남편이지만 왕이기 때문에 함부로 왕에게

갔다가는 쥐도 새도 모르게 끌려가서 죽을 수도 있었다. 더욱이 에스더 이전 왕비가 왕에게 대들었다가 폐위된 전력이 있었다. 민족을 구하기는커녕 자기 목숨도 위태로웠다. 그러나 에스더는 모르드개의 말을 듣고 마음을 바꾸었다. 죽으면 죽으리라는 각오였다. 삼 일 동안 금식을 한 에스더는 예복을 갖춰 입고 어전으로 향했다. 마침 왕좌에 앉아 있던 아하수에로 왕은 뜰을 지나 들어오는 에스더를 보고 한눈에 반했다. 한 달 동안 못 봐서 그리웠던지, 에스더가 삼 일 금식으로 더 날씬해졌던지, 아하수에로는 에스더를 사모하는 마음으로 들떴다. 왕은 서둘러 금 규를 내밀었다. 왕에게 다가와도 좋다는 허락이었다. 왕은 에스더에게 말했다.

"왕이 이르되 왕후 에스더여 그대의 소원이 무엇이며 요구가 무엇이냐. 나라의 절반이라도 그대에게 주겠노라 하니" (에 5:3).

왕은 진심이었다. 에스더가 무엇을 요구하든지 그 자리에서 다 줄 판이었다. 왕은 에스더에게 잘 보이고 싶었다. 그러나 에스더는 지혜로웠다. 돈이나 땅이나 물질적인 것은 얼마든지 내어줄 수 있었다. 그러나 에스더가 원했던 것은 자기 민족에 대한 왕의 규정을 바꾸는 것이었다. 만약 그 자리에서 그것을 요청했다면 왕의 마음은 싸늘히 식었을 것이었다. 정치적인 문제이기 때문이었다. 에스더는 잔치 자리에 하만과 함께 참여해달라고 했다. 에스더의 소원은 미뤄졌다. 전략적인 접근이었다.

왕은 하만과 함께 에스더가 마련한 잔치 자리에 참석했다. 산해진

미가 왕의 기분을 좋게 했다. 왕은 에스더가 무엇을 바라는지 다시 한 번 물었다. 놀랍게도 에스더는 한 번 더 인내심을 발휘했다.

> "에스더가 대답하여 이르되 나의 소청, 나의 요구가 이러하니이다. 내가 만일 왕의 목전에서 은혜를 입었고 왕이 내 소청을 허락하시며 내 요구를 시행하시기를 좋게 여기시면 내가 왕과 하만을 위하여 베푸는 잔치에 또 오소서. 내일은 왕의 말씀대로 하리이다 하니라" (에 5:7-8).

왕은 에스더의 요청을 알고 싶어 안달이 났다. 그는 두 번째 잔치에 참여하기로 했고, 에스더의 말대로 하만과 함께하기로 했다. 하만은 왕과 왕후만의 자리에 자신이 두 번이나 초청된 것이 매우 자랑스러웠다. 퇴궐할 때만 해도 하만의 기분은 날아갈 것만 같았다. 그러나 그의 감정을 망치게 한 것은 모르드개였다. 하만이 퇴궐할 때 유다 민족 말살에 대한 항의로 모르드개는 대궐 문에서 미동도 없이 앉아 있었다. 하만은 모르드개만 없다면 모든 게 완벽할 것이라고 생각했다. 집에 돌아가 가족들을 불러 모은 자리에서 말했다.

> "또 하만이 이르되 왕후 에스더가 그 베푼 잔치에 왕과 함께 오기를 허락받은 자는 나밖에 없었고 내일도 왕과 함께 청함을 받았느니라. 그러나 유다 사람 모르드개가 대궐 문에 앉은 것을 보는 동안에는 이 모든 일이 만족하지 아니하도다 하니" (에 5:12-13).

유유상종일까? 하만의 아내와 친구들은 높은 나무를 가져왔다. 내일 잔치 자리에 참여하면 왕비가 소원을 말할 때 분명히 하만도 소원을 말할 기회가 있을 것이다. 그때 긴 나무를 보여주면서 모르드개의 목을 거기에 올리라고 하자! 어차피 죽을 유대인일 뿐이다. 잔치 자리에는 이벤트가 있어야 되고 반역자를 처리하는 것보다 더 좋은 공연이 어디 있겠는가? 그 덕분에 잔치는 흥이 넘치고 왕과 왕후의 재미도 배가 될 것이다. 친구들은 시시덕거리면서 그렇게 말했다. 잔인한 소원이었다. 하만은 신하들을 시켜 자기 집의 앞뜰로 나무를 배달시켰다. 그러나 이것이 제국의 실력자인 하만과 왕후 에스더 사이의 대결이라는 사실은 몰랐다. 그 나무에 하만뿐 아니라 그것을 제안한 아내와 친구들까지 달리게 될 줄 알았다면 감히 그런 제안을 하지도 않았을 것이다.

역사는 이렇게 바뀐다

　　　　　마음이 싱숭생숭한 왕은 그날 밤 역대 일기를 가져다 밤새 읽었다. 아침이 밝을 즈음에 자신을 독살하려던 자를 고발한 모르드개의 활약이 써진 곳에 이르렀다. 공을 세운 모르드개에게 아무런 상도 내리지 않은 것을 보고 왕은 그를 치하 해야겠다는 생각을 했다. 마침 하만이 아침 일찍 왕을 알현하러 나왔다. 긴 나무에 대한 제안을 하기 위해서였다. 왕은 하만을 불러 왕을 위해 공을 세운 사람을 어떻게 해야 좋을지 물었다. 하만은 자신을 지칭하는 줄 알고 왕복과 왕관을 씌워 거리를 돌아다니며 칭송을 받게 해야 한다고 말했다. 야심 많은 하만이 평소에 바라던 바였다. 왕은 하만이 방금 건의한 것을 조금도 빼지 말고 궁궐에 앉아 있는 모르드개에게 행하라고 명령했다. 하필이면 모르드개라니! 하만은 부들부들 떨면서도 어쩔 수 없이 왕명을 시행했다. 모르드개에게 왕복을 입히고, 왕관을 씌우고는 거리를 돌아다니면서 예찬하는 소리를 외쳤다. 수치심에 불타는 하만이 집으로 돌아와 아내와 친구들에게 방금 자신이 당한 일을 말하는 중에 왕의 신하가 하만의 집에 도착했다.

"아직 말이 그치지 아니하여서 왕의 내시들이 이르러 하만을 데리고 에스더가 베푼 잔치에 빨리 나아가니라"(에 6:14).

잔치 자리에서 왕은 에스더에게 물었다. 전날과 같은 물음이었다. 나라의 절반을 요구해도 주겠노라. 왕은 어떻게든 에스더의 마음을 사고 싶었다. 에스더는 대답했다. "왕이시여 나의 생명이 지금 위태하게 되어 있습니다." 에스더의 눈에는 금방이라도 눈물이 떨어질 것 같았다. 왕비가 죽는다니? 누가 왕비를 괴롭힌다는 말인가? 왕은 왕비의 예상 밖의 말에 심장이 떨렸다. 에스더는 계속 말을 이었다.

"나와 내 겨레가 팔려서 망하게 되었습니다. 살육당하게 되었습니다. 다 죽게 되었습니다. 우리가 남종이나 여종으로 팔려 가기만 하여도 내가 이런 말씀을 드리지 않을 것입니다. 그만한 일로 임금님께 걱정을 끼쳐 드리지는 않을 것입니다.' 아하수에로 왕이 에스더 왕후에게 물었다. '그자가 누구요? 감히 그런 일을 하려고 마음을 먹고 있는 자가 어디에 있는 누구인지 밝히시오'"(에 7:4-5, 새번역).

에스더의 눈물이 그렁그렁 맺힌 눈동자가 하만을 향했다. 에스더는 강하고 뚜렷하게 대답했다. "바로 그 대적이 이 악한 하만입니다!" 하만은 기절할 뻔했다. 생각지도 못한 전개였다. 왕은 자리를 박차고 밖으로 나가버렸다. 잔치 자리는 얼음장이 되었다. 하만은 조급했으나 마지막 기회를 잡으려고 했다. 왕비 에스더의 마음만 돌리면 위기를 벗어나게 될 줄 알았다. 그는 왕후 앞에 머리를 조아렸다. 그것도 부족하다고 여겼는지 왕후 앞에 놓인 상에 몸을 걸치면서 엎드렸다. 이것저것 가릴 처지가 아니었다. 궁궐 입구에서 자신에게 절하던 어떤 신하도 그 정도로 엎드리지는 못할 모양새였다.

바로 그 순간 왕이 다시 나타났다. 마음을 가다듬고 내막을 들어보려던 참이었다. 그런데 왕의 눈에 들어온 것은 오해를 사기에 딱 알맞은 광경이었다. 왕도 쉽게 넘어갈 수 없는 왕후의 상에 하만의 몸이 엎드려 있던 것이었다. 왕은 더 이상 해명을 들을 필요가 없었다.

> "왕이 후원으로부터 잔치 자리에 돌아오니 하만이 에스더가 앉은 걸상 위에 엎드렸거늘 왕이 이르되 저가 궁중 내 앞에서 왕후를 강간까지 하고자 하는가 하니 이 말이 왕의 입에서 나오매 무리가 하만의 얼굴을 싸더라"(에 7:8).

왕의 분노는 하늘을 찔렀다. 내시 중에 하나는 왕의 의도를 정확히 파악하고 있었다. "마침 하만의 집 마당에 나무가 있는데 거기에 하만을 달면 어떻겠습니까?" 그 나무의 높이는 50규빗이었는데, 1규빗을 50cm로 치면 25m 정도이며, 그것은 건물 10층 정도의 높이였다. 왕은 내시의 건의를 허락해주었다. 하만은 아무 변명도 못하고 나무에 높이 매달렸다. 모르드개를 매달려던 바로 그 나무였다. 그제야 마음이 조금 누그러졌다. 하만의 모든 재산은 몰수되었고 모르드개는 하만의 직위를 그대로 물려받았다. 유다 민족들이 억울하게 죽을 뻔했던 왕의 명령도 취소된 것은 물론이었다.

하만은 왜 그렇게 망하게 되었을까? 하만이 처음부터 교만한 사람은 아니었을 것이다. 적어도 왕 앞에서는 누구보다 잘했을 것이다. 그는 왕의 마음에 들도록 최선을 다해서 행동했고 자신의 앞날을 위해 거침없는 투자도 했다. 결국 제국 전체에서 2인자가 되었다. 그러나 그는 모르드개를 죽이려던 나무에 매달려서 죽었고, 모르드개의 민족 전체를 죽이려던 날에 자신의 아들들과 친구들이 나무에 매달려 완전히 몰락하고 말았다. 하만의 교만은 아주 작은 것에서 시작되었다. 잠깐의 쾌락, 잠깐의 인기, 잠깐의 인정으로 그의 출세는 시작되었다. 그리고 그의 욕망에 죄와 교만이 끼어들면서 걷잡을 수 없는 곳으로까지 갔다.

'잠깐'이 '영원'이 된다

오락이나 게임 이야기를 해보자. 게임은 항상 딱 한 번으로 시작된다. '잠깐' 즐기는 것으로 시작되어 어떤 사람은 거기에서 멈추기도 한다. 그러나 어떤 사람은 눈덩이처럼 부풀어 긴 세월을 게임에 빠져 살기도 한다. 잠깐이 1년이 되고 평생이 되기도 한다. 물론 잠깐으로 그칠 수도 있다. 1년 동안 게임을 붙들면 중독이지만 5분 정도 하는 것은 어떨까? 기분 전환도 되고, 잠시 즐기기도 하며, 나쁘지 않은 것 아닐까?

그러나 1년은 문제가 되고 5분은 괜찮은 것이 아니다. 왜냐하면 우리에게는 '영원'이라는 시간이 있기 때문이다. 하나님 나라의 영원에 비하면 1초나 1년이나 100년이나 똑같이 짧은 순간, 즉 '잠깐'에 불과하다. 하나님은 '잠깐'을 영원으로 보신다.

카메라의 셔터 속도는 1/1000, 1/500, 1/250, 1/60, 1/30초 등으로 쓰인다. 노출에 따라 다르겠지만 일반적으로 1/500이나 1/125초라는 매우 짧은 시간 동안 조리개가 열리고, 그 사이에 피사체가 찍힌다. 눈 깜짝하는 것보다 더 짧은 '잠깐'이라는 시간이다. 그런데 짧은 순간에 찍힌 사진 중 어떤 것은 평생을 간다. 한 번 찍힌 사진은 영원히 정지되어 있다. 사진을 보는 순간 우리는 그 때, 그 순간으로 돌아간다. 초등학교 운동회 때 결승점을 통과하는 순간에 찍힌 모습은 1000분의 1초도 안 되는 매우 짧은 순간의 사진이지만, 그 사진이 있는 한 우리는 운동회의 그 시간, 그 장소로 여행을 한다. 사진을 통해 기억이 되살려지기 때문이다. '잠깐'이 영원이 되는 순간이다.

우리의 인생은 백년을 산다고 해도 하나님 앞에서는 눈 깜짝할 시간보다 짧다. 영원하신 하나님 앞에서 우리의 인생은 '잠깐'에 불과하다. 그러나 하나님은 그 짧은 인생을 영원히 기억하신다. 한 장의 사진이 평생 기억에 남듯이 우리의 찰나와도 같은 인생은 하나님의 기억에 영원히 찍힌다. '잠깐'은 절대로 방심할 수 있는 시간이 아니다.

   죄가 노리는 지점이 바로 거기에 있다. '잠깐' 했던 오락이, '잠깐' 호기심에 해보았던 도박이, '잠깐' 마셨던 술이 죄가 되어 영원히 우리의 발목을 잡을 수 있다. 다윗은 밧세바라는 여인과 불륜을 '잠깐' 저질렀다. 가인은 동생에 대한 분노를 '잠깐' 품었다. 형들은 막냇동생 요셉이 입은 자색 옷을 보고 '잠깐' 질투에 싸였다. 그리고 그것은 영원히 씻을 수 없는 죄가 되어 성경에 영원히 기록되어 있다. "네 시작은 미약하였으나 네 나중은 심히 창대하리라"(욥 8:7)는 말씀은 기대와 축복에 찬 말씀이 아니라 '잠깐'의 덫에 걸리지 말라는 경고의 말씀이다.

잠깐의 교만이 어떻게 세계를 어지럽히는가?

   독일인이지만 오스트리아 국경지대의 작은 소도시에서 태어난 아이가 있었다. 그의 아버지와 어머니는 스물네 살이나 차이가 났다. 그 사이에서 큰아들로 태어난 그는 공부도 곧잘 했고, 그림도 잘 그려서 미래가 촉망했다. 그러나 아들이 인문계열이나 예술계열보다는 기술을 배우기 원했던 아버지의 주장대로 어쩔 수 없이 실업학교로 진학을 했다. 적성과 맞지 않는 학교에서 적응을 잘할 리가 없었다. 툭하면 말썽을 피웠고, 친구들과 싸우기도 하다가 결국 학교에서 쫓겨났다. 그러던 어느 날, 집에서 빈둥거리던 아이는 아버지가 죽었다는 소식에도 별 반응이 없었다. 아버지의 이름으로 연금을 수

령하는 어머니의 도움을 받아 겨우 시간만 축내며 살고 있었다.

아이는 무학으로 자라났다. 어머니는 아이가 책임감 있는 어른으로 자라기를 원했다. 어머니는 특기인 그림을 그리도록 권유했고 아이는 미대에 응시했지만 번번이 고배를 마셨다. 아이는 그저 시들어갔다. 그러다 어머니마저 죽었다. 아이는 고아가 되어 연금을 받았다. 남겨진 유산은 얼마 되지 않았지만 그럭저럭 살만했다. 평소에 좋아하던 그림이나 그리며 파는 것으로 소일거리 삼았다. 아이의 가슴에는 한때 번영했던 조국 독일의 부흥에 대한 기대가 있었고, 자기가 나고 자란 오스트리아에 대해서는 불만이 컸다. 다양한 민족이 섞여 사는 오스트리아가 왠지 싫었다. 아이는 오스트리아의 다민족 정책에 대한 경멸을 품으며 살았다.

아이는 오스트리아의 수도인 비엔나에서 청년으로 자랐다. 비엔나는 역사적으로 오랜 고도(古都)이며 수많은 궁정과 대성당이 있는 유서 깊은 도시였다. 예술의 도시, 특히 음악의 본고장인 비엔나는 베토벤의 일생 중 가장 오랫동안 살았던 도시이며, 모차르트와 슈베르트 역시 말년에 역작을 생산해낸 곳이었다. 그럼에도 청년은 역사와 전통을 자랑하는 이 도시가 얼마나 볼품없고 허울뿐인 도시인지를 뼈저리게 통감하고 있었다. 그가 속한 곳이 밝고 화려한 비엔나의 중심지가 아니라 가난하고 불행한 하층민들의 세계인 도시 뒷골목이기 때문이었다. 삶의 터전에 대한 경멸과 가난한 이웃을 향한 연민이라는 상반된 감정은 사람들의 심리를 조작해내는 실험의 장으로 기능하게 만들었다.

만약 가난한 사람과 함께 산다면 우리는 어떻게 할까? 그들의 어려움을 이해하고 도움의 손길을 베풀거나, 그들과 연대하여 조금이라도 더 나은 삶을 향한 시도를 하거나, 아니면 운명을 받아들이며 하루하루 버티고 살아갈 것이다. 그러나 청년은 그 어느 쪽에도 속하지 않았다. 그는 가난한 사람들을 대상으로 자신의 거짓말이 얼마나 잘 통하는지 실험하기 시작했다. 처음에는 작은 거짓말이었으나 점점 허풍이 심해졌다. 청년은 굉장한 거짓말을 하기 시작했고, 오히려 크게 과장할수록 더 잘 먹힌다는 사실을 알게 되었다. 가난한 사람들의 마음에 그들이 갖지 못한 것을 부풀려 심어주면 그들은 돈과 재산을 쉽게 내주었다. 청년은 가난한 사람들의 마음에 타락한 심성을 집어낼 수 있었고, 그들의 심리를 더욱 잘 다룰 수 있게 되었다.

청년은 어느덧 오스트리아의 징집 대상이 되었다. 그러나 그는 오스트리아 군대에 입대하는 것이 싫었다. 그는 징병을 피하기 위해 독일로 도망쳤다. 군대 자체를 피하고 싶은 것이 아니라 오스트리아가 싫기 때문이었다. 그리고 독일에 입국한 지 얼마 되지 않아 청년은 군대에 자원입대했다. 명령과 의무와 복종의 세계가 자신에게 잘 맞는다는 사실을 알았고, 그곳에서 그동안 익혔던 가난한 사람에 대한 조작기술을 접합시켰다. 군대 사회의 획일화와 명령체계 속에 자신의 심리연구를 녹여내기 시작했다.

군 생활을 마치고 제대해보니 세상은 악화일로였다. 사람들은 어려워진 경제체계와 무력한 정치에 대한 환멸을 토해냈고, 경직되어 있는 사회는 금방이라도 터질 것 같은 위기였다. 청년은 그것을 기회로 여겨 정치가가 되기로 마음먹고 어느 우익단체로 들어갔다. 그 단체는 소규모였으나 자신과 같은 젊은 영재를 필요로 했다. 그는 그동안 익히고 쌓아놓은 심리조작의 달인으로 그곳에 필요한 존재가 되었고, 수많은 사람들의 마음을 움직이기 시작했다. 그의 인기와 덩달아 그 단체 역시 사람들의 지지를 받았다. 그는 점점 더 선동의 대가가 되어 갔고, 조직 안에서는 요직을 두루 겸비했으며, 목표를 위해서라면 독일 전체 국가와 게르만 민족까지도 다 움직일 수 있는 힘을 갖게 되었다.

거대한 거짓말을 실현시키기 위해 그는 희생양을 찾아야 했다. 그때 평소 눈엣가시처럼 여겼던 한 민족을 주목했다. 나라도 없이 세계를 떠돌아다니는 그 민족은 기반도 없으면서 부와 힘을 갖추었고, 그것은 자기 나라 국민들의 이익을 갉아먹는 것처럼 보였다. 그 민족은 유대인이었다. 유대인은 그의 타깃이 되었다. 어느새 거대 웅변가로 자라난 그는 국민들의 지지를 업고 유대인을 말살시키는 정책을 세워나갔다. 유대인이 끔찍하게 죽어간 뒤에 그들이 남긴 재산과 돈을 갈취해서 독일 국민들의 배를 불려주었고, 그것은 다시 그에게 인기와 명망을 안겨주었다. 그는 그 힘을 가지고 타민족에 대한 학살을 이어가기 시작했다.

이쯤 되면 전쟁은 피할 길이 없게 된다. 세계는 그로 인해 전쟁의 포화 속으로 들어가게 되었다. 그 결과 민간인 3천만 명, 군인 1천6백만 명의 죽음이라는 경악할 만한 결과를 낳고 말았다. 장래가 촉망되던 이 청년은 아내와 동반자살로 끔찍하게 생을 마감하게 되었고, 그렇게 광풍은 처참한 후유증을 낳은 채 사그라졌다. 이 청년은 누구일까? 이쯤에서 다들 눈치 챘겠지만 그의 이름은 아돌프 히틀러였고, 그가 몸담았던 작은 우익단체는 나치(nazi)였다. 그는 사소하고 작은 시작, 미약하고 보잘것없는 출발, '잠깐'이라는 만족에서 참혹하고 진저리치는 결과를 도출해 낸 인물이었다(유시민, 「거꾸로 읽는 세계사」,(서울: 푸른나무, 2008), 202-221쪽).

'잠깐'의 유혹에 빠질 것인가, '잠깐'을 견딜 것인가?

'잠깐'이 모든 것의 시작이다. 그렇다면 우리는 이 '잠깐'을 참아야 한다. '잠깐'이라는 쾌락과 정욕이 속삭이는 소리를 차단해야 한다. "이 또한 지나가리라"는 생각으로 잠깐을 이겨내야 한다. "생각하건대 현재의 고난은 장차 우리에게 나타날 영광과 비교할 수 없도다"(롬 8:18)라고 하는 바울의 심정으로 현재의 고난을 버티고 이겨내면 비교할 수 없는 영광의 날이 올 것이라 믿어야 한다. 초대교회가 받은 박해는 끔찍하고 무서웠다. 일본 제국주의의 기독교에 대한 만행은 또 어떤가? 북한 땅의 지하교회에서 숨죽여 기도하는 기독교인들 역시 처참한 시간이 지나가고 있을 것이다. 그러나 그 역시 '잠깐'이다. 우리의 인생이 아무리 길어도 영원하신 하나님 앞에서는 잠깐이다. '잠깐'만 참고 견디면 영광의 면류관이 기다리고 있다. '잠깐'만 참으면 영원한 쉼과 칭찬이 있다. 모든 것은 끝날 때가 있다.

'잠깐' 누리는 쾌락이 인생을 망치는 것과는 반대로 '잠깐' 참고 버티는 것이 승리를 안겨주는 경우도 있다. 군대에서 있었던 일이다. 자대 배치를 받고 악명 높은 부대의 신병대에 들어갔을 때였다. 때는

3월이라 봄이 온 것 같은데 여전히 군대는 춥고 배고픈 곳이었다. 이제 막 이등병을 달고 자대로 들어가는 중이라 마음은 사시나무 떨듯이 두려움으로 떨렸다. 신병교육대나 후반기 교육은 동기가 있기 때문에 서로 위로가 되었으나 자대로 배치를 받으면 무시무시한 고참들이 가득하기에 긴장이 배가 되었다.

　본격적으로 자대에 들어가기 전에 신병대에서 이틀을 머물렀다. 자대에 들어가기 전 마지막 적응기간이었다. 대기하는 동안 나와 같은 이등병들이 속속들이 신병대로 들어오고 있었다. 이등병들은 막사와 연병장과 식당으로 가는 길에서 조교들의 끊임없는 얼차려를 묵묵히 견뎌야 했다. 조교들 중에 유난히 과묵한 상병 하나가 쉬는 시간 침상 모서리에 앉아 있는 우리 앞에 섰다. 그리고 그는 마치 엄청난 진리라도 가르쳐주는 양 이렇게 말했다. "군 생활이 말이지, 사실 어려운 게 아니야. 그저 5분만 참으면 된다고."

　나는 생뚱맞은 말을 꺼내는 조교를 쳐다보았다. 그는 계속해서 이런 말을 했다. "하루에 5분만 참는 것을 목표로 잡아라. 그러면 아무리 어려운 일이라도 버틸 수 있다. 나도 별 짓을 다 당해봤다. 전투화에 묻은 똥물을 핥기도 했고, 엄청난 구타를 당하기도 했다. 그런데 5분만 참으니까 다 지나갔다. 군 생활이 별 거 아니다. 하루가 24시간인데 5분만 참으면 나머지 23시간 55분은 행복하다. 알겠냐?" 그게 그가 군 생활에서 터득한 진리였다.

　나는 조교의 조언을 마음에 담았다. 5분만 참으면 된다. 처음에는 반신반의했다. 2년 2개월이란 긴 군 생활 동안 5분만 참는다고 어떻게 그것을 극복해낼 수 있겠는가? 그런데 그의 말을 받아들이기로 한 뒤 그것을 군 생활의 지표로 삼았다. '그까짓 5분만 참지 뭐.' 나는 그가 말했던 것처럼 어려운 일이 있을 때마다 5분만 참았다. 군 생활 내내 고통스럽고 불편하고 힘든 일이 많았지만 정말로 힘들 때 '5분만 참기'를 실천했다. 극단적으로 힘들 때 5분간 이를 악물고 참았다. 그랬더니 거짓말처럼 참을 수 있게 되었다. 하루 중 5분을 제외한 나머지 23시간 55분이 행복한 것은 아니었지만 그럭저럭 버틸만했다. 그리고 무사히 제대했다.

스트레스가 쌓여 드디어 폭발할 것 같은 순간, 5분을 참아 본다. 눈을 감고 심호흡을 하면서 5분의 시간이 지나길 기다려본다. 그러면 10분을 참을 수 있다. 10분을 참으면 1시간을 참을 수 있고, 하루를 참을 수 있다. 하루를 참으면 인생을 참을 수 있다. 그렇다. 정말 그렇다. 겨우 5분, '잠깐' 참았을 뿐인데 그 순간이 지나가고 새로운 시간이 돌아오게 된다.

사울이 사무엘을 기다리는 시간, 군인들이 흩어져서 어쩔 수 없이 본인이 제사를 지내려고 했던 바로 그 순간에 5분만 참았으면 어땠을까? 결국 사무엘은 오지 않았던가? 사무엘을 통해 제사를 지냈다면 적은 군인들로 승리를 이끈 주역은 사울이 되었을 것이다. 요나단이 아버지의 금식명령을 안 순간, 비록 꿀을 더 먹고 싶었지만 5분만 꾹 참았다면 어땠을까? 아버지의 금식명령에 대해 비난하기보다는 잠깐만 참고 아버지의 뜻을 따랐다면 어땠을까? 어차피 사울은 군인들을 위해 고기를 구워주지 않았던가? 아버지의 위신도 서고 군인들도 율법을 어기지 않았을 것이다. 욕망으로 가득 찬 하만이 자신에게 절하지 않는 모르드개를 5분만 용납했다면 어땠을까? 그를 이해하는 마음으로 모르드개와 협력했다면 높은 나무에 달려 죽을 일도 없었을 것이고, 왕비 에스더라는 새로운 후견인도 생겼을 것이다.

    조작의 달인 히틀러가 자신의 욕심을 위해 가난한 사람들의 심리를 자극하는 일을 잠깐 멈췄으면 어땠을까? 사람들의 심리를 이용하고 욕망을 자극하는 일을 멈추고 인간의 바른 도리를 찾아갔다면 어땠을까? 평범하게 그림을 그리고 파는 사람으로 평생 살았을 것이고 세계는 피비린내 나는 전쟁이 없었을 것이다. TV와 오락, 게임과 술자리 등의 유혹을 5분만 참으면 어떻게 될까? 세상의 많은 유혹이 우리를 넘어뜨리려고 할 때 그것을 '잠깐' 참아보면 어떨까? 때로는 패가망신하고, 때로는 악의 구렁텅이에 빠지고, 때로는 극단적인 선택으로 죽어가는 사람에게 딱 5분만 참아보라고, '잠깐'의 유혹을 극복해보라고 권하고 싶다. 잠깐의 시간이 지나 평화의 시간, 하나님의 영원한 평안이 우리를 붙잡아주실 것이다.

CHAPTER 7
조금의 죄

: 죄 조금 짓는다고 구원이 사라지나!

- 동지냐, 배신자냐?
- 최 집사는 왜 데마가 되었을까?
- 회심하고 다시 죄를 지을 수 있는가?
- 두 번 회개에 대하여
- 기드온과 다니엘 중에 누가 마무리를 잘했나?

동지냐, 배신자냐?

질문. 다음 세 구절의 공통점과 차이점은 무엇일까?

"사랑을 받는 의사 누가와 또 데마가 너희에게 문안하느니라"(골 4:14).
"또한 나의 동역자 마가, 아리스다고, 데마, 누가가 문안하느니라"(몬 1:24).
"데마는 이 세상을 사랑하여 나를 버리고 데살로니가로 갔고 그레스게는 갈라디아로, 디도는 달마디아로 갔고"(딤후 4:10).

공통점은 데마가 등장한다는 것이고, 차이점도 역시 데마와 관련된 것인데, 긍정적이고 자랑스러운 느낌의 두 구절과 달리 디모데후서의 데마는 부정적으로 그려진다. 세상을 사랑해서 바울을 버리고 떠난 배신자, 그것이 데마의 모습이다.

골로새서에 의하면 데마는 누가와 동급의 인물이었다. "사랑을 받는"이라는 말은 누가만을 말하는 것이 아니라 데마에게도 해당하는 말이다. 누가가 어떤 사람인가? 누가복음과 사도행전을 쓴 사람이다. 공관복음서의 저자 중에 하나이면서 동시에 복음서 이후의 이야기를 들려주는 사람이 누가이다. 누가는 의사이자 저술가이며, 학자이자 지식인이었다. 바울과 함께 다양한 사역을 했고, 의사이기 때문에 바울의 주치의가 되어 옆에서 도와주었다. 누가는 바울만 돕지 않았다. 교회 역사상 수많은 사람들이 하나님에게 돌아오게 하는 데 도움을 주었다. 만약 누가가 아니었다면 우리가 어떻게 초기 교회의 사역을 알 수 있었겠는가? 그런데 데마는 이런 누가와 어깨를 나란히 하는 인물이었다. 적어도 골로새서에 의하면 그렇다.

빌레몬서로 가보면 데마는 누가와만 비슷한 위치가 아니라 아리스다고, 마가와도 동급임을 알게 된다. 아리스다고는 어떤 사람인가? 그는 데살로니가 출신으로 바울을 만난 후에 바울과 동행하며 온갖 어려운 일을 당했다. 에베소의 대표적인 우상인 아데미 여신상을 조각해서 파는 데메드리오라는 사람이 바울 때문에 영업에 지장이 생기자 도시 사람들을 충동질한 일이 있었다. 에베소 사람들은 패닉 상태에 빠졌고 그들을 달래기 위해 희생양이 필요했다. 이때 아리스다고는 가이오와 함께 잡혀가서 고역을 당하기도 했다. 아리스다고는 바울이 마지막으로 예루살렘에 방문했을 때에도(행 20:4), 로마로 가는 폭풍과 환난 속에서도 함께한 사람이었다(행 27:2). 희생과 헌신의 본을 보여준 인물이 아리스다고였다.

마가는 어떤 사람인가? 그는 공관복음의 저자 중에 하나이다. 바나바의 조카인 마가는 바나바와 바울이 격렬하게 싸워서 헤어지게 만든 장본인이기도 했다. 제1차 선교여행의 조력자로 떠난 그는 산세가 험악하고 일정이 힘들다는 이유로 무단이탈해버린 경솔한 사람이었다. 어수룩했던 그는 후에 사도 바울에게 좋은 동역자가 되었고(딤후 4:11), 베드로를 통하여 예수님에 대한 증언을 듣고 마가복음을 기록해냈다(벧전 5:13). 처음에는 실수가 많았으나 나중에는 중요한 사람이 된 마가였다.

데마는 이런 아리스다고, 마가, 누가와 비슷한 수준의 사람이었다. 데마는 좋은 동반자였을 것이다. 그런데 결정적인 순간, 그는 세상으로 떠나버렸다. 교회 역사에서 큰 족적을 남길 수 있는 위인이었으나 그러지 못했다. 디모데후서에 의하면 그의 잘못은 두 가지로 요약된다. 하나는 <u>이 세상을 사랑했다</u>는 것이고, 둘째는 <u>바울을 버렸다는 사실</u>이었다. 세상을 사랑했기 때문에 바울을 배신한 것인지, 바울과 갈등을 겪다가 바울이 싫어 그를 버리고 세상으로 가버렸는지 어떤 것이 먼저인지는 알 수가 없다. 그러나 그 둘은 모두 데마의 결정적인 잘못이 되었다.

<u>세상을 사랑한다는 것</u>은 두 주인을 섬기지 못한다는 예수님의 교훈(마 6:24)에 그대로 적용되는 결과이다. 세상을 사랑한 이상 데마는 교회를 위한 어떤 사역도 할 수가 없다. 세상에 마음을 다 빼앗기고서 교회에 마음을 줄 수는 없기 때문이다. 교회나 예수님보다 세상을 더 사랑했기 때문에 복음은 버려졌다. 예수 그리스도를 만나 예수님을 위해 살던 사람이 예수님과는 다른 방향으로 향했다는 것은 그 사람이 어떤 인물인지를 보여준다.

그 시대는 복음을 위해 목숨을 걸어야 했던 때였다. 복음을 위해 목숨을 버린다는 각오로 예수님을 따랐고, 그렇게 목숨을 건 사람들에 의해서 복음이 전해졌으며, 세상이 변화되었다. 그런데 한때 복음에 의해서 인생이 바뀌었던 데마는 어느 순간부터 세상을 사랑했다. 복음은 우리에게 밥을 제공하거나 안락한 삶을 제공하지는 않는다. 때로는 복음이라는 진리가 삶에 어려움을 주기도 한다. 데마는 세상이 주는 안온함과 안락함이 더 좋았다.

<u>바울을 버렸다는 것</u>은 사랑을 배신했다는 것이고, 사람을 실망시켰다는 것이며, 신의를 저버렸다는 것이다. 사람을 버리면 언제나 상처를 남긴다. 바울은 동역하는 사람들에게 물질적인 대가나 안정된 미래를 보장하지는 못했다. 그들에게 직업을 제공하거나 집이라든가 재물을 주지는 않았다. 그렇지만 '진짜'를 주었다. 바울은 진짜의 삶이 무엇인지, 어떻게 사는 것이 옳은 삶인지를 보여주었고, 바울 자신도 그렇게 살았다.

몸은 피곤하고, 미래는 불투명했으며, 가정의 안정은 없었다. 때로는 하나님의 뜻이 무엇인지 몰라서 눈앞이 깜깜할 때도 있었다. 적들에게 쫓겨야 하고, 오해를 받기도 했으며, 공격을 당할 때도 있었다. 그러나 바울은 복음이 좋았다. 예수님께서 이 땅에 계셨다는 것이 기뻤고, 예수님과 동행하는 삶이 현실에도 이루어진다는 사실이 감격스러웠다. 그런데 바울에게 배우고 동행했던 데마는 눈에 보이는 안락한 삶을 추구했다. 그래서 바울을 배신하고 버렸다.

데마의 입장이 이해가지 않는 것은 아니다. 미래가 안 보이고 적들의 위협으로 긴장해야 할 때, 그럼에도 이것이 영광의 길이라는 생각도 했다. 그러면서 한편으로는 더 이상 이렇게 살고 싶지 않다는 고민이 있었다. 고통을 감수하는 삶, 매일매일 위기를 느끼는 삶에 염증을 느꼈을 것이다. 데마는 내부에서 얼마나 갈등했을까? 그렇게 고뇌한 결과, 그는 세상을 사랑해서 바울을 버리고 떠났다.

"데마는 이 세상을 사랑하여 나를 버리고 데살로니가로 갔고 그레스게는 갈라디아로, 디도는 달마디아로 갔고"(딤후 4:10).

알렉산더 대왕이 대제국을 점령한 뒤 33세라는 젊은 나이에 죽었다. 그 후에 제국은 후계자들의 권력투쟁의 장이 되었다. 그중에서 마케도니아 왕국의 섭정이었던 안티파트로스의 장남 카산드로스는 알렉산더 대왕의 이복누이 동생 데살로니케와 결혼하여 왕위에 올랐다. 권력을 쥔 카산드로스는 자신에게 저항하는 왕족을 모두 죽였다. 피비린내 나는 복수였다. 카산드로스는 채찍과 당근을 적절하게 사용할 줄 알았다. 그는 에게 해 진출을 위한 거대한 항구도시를 건설해서 시민들에게 호의를 베풀었다. 그 도시가 바로 자신의 아내 이름을 딴 데살로니가였다. 때는 기원전 315년이었다.

데살로니가가 세워진 이후에 이 도시의 위세는 대단했다. 외형적으로는 그리스의 아테네 다음으로 큰 도시였으며, 마케도니아 지방의 중심도시로 공인되었고, 비잔티움 제국 때에는 황제의 공동수도로 불리기도 했다. 데살로니가 항구는 남동부 유럽의 교통요지로써 그리스와 유럽의 가장 중요한 항구 중에 하나가 되었다.

사도 바울은 제2차 선교여행에서 실라, 디모데와 함께 빌립보의 전도활동을 마치고 데살로니가에 도착했다(행 17:1-4, 빌 2:22). 데살로니가에서는 겨우 3주 동안 머물렀다. 그곳에서 복음을 전하자 많은 사람들이 바울을 따르기 시작했다. 바울을 시기한 유대인들이 폭동을 일으켜 어쩔 수 없이 베뢰아로 피신해야 할 때까지 복음은 데살로니가 사람들의 마음을 흔들었다. 바울이 베뢰아로 피신한 후에도 유대인들은 바울 일행을 따라다니며 핍박했다. 바울은 다시 고린도로 건너가서 1년 반을 머물렀다(행 18:1-11). 바울은 데살로니가를 떠났지만 복음은 데살로니가에 살아남아서 교회가 세워지는 데 디딤돌이 되었다.

데살로니가라는 도시는 이중성을 지니고 있었다. 하나는 화려한 비잔틴 제국의 발달한 도시라는 이미지이고, 또 하나는 바울을 통해 복음을 전해받은 그리스도인들이 믿음을 지키며 교회를 세워나가는 곳이라는 이미지이다. 안타깝게도 데마는 데살로니가로 떠난 이유가 교회를 돕기 위해서가 아니었다. 첫 번째 이미지 때문이었다. 경제적인 이익, 화려한 도시 안에서의 자아실현, 자신의 삶의 영광을 도모하기 위해, 즉 잘 먹고 잘 살기 위해 그는 데살로니가로 갔다. 데살로니가라는 도시는 데마에게 살만한 곳이었다. 한때 복음을 위해 투철했던 데마였으나 어느 순간부터 세상을 더 사랑했고, 그래서 바울을 배신하고 떠났다. 그러나 데마는 단지 그 시대에만 국한된 인물은 아니었다.

최 집사는 왜 데마가 되었을까?

믿음의 일꾼 최 집사는 지금은 교회를 다니지 않는다. 먹고살기가 어려워서가 아니었다. 오히려 그의 사업은 확장되었고, 얼마 전에 사둔 부동산은 두 배나 뛰어 대박이 났다. 평생 먹고살 걱정은 없어졌다. 아이들은 잘 자라고 있으며, 남편의 사업 성공으로 아내의 지위도 급상승했다. 오직 떨어진 것이라고는 그의 믿음밖에는 없었다. 최 집사는 교회 없이는 못 사는 사람이었다. 교회를 집처럼 여겼고 교회의 다양한 행사를 통해 성장했다. 그러다가 최 집사는 개인적인 이유로 모교회를 떠나야 했다. 그러면서 여러 교회를 전전했다. 어떤 교회는 부담이 되어서 다니기가 꺼려졌고, 어떤 교회는 너무 부담이 없어서 다녀도 그만, 안 다녀도 그만이었다. 절실한 마음도 없어졌고 다니고 싶은 교회도 보이지 않았다.

교회를 안 다닐 이유는 많았다. 처음에는 교회를 다니지 않으면 천둥이 치고 벼락이 떨어지는 줄 알았다. 그러나 어쩌나 주일성수를 하지 못할 때에도 하늘은 맑은 날씨 그대로였다. 바쁜 일도 많았고, 마침 교회에 대한 부정적인 뉴스도 많아서 자연스럽게 교회에 다니기를 멈추게 되었다. 교회를 안 다니는 게 어떤 면에서는 편하기도 했다. 그러면서도 언젠가 다시 돌아갈 거란 생각은 늘 가지고 있다.

그러나 최 집사는 자녀들을 교회에 보내는 것은 잊지 않았다. 양질의 기독교 교육을 위해서 시스템이 잘되어 있는 대형교회 주일학교에 등록을 시켜 꼬박꼬박 다니게 하고 있다. 그러나 최 집사 부부는 일요일에 쉬기도 하고 여행도 다니면서 편안한 시간을 보내고 있다.

예수님을 배신했다거나 복음을 잃어버렸다고는 생각하지 않는다. 주어진 삶에 최선을 다했고, 좋은 기회들을 놓치지 않았으며, 그래서 한국 사회에서 경제적인 성공 가도를 달리고 있었다. 그것뿐이었다. 최 집사는 먹고살기 위해서 교회를 떠난 것은 아니지만 잘 먹고 잘 사는 것이 목표가 되어버렸고, 결국 교회를 버린 셈이 되었다. 때로는 바울을 배신하고 세상이 좋아 떠나간 데마와 비슷하다는 자책 비슷한 감정도 있었다. 그러나 가나안 성도(가나안 교인은 교회를 '안 나가'는 사람을 말한다. 예전에는 교회를 다녔으나 지금은 교회를 다니지 않는 사람, 교회를 이탈한 성도를 가나안 교인이라고 한다(양희송, 「가나안 성도, 교회 밖 신앙」,(서울: 포이에마, 2014), 20쪽 참조)로 그저 마음만 교회를 다니는 것에 만족했다.

 최 집사만 그런 것이 아니다. 어쩌면 오늘 우리는 수많은 데마 중에 하나로 살아가고 있는지도 모른다. 한때는 예수님을 잘 믿었지만 그저 '한때'일 뿐인 사람, 그때 그 열정과 마음으로 신앙을 지키며 살아가는 사람에 대해서 비웃는 사람, 데살로니가처럼 크고 좋은 도시, 경제적으로 발달된 도시, 기회가 많은 곳으로 언제라도 떠날 준비가 된 사람, 그런 사람이 바로 데마이다.

 그런데 여기서 중요한 사실이 하나 더 있다. 사람의 결정은 단지 경제적인 것, 안락한 것만으로 설명이 안 된다는 사실이다. 지금 당장은 데마로 있지만 데마는 다시 돌아올 수도 있다. 아이들이 다 크고, 경제적인 광풍이 사그라지고 잔잔한 파도 속에 살아가면서 "내 인생이 과연 의미가 있는가"라는 질문에 사로잡힐 때 데마는 누가가 되고, 마가로 다시 바뀔 수 있다.

대단히 넉넉하게 잘 사는 것도, 너무나 가난하고 어려운 것도 모두 데마를 만드는 지름길이다. 그래서 잠언의 교훈이 우리에게 필요하다. "나를 가난하게도 마옵시고 부하게도 마옵시고"(잠 30:8). 그러나 가난함과 부유함은 상대적이다. 내가 남보다 살림의 여유가 있으면 부하다 느끼고, 가까운 사람이 나보다 좋은 집에서 살고 넉넉한 수입이 있으면 나는 가난하다고 여길 것이다. 그러므로 물질적인 풍요나 결핍이 데마를 만들지 않는다. 잘 살거나 못산다고 <u>느끼는 것</u>이 문제이다. 내가 어떻게 느끼는지에 따라서 나는 데마가 될 수도 있고, 마가가 될 수도 있다.

회심하고 다시 죄를 지을 수 있는가?

데마는 왜 세상으로 돌아갔을까? 최 집사는 왜 더 이상 교회를 다니지 않는 것일까? 그것은 데마가 궁핍하다고 느꼈기 때문이고, 최 집사가 부유하다고 느꼈기 때문이다. 물질적인 어려움이나 경제적인 넉넉함이 교회가 필요 없는 상태로 만들었다. 그리고 이것은 구원과도 연결되는 문제가 된다.

구원이 필요 없는 사람은 없다. 데마나 최 집사는 자신이 구원에서 탈락한 사람이라고 여기지는 않을 것이다. 이미 구원을 받았기에 그다음인 경제적인 문제로 넘어갔고, 그래서 교회를 떠나게 되었다. 그러나 그것으로 끝나지 않는다. 그다음 단계는 죄의 문제이다. 구원이야 이미 얻었기 때문에 죄를 조금 짓더라도 괜찮다고 생각하기 쉽다. 그래서 교회를 떠났고, 태연하게 죄를 짓기도 한다. 교회에 머무르면서도 동일할 수 있다. 구원은 이미 받았다. 그리고 계속 죄를 짓는다. 교회가 필요 없다고 느끼기에 교회를 안 다녀도 양심에 아무 거리낌이 없고, 죄를 짓는 것도 대수롭지 않게 되어버렸다. 그래서 우리의 구원은 점점 희미해진다.

회심한 사람이 왜 죄를 짓는 것일까? 구원을 받는 것은 어떤 공로나 노력이 아닌 거저 얻은 것이다. 선물로 구원을 받았다. 구원을 받고 우리는 감격했다. 그런데 점점 구원의 감격이 옅어져 갔다. 구원은 하나님께서 이미 우리에게 주셨으며, 그 어떤 것도 구원을 끊을 수 없다고 믿기 때문에 감격이 사라져도 괜찮다. 예수 그리스도 안에 있는 하나님의 사랑을 끊을 수 있는 것은 없다. 그것은 분명한 사실이다.

"내가 확신하노니 사망이나 생명이나 천사들이나 권세자들이나 현재 일이나 장래 일이나 능력이나 높음이나 깊음이나 다른 어떤 피조물이라도 우리를 우리 주 그리스도 예수 안에 있는 하나님의 사랑에서 끊을 수 없으리라"(롬 8:38-39).

그렇다면 더 이상 교회를 다니지 않거나, 죄를 지으면서 살거나, 더 이상 복음과는 상관없는 삶을 살아도 그 사랑이 끊을 수 없을까? 예수님을 배신하고 세상을 사랑해서 떠나버려도 예수님의 사랑은 끊어지지 않을까? 바울을 배신하고 세상을 사랑해서 떠난 데마의 구원은 여전히 유효할까?

큰 돌이 물에 빠지면 파문이 크다. 반면 작은 돌이 물에 빠지면 잔

물결에 그친다. 그러나 물에 빠진다는 사실은 똑같다. 구원을 얻은 뒤에 죄를 조금 짓든 크게 짓든 간에 모두 죄인 것은 마찬가지다. 모든 사람은 죄인이라 하나님의 영광에 이르지 못한다(롬 3:23). 거대한 죄도 위험하지만 작은 죄도 문제이다. 어쩌면 더 문제일 수 있다. 작은 것이기 때문에 간과해버린다. 회심하고 다시 죄를 짓는 이유가 무엇일까? 죄의 유혹이 그렇게 크다는 것을 반증한다. 우리가 육신의 몸을 입는 동안에 죄의 문제로부터 자유롭지 못하다. 그러나 이렇게도 생각해 볼 수 있다. 우리는 가짜로 회심한 것은 아닐까?

가룟 유다는 예수님과 함께 다녔지만 예수님을 배신하고 자살했다. 그가 천국에 있을 거라고는 상상이 되지 않는다. 회심이란 것은 다시 돌아서지 않는 것이다. 가룟 유다는 예수님을 만나면서도 회심하지 않은 것이 아닐까? 데마는 처음부터 회심하지 않은 자가 아닐까? 우리가 타인의 구원에 대해 왈가왈부할 수는 없지만 고민은 해볼 수 있다. 데마는 정말로 회심했던가? 우리는 정말로 구원받은 적이 있는가? 예수님을 제대로 만나본 적이 없기에, 진심으로 회심해 본 적이 없기에, 진실로 구원받은 적이 없기에, 복음이 나를 변화시키지 않았기 때문에 나는 잠시 경건한 척, 변화된 척만 한 것은 아닐까? 그래서 세상이 더 좋고, 죄를 짓는 것에 더 익숙한 것은 아닐까?

앞 장에서 이야기했던 '잠깐의 죄'는 외부적인 적이다. 외부에서 오는 도전 때문에 우리는 넘어질 수 있다. 그런데 어떤 외부의 도전도 없는데 나의 내부가, 나의 느낌과 감정이 나를 복음의 배신자로 몰아갈 수 있다. 하나님의 사랑이 끊을 수 없다는 그 말씀으로 영원히 보장된 구원 티켓을 받은 사람처럼 나는 너무 쉽게 죄를 받아들이고, 죄와 벗하여 사는 것은 아닐까? 그래서 세상을 사랑하고 예수님을 떠나는 것은 아닐까? 처음부터 구원을 못 받은 자는 아닌가?

두 번 회개에 대하여

하나님은 이스라엘을 선택하셨다. 그리고 그들을 구원하기로 작정하셨다. 이집트의 노예인 그들을 구출해내셨다. 그러나 그것은 단지 노예에서 자유인이 된 것만은 아니었다. 이스라엘 백성들을 세상에서 구원하여 하나님의 백성으로 삼는 일이었다. 하나님은 이스라엘이 구원의 백성으로 계속 살아갈 수 있도록 애프터서비스도 해주셨다. 율법이 그것이었다. 율법을 통해 하나님의 백성으로 살도록 해주셨다. 계명과 율례를 통해 하나님은 이스라엘을 하나님의 백성으로 인정하셨다. 이스라엘 백성들은 하나님의 백성인 이상 율법을 지켜야 했다.

만약 율법을 지키지 못하면 어떻게 될까? 다행히 율법에는 율법을 지키지 못할 경우를 대비하고 있다. 회개, 기도, 제사, 죄의 형벌과 용서에 대한 규정들이 그것이다. 하나님과의 관계는 율법을 통해 정의되었다. 그런데 문제는 '율법주의'가 되면서 율법을 오용하고 악용할 때 발생한다. 율법이란 다른 말로 하면 '언약' '약속'이다. 약속이란 상호관계 속에서 유지된다. 서로 간에 지켜야 할 것들이 언약이다. 하나님은 율법을 통해 하나님과의 관계를 맺고 싶어 하신 것이지, 율법을 잘 지키느냐 마느냐를 지켜보고, 안 지키면 벌을 내리고 유기하시는 분이 아니셨다. 그런데 율법주의는 이것을 교묘하게 이용한다. 관계는 사라지고, 지키느냐 마느냐를 중요시 여긴다. 결국은 율법만 남아 율법을 지키는 것이 하나님이 되어버린다. 율법이 우상이 된다.

출애굽 백성들은 구원을 받았다. 외형적으로는 자유인이 되었고, 내용상으로는 하나님의 백성이 되었다. 그들은 오늘의 그리스도인과 똑같이 세례와 성찬의 공동체가 되었다. 바울은 고린도전서 10장 1~12절을 통해 이집트에서 탈출한 이스라엘 백성들이 오늘의 기독교인이 갖는 모든 회심의 증거들을 보여준다. 그들은 이집트를 탈출하면서 세례를 받았고 성만찬을 경험했다. 그들은 성령을 받았으며 구원을 체험했다.

> "형제들아 나는 너희가 알지 못하기를 원하지 아니하노니 우리 조상들이 다 구름 아래에 있고 바다 가운데로 지나며 모세에게 속하여 다 구름과 바다에서 세례를 받고 다 같은 신령한 음식을 먹으며 다 같은 신령한 음료를 마셨으니(성찬) 이는 그들을 따르는 신령한 반석으로부터 마셨으매 그 반석은 곧 그리스도시라"(고전 10:1-4).

이스라엘 백성들은 홍해를 지나며 바다 가운데서 세례를 받았다. 세례는 세상에 속하였던 자가 하나님에게로 돌아온 것을 의미한다. 이스라엘 백성들이 홍해 한가운데서 머리에 물을 뿌리면서 '성부, 성자, 성령의 이름으로 세례'를 받은 것은 아니지만 이집트의 노예에서 하나님 나라의 자유인으로 신분이 바뀌었다. 본질적인 면에서 세례와 동일하게 보았다. 이스라엘 백성들은 만나를 먹었고 반석에서부터 나오는 물을 마셨다. 그것은 하나님 나라의 백성이 되어 먹고 마신 것이므로 성찬과 같다고 보았다. 더욱이 모세가 지팡이로 쳤던 반석은 그리스도를 예표하기 때문에 반석에서 나온 물을 다 같이 마시면서 그리스도의 성찬에 참여했다고 보았다. 그들은 노예에서 자유인이 되었고, 하나님의 인도하심을 받았으며, 세례를 받았고, 성찬을 했다. 말하자면 이스라엘 백성들은 오늘 우리가 받은 모든 구원의 증거들을 가지고 있었다.

"그러나 그들의 다수를 하나님이 기뻐하지 아니하셨으므로 그들이 광야에서 멸망을 받았느니라. 이러한 일은 우리의 본보기가 되어 우리로 하여금 그들이 악을 즐겨한 것같이 즐겨하는 자가 되지 않게 하려 함이니 그들 가운데 어떤 사람들과 같이 너희는 우상 숭배하는 자가 되지 말라. 기록된 바 백성이 앉아서 먹고 마시며 일어나서 뛰논다 함과 같으니라. 그들 중의 어떤 사람들이 음행하다가 하루에 이만 삼천 명이 죽었나니 우리는 그들과 같이 음행하지 말자. 그들 가운데 어떤 사람들이 주를 시험하다가 뱀에게 멸망하였나니 우리는 그들과 같이 시험하지 말자. 그들 가운데 어떤 사람들이 원망하다가 멸망시키는 자에게 멸망하였나니 너희는 그들과 같이 원망하지 말라. 그들에게 일어난 이런 일은 본보기가 되고 또한 말세를 만난 우리를 깨우치기 위하여 기록되었느니라. 그런즉 선 줄로 생각하는 자는 넘어질까 조심하라"(고전 10:5-12).

사도 바울은 계속해서 말한다. 이스라엘 백성들은 대부분 광야에서 죽었다. 가나안 땅을 코앞에 두고 싯딤에서 음행을 하다가 2만 3천 명이 떼죽음을 당했다. 하나님에게 원망해서 뱀에 물려 죽은 사람도 부지기수였다. 그들은 비록 세례, 성찬, 구원, 성령 체험이 다 있었지만 구원을 완전히 이루지 못하고 죽음으로 끝이 났다고 바울은 경고한다.

우리는 어떤가? 당신은 세례를 받았는가? 받았다. 이스라엘 백성들이 이집트의 노예에서 자유인이 된 것처럼 죄의 노예에서 자유인이 되었다. 바위에서 나온 신령한 물은 이스라엘 백성의 목을 축여주었다. 우리도 예수님을 믿고 그분의 피와 살을 나누는 성찬에 참여했다. 하나님은 우리의 삶을 책임지며 하나님의 가족으로 살게 하셨다. 그러나 이스라엘 백성들은 그 모든 유익을 누리면서도 우상 숭배를 했고(7절), 간음을 저질렀으며(8절), 그리스도를 시험했고(9절), 불평을 밥 먹듯이 했다(10절). 그리고 그들은 모두 멸망당했다.

"그런즉 선 줄로 생각하는 자는 넘어질까 조심하라"(고전 10:12).

우리도 그렇다. 구원을 받았고 세례와 성찬에 참여했다. 구원의 감격을 누리고 복음으로 변화되었다. 그런데 구원을 받았다는 감정은 어느 순간 사라지기 시작했고 점점 세상에 타협하기 시작했다. 때로는 교회를 떠나기도 하고 세상 욕망을 따르는 존재가 되어가고 있다. 세례와 성찬, 성령의 체험과 구원의 감격을 가졌던 이스라엘 백성들이 죄를 저지르고, 하나님을 시험하고, 불평을 한 뒤에, 결국은 가나안 땅에 들어가지 못했던 것처럼 오늘 우리도 예수님을 떠나 우상 숭배를 하고, 음행에 쉽게 노출되고, 하나님을 끊임없이 시험하며, 모든 일에 원망하는 '가나안 교인'이 되어 약속의 땅 가나안에는 결국 들어가지 못하는 것은 아닐까?

> "또한 가지 얼마가 꺾이었는데 돌감람나무인 네가 그들 중에 접붙임이 되어 참감람나무 뿌리의 진액을 함께 받는 자가 되었은즉 그 가지들을 향하여 자랑하지 말라. 자랑할지라도 네가 뿌리를 보전하는 것이 아니요 뿌리가 너를 보전하는 것이니라. 그러면 네 말이 가지들이 꺾인 것은 나로 접붙임을 받게 하려 함이라 하리니 옳도다. 그들은 믿지 아니하므로 꺾이고 너는 믿으므로 섰느니라. 높은 마음을 품지 말고 도리어 두려워하라. 하나님이 원 가지들도 아끼지 아니하셨은즉 너도 아끼지 아니하시리라. 그러므로 하나님의 인자하심과 준엄하심을 보라. 넘어지는 자들에게는 준엄하심이 있으니 너희가 만일 하나님의 인자하심에 머물러 있으면 그 인자가 너희에게 있으리라. 그렇지 않으면 너도 찍히는 바 되리라. 그들도 믿지 아니하는 데 머무르지 아니하면 접붙임을 받으리니 이는 그들을 접붙이실 능력이 하나님께 있음이라. 네가 원 돌감람나무에서 찍힘을 받고 본성을 거슬러 좋은 감람나무에 접붙임을 받았으니 원 가지인 이 사람들이야 얼마나 더 자기 감람나무에 접붙이심을 받으랴"(롬 11:17-24).

이스라엘은 실패했다. 하나님은 이스라엘의 뿌리에서 이방 사람들을 접붙이셨다. 돌감람나무를 참감람나무 뿌리에 접붙여서 구원의 새로운 공동체로 부르셨다. 그 돌감람나무가 바로 우리다. 우리는 이스라엘이라는 뿌리에서 양분을 받았다. 우리는 우쭐대지 말고 뿌리를 존중해야 한다(18절). 교만하거나 두려워하지 말아야 한다(20절). 하나님의 인자하심에 머물러있지 않으면 우리도 잘릴 수 있으니 유의해야 한다(22절). 하나님은 인자하심과 준엄하심을 동시에 가지고 계신다. 하나님은 넘어진 자들, 하나님을 배신하고 세상을 사랑해서 떠난 자들을 준엄하게 심판하신다. 반면에 하나님의 인자하심을 의지한다면 하나님은 인자하게 대하신다(22절). 당신도 찍혀 버림받지 않으려면 하나님의 인자하심에 매달려야 한다. 언약의 관계 속에서 의무와 순종을 다해야 한다.

당신은 구원을 받았는가? 나의 의지와 노력으로 구원을 받은 것이 아니라 하나님의 선하심과 인자하심으로 구원을 받았다. 그런데 구원받은 백성이 죄를 지었다. 어떻게 된 일인가? 다시 한 번 말하지만 육체가 있는 한 우리는 죄를 지을 수밖에 없다. 구원을 받고서도 죄를 짓는다면 둘 중에 하나이다. 처음부터 구원받지 않았거나, 지금이라도 회개하거나. 구원이 절실하다면 이제는 한 가지밖에 없다. 회개하는 것.

"한 번 빛을 받고 하늘의 은사를 맛보고 성령에 참여한 바 되고 하나님의 선한 말씀과 내세의 능력을 맛보고도 타락한 자들은 다시 새롭게 하여 회개하게 할 수 없나니 이는 그들이 하나님의 아들을 다시 십자가에 못 박아 드러내 놓고 욕되게 함이라" (히 6:4-6).

성경은 분명히 경고한다. 하나님에게 은혜를 받고 구원을 받은 자가 타락할 수 있는가? 타락해서 다시 구원받을 수 있는가? 구원받을 수 없다. 예수님이 다시 십자가에 올라가서 십자가에 못 박힐 수 없는 것처럼 우리는 타락하여 다시 회개할 수 없다. 그러나 예수님은 두 번, 세 번뿐 아니라 백 번이고 천 번이고 계속 못 박히고 계신다. 예수님은 지금도 십자가로 가고 계신다. 수억 번 반복해서 십자가에 못 박히더라도 반드시 당신을 건져내고 말 것이다. 그러므로 우리도 예수님을 본받아 끝까지 참고 그 약속을 지키는 게 중요하다. 히브리서 기자는 아브라함의 예를 들어 하나님은 반드시 복주고 번성하게 하리라는 약속을 주셨고, 아브라함은 그것을 붙들고 오래 참아 드디어 약속을 받아 내고야 말았음을 보여준다(히 6:14-15).

우리도 그렇게 해야 한다. 반드시 구원하고야 마는 예수님을 거절하지 말아야 한다. 인간이 예수님을 영원히 거절하면 영원한 사망에 이른다. 사망에 이른 뒤에는 이미 늦었다. 그런데 그 시작이 딱 한 번의 배신에서부터일 수 있다. 한 번 배신하면 또 배신할 수 있고, 그것은 영원한 배신으로 이어질 수 있다. 따라서 제일 중요한 것은 지금 다시 제자리로 돌아오는 일이다. 회개하며 하나님에게로 돌아오는 것이 중요하다.

롯은 소돔과 고모라의 심판에서 살아남았다. 불과 유황이 하늘에서 떨어져 자신이 살던 집, 동네, 성읍을 완전히 삼켜버렸다. 그 엄청난 재앙에서 롯은 살아남았다. 말하자면 구원받은 것이다. 그런데 구원 이후의 삶은 어땠는가? 그는 자기가 살던 세상의 모습대로 살았다. 하나도 바뀌지 않았다. 굴에 숨고, 술에 취하고, 딸들과 관계를 맺고…. 이것은 평소 소돔과 고모라의 모습이었다. 그는 굴속에서 세상의 삶을 재현하고 있었다. 롯은 굴로 숨어 들어가 아무도 보지 않는다고 여겨 술에 취해 잠에 빠졌다. 그리고 그는 근친이라는 성적인 죄악에 빠졌다. 결국 모압과 암몬이라는 이스라엘을 내내 괴롭히던 종족의 조상이 되었다. "롯의 두 딸이 아버지로 말미암아 임신하고 큰 딸은 아들을 낳아 이름을 모압이라 하였으니 오늘날 모압의 조상이요 작은 딸도 아들을 낳아 이름을 벤암미라 하였으니 오늘날 암몬 자손의 조상이었더라"(창 19:36-38).

롯은 구원을 받은 이후에도 평소 소돔과 고모라 사람들이 하던 일을 그대로 유지했다. 소돔과 고모라는 불과 유황으로 없어졌는데, 롯은 굴에 들어가서 소돔과 고모라를 다시 만들어버렸다. 하나님은 지옥을 멸망시켰는데 롯은 지옥을 재생했다. 구원을 받은 순간보다 더 중요한 것이 있다. 그것은 구원을 받은 이후이다. 구원받고 천국에서 살 것인가? 아니면 구원받고 지옥에서 살 것인가? 구원받고 구원을 유지하며 살 것인가? 아니면 구원받고 예수님을 배신하고 세상을 사랑해서 떠날 것인가?

기드온과 다니엘 중에 누가 마무리를 잘했나?

위대한 신앙의 선배 중 마지막에 죄를 짓는 경우가 있다. 평생을 신실하게 목회를 하다가 말년에 타락하는 경우가 있다. 일생을 신실하게 하나님을 섬기다가 끝에 가서 흐트러지는 신자가 있다. 구원은 받아놓고서 죄와 벗삼아 지옥처럼 살다가는 사람이 있다. 처음에는 잘하다가 마지막에 못한 것이 아니라 처음에 잘한 것은 연극은 아닌지 의심하게 되는 사람도 있다. 연극은 끝까지 잘할 수 없다. 연극은 삶이 아니다. 그러면 어떻게 해야 할까? 끝까지 잘해야 한다. 특별히 마무리를 잘해야 한다. 마무리가 좋지 않으면 반드시 대가를 치르기 때문이다.

기드온이 전무후무한 전쟁의 공을 세우고, 이스라엘을 구원해낸 후에 이스라엘 백성들은 입을 모아 말했다. "기드온 장군이시여, 당신이 우리를 미디안이라는 엄청난 위기에서 기적적으로 구해내셨습니다. 장군이 우리를 다스리시고 장군의 아들들이 대를 이어서 우리를 다스리십시오." 기드온을 왕으로 인정한 순간이었다. 사사시대는 사사라는 리더가 나타나 이스라엘을 구원한 뒤에 다시 새로운 사사가 나타나는 특징이 있었다. 아직 왕이라는 제도는 하나님이 인정하지 않을 때였다. 그런데 시대를 앞서 이스라엘 백성들이 기드온을 왕으로 삼으려고 했다. 그러나 기드온은 거절했다.

> "기드온이 그들에게 이르되 내가 너희를 다스리지 아니하겠고 나의 아들도 너희를 다스리지 아니할 것이요 여호와께서 너희를 다스리시리라 하니라"(삿 8:23).

기드온은 하나님이 그들의 통치자임을 분명히 했다. 그는 순수한 신앙의 사람이었다. 그런데 그다음 기드온의 요구가 이상했다. 그는 이스라엘 백성들이 얻은 전리품 중에서 귀고리를 하나씩 빼달라고 했다. 미디안군으로부터 얻은 귀고리였고 모두 금으로 된 것이었다. 전쟁의 영웅인데 귀고리 하나가 아까우랴? 이스라엘 백성들은 정성을 다해 귀고리를 모았다. 무게를 재니 모두 금 1700세겔이 되었다. 1세겔은 11.4g이기 때문에 기드온이 받은 금의 무게는 19,380g, 즉 약 20kg이었다. 기드온은 그것으로 에봇을 만들었다.

에봇은 대제사장 복장의 일부로 우림과 둠밈이 부착되어 있다. 그것을 통해 하나님의 뜻을 물을 수 있었다. 당시에는 제사장도 있었고 성막도 있었다. 굳이 금으로 에봇을 만들 이유가 없었다. 그것을 성막이 아닌 기드온이 사는 성읍 오브라에 둘 이유는 더더욱 없었다. 기드온은 하나님이 왕이라고 선포했으나 실제로는 자신이 왕이 되려고 했다. 권력에 대한 숨겨진 욕망이 있었다. 그의 연극은 에봇으로 인해 탄로가 났다.

기드온에게는 아내가 많았고, 아들 또한 무려 70명이나 되었다(삿 8:30). 하나님이 통치자라면 그렇게 많은 아내와 아들들을 둘 필요가 없었다. 그는 말과는 다른 인생을 살았다. 기드온이 죽고 난 뒤에 그가 만든 금 에봇은 이스라엘의 음란한 범죄의 원흉이 되었다(삿 8:27). 기드온이 장수해서 잘 살다 죽었으나, 그가 남긴 70명의 아들들은 첩의 아들인 아비멜렉에 의해 거의 몰살당하는 끔찍한 일이 벌어졌다. 끝이 좋지 않았다.

다니엘은 소년 때에 바벨론으로 끌려갔다. 바벨론은 점령한 나라를 완전히 쓸어버리지 않고 왕족이나 귀족 중에 인재들을 뽑아서 잡아갔다. 그곳에서 바벨론식 교육을 시켰는데 다니엘과 세 명의 친구 하나냐, 미사엘, 아사랴도 거기에 해당되었다(단 1:6). 다니엘이 끌려갔을 때는 여호야김의 왕위 3년이 되는 해(BC 607년)였고(단 1:1), 그 후 바벨론이 망하고(BC 539년) 메대라는 나라의 다리오 왕 즉위 이후에도 고위직으로 일하고 있었다(단 6:1, 9:1). 따라서 당시 다니엘의 나이는 78세가 훨씬 넘는다는 계산이 나온다(BC 607년에 다니엘이 끌려갈 때를 열 살이라고 치면 68년이 지난 BC 539년에 바벨론이 망한다. 그러면 다니엘의 나이는 78세이다). 다니엘은 그때에도 하나의 흐트러짐이 없었다. 평소에 기도하던 대로 예루살렘을 향해 기도하던 일을 멈추지 않았다. 80세의 고령, 그의 말년이었다. 다니엘은 마지막까지도 열정적으로 일했고 신앙의 순수함을 지켰다. 그의 끝은 좋았다.

다니엘과 동시대를 살았던 에스겔은 예언하면서 위대한 신앙의 인물을 세 명 언급하는데, 거기에는 노아, 욥과 함께 동시대의 인물 다니엘을 거론한다(겔 14:14,20). 오래 전 전설과 같은 인물인 욥, 노아와 더불어 다니엘은 당대에 훌륭한 사람으로 평가되고 있었다. 다니엘은 살아 있는 동안에도 좋은 평가를 받았다.

다니엘의 인생은 위기의 연속이었다. 유년 시절과 젊은 시절, 노년에 이르기까지 다양한 도전과 시험이 있었다. 젊었을 때 올바른 판단으로 역경을 이겨냈고, 그것은 그의 전 인생을 관통했다. 80세의 나이에 사자 굴에 들어갔다. 그런데 하나님이 사자의 입을 봉해주셨다. 그는 노년 때까지 시험을 이겨냈다. 평생 위기가 있었으나 끝까지 잘 이겨냈다.

다니엘은 자녀가 없었다. 다니엘이 환관장의 책임 아래 있었는데, 여기에서 환관장은 히브리어로 '라브-사리스'라고 하여 환관들의 우두머리라는 뜻이다. 다니엘은 무수한 환관들 중에 하나였다. 그는 바벨론에 끌려간 뒤 후천적인 고자가 되었을 가능성이 있다. 만약 다니엘이 고자가 아니라 해도 가브리엘을 통해 받은 예언 중에 다니엘의 후손에 관한 어떠한 언급도 없는 것을 보면 다니엘이 자식이 없는 것은 분명해 보인다. 다니엘은 자식이 없었다. 다니엘의 대가 끊어져서 그를 통해 이루어진 위대한 일들이 자자손손 이어질 수는 없었다. 그러나 그는 잊힌 인물이 아니었다. 모든 세대에 귀감이 되었다. 다니엘은 평생 어떤 스캔들도 없었고, 어떤 구설수에도 들지 않았으며, 처음도 좋았고 끝도 좋았다.

그는 역사에서 사라질 때까지 모든 인내와 소망을 가지고 하나님의 주권 아래 자신의 삶을 맡겼다. 의롭고, 선하고, 정의로운 것이 반드시 승리할 것임을 믿었고, 그래서 손해 보는 것, 희생하는 것, 죽음도 감수하는 것을 인생의 결론으로 삼았다. 그렇기 때문에 그는 끝까지 하나님의 은혜를 입었고, 하나님의 승리 속에서 마지막을 끝낼 수 있었다.

70명의 아들이 있었던 기드온과 자식이 없던 다니엘, 엄청난 재산을 가지고 후대에 악영향을 미쳤던 기드온과 가진 것 없이 매일 기도하던 무일푼의 다니엘, 백성들의 열광적인 지지를 받았던 말년의 기드온과 사자 밥으로 생을 마감할 수 있는 상황에서도 감사했던 다니엘, 당신은 누구를 모범으로 삼고 싶은가?

구원을 받는 것도 중요하지만 구원받은 이후의 삶은 더더욱 중요하다. 그리고 그 중요함의 최종적인 결론은 마무리에서 결정된다. 마지막 우리 인생의 끝이 어떠해야겠는가? 기드온과 같은 대단한 업적을 이루는 것도 중요하지만 마무리가 좋아야 한다. 다니엘처럼 마지막까지 좋아야 한다. 왜냐하면 우리 인생의 끝은 끝이 아니기 때문이다. 죽음이라는 끝에서부터 영원한 생명이 시작되기 때문이다. 하나님 나라에서의 시작을 잘못된 인생의 마무리로 시작되어서는 안 되기 때문이다.

CHAPTER 8
책임전가

: 내가 아니라 저 사람이 그런 거예요!

- 두 개의 대야
- 책임은 대가를 요구한다
- 모든 그릇은 용도에 맞는 내용이 들어가기 마련이다
- 책임지지 않는 사람들
- 왕관을 쓰려는 자, 그 무게를 견뎌라

책임전가
내가 아니라 저 사람이 그런 거예요!

두 개의 대야

여기 대야가 하나 있다. 놋쇠로 만들어진, 폭이 두 뼘 조금 넘는 작은 대야이다. 제법 무게가 나가지만 그 무게감 때문에 안정되어 보인다. 여염집에서 볼 수 있는 흔한 대야이다. 파란 녹이 잘 끼는 탓에 매일 닦아줘야 하는데, 대야의 주인이 모래와 짚으로 얼마나 열심히 닦았던지 얼굴이 비춰 보일 정도로 반질거렸다.

유월절이 다가오고 있었다. 이스라엘 백성들이 바벨론 포로로 끌려간 이후 페르시아 시대, 알렉산더 시대, 로마 시대로 격변의 역사가 흘러갔다. 그동안에 이스라엘 백성들은 포로가 된 나라에서 터를 잡고 살았다. 그곳에서도 유대인이라는 정체성을 유지했고 자녀들을 유대인식으로 교육했다. 유대 교육 중에 가장 중요한 것은 절기를 지키는 일이었다. 유월절은 가장 크고 중요한 절기였고, 유월절 몇 개월 전부터 멀리 외국에 사는 유대인들은 예루살렘을 향한 여행을 시작했다. 본토에 사는 유대인들도 절기를 지키기 위해 예루살렘으로 향했다. 유월절이 가까워오자 많은 유대인들이 예루살렘에 모여 혼잡하고 떠들썩했다.

예수님과 제자들도 유월절을 지키기 위해 예루살렘에 들어와 있었다. 집을 마련해서 그곳에 머물 계획이었다. 예수님은 저녁식사를 준비하셨다. 빵을 떼어 축복하고 포도주를 부어 마셨다. 평범한 식사처럼 보였지만 이것은 예수님의 십자가 보혈과 희생을 상징했다. 성만찬이었다. 식사를 거의 다 마쳤을 때 예수님은 자리에서 일어나셨다.

그리고 주인에게 부탁해서 식탁 한가운데 대야 하나를 두었다. 대야에 맑은 물이 가득이었다. 예수님은 겉옷을 벗어 잘 개어 놓고 수건을 허리에 두르셨다. 영락없는 노예의 모습이었다. 예수님은 제자들을 한 명씩 부르셨다. 그리고 그들의 발을 씻어주었다. 처음에는 머뭇거리던 제자들도 예수님의 진지한 모습에 선선히 발을 내밀었다. 냄새가 나고 더러운 발이었다. 그들 대부분은 신발을 신지 않았다. 거리는 먼지와 오물로 가득했기에 발에서는 악취가 났다. 그런데 예수님이 그 발을 씻으셨다. 맑았던 물이 더러운 때로 가득해졌다. 시몬 베드로의 차례가 되었다.

베드로는 예수님에게 말했다.

"정말로 제 발을 씻기실 생각이세요?"

예수님은 베드로를 올려다보았다. 예수님의 눈은 대야의 물처럼 맑았다.

"이것이 어떤 의미인지 지금은 잘 모를 거다. 그러나 나중에는 알게 될 거야."

알 듯 말 듯 한 말씀이셨다. 베드로는 고개를 저었다.

"아닙니다. 제 발을 절대로 씻기지 못하십니다."

그러나 예수님의 눈빛은 흐트러짐이 없었다.

"내가 너를 씻기지 않으면 너와 나는 아무 상관이 없는 사람이란다."

베드로는 주저했지만 다른 제자들처럼 발을 내밀 수밖에 없었다. 베드로는 몸을 주님 앞으로 구부리면서 말했다.

"주님, 제 발뿐만 아니라 손과 머리까지도 씻겨주십시오."

"이미 목욕한 사람은 온 몸이 깨끗하니 발밖에는 더 씻을 필요가 없단다. 너희는 깨끗하다. 그러나 다 그런 것은 아니란다."

예수님은 베드로의 발을 씻겨주셨다. 차가운 물의 감촉이 베드로의 발을 감쌌다. 더러웠던 베드로의 발이 점점 깨끗해졌다. 베드로가 원한대로 손과 머리는 씻겨지지 않았다. 예수님은 베드로를 마지막으로 모든 제자의 발을 다 씻겨주신 후에 다시 옷을 입으셨다. 기름과 땀, 오물과 먼지로 뒤덮여 있던 제자들의 발은 번들거렸다. 그 사이에 예수님은 몇 번이고 대야를 가져다가 더러운 물을 버리고 깨끗한 물로 갈았다. 제자들이 도우려고 했으나 예수님이 말렸다. 모든 수고를 혼자서 다 하셨다.

자리에 앉은 예수님은 제자들을 둘러보며 말씀하셨다. 예수님의 눈에 말끔한 발들이 가지런해 보였다. 예수님의 옷은 땀에 젖어 있었으나 한 치의 흐트러짐도 없었다. 한쪽 구석에 세워진 대야는 제 일을 다 했다는 듯 물기를 뚝뚝 떨어뜨리고 있었다.

"너희가 나를 선생님 또는 주님이라고 부르는데, 그것은 옳은 말이다. 내가 사실로 그러하다. 주이며 선생인 내가 너희의 발을 씻겨주었으니, 너희도 서로 남의 발을 씻겨주어야 한다. 내가 너희에게 한 것과 같이, 너희도 이렇게 하라고, 내가 본을 보여준 것이다"(요 13:13-15, 새번역).

여기 또 하나의 대야가 있다. 은으로 만들어진 이 대야는 폭이 한 뼘 반 정도 되는 작은 대야이다. 종들이 관리하기 때문에 언제나 번들거리는 이 대야는 오직 한 사람만을 위한 전용 대야였다. 당시 유대 땅을 다스리는 총독만 사용할 수 있었다. 세수를 하거나 손을 닦기 위해서 사용되었고, 대야에 물을 부을 때는 반드시 금으로 된 항아리를 사용했다. 이 대야의 주인은 로마에서 파견된 총독 빌라도였다.

라틴어로 폰티우스 필라투스(Pontius Pilatus)라고 불리는 그는 로마제국의 군인으로 AD 26년부터 10년 동안 유대의 행정장군으로 근무했다. 로마제국의 변방에 위치한 예루살렘은 로마의 통치영역에 속해 있었으나 총독의 자율권이 보장된 곳이었다. 빌라도는 자신의 역량을 얼마든지 발휘할 수 있었다. 더욱이 그는 예루살렘 공의회, 대제사장들, 바리새파 사람들, 사두개파 사람들은 물론이고, 분봉왕인 헤롯의 지지까지도 받고 있었다. 그들은 모두 빌라도의 눈치를 보고 있었다. 겉으로는 원수처럼 보이는 헤롯도 빌라도의 행동을 늘 살피며 심기를 거스르지 않기 위해 애썼다.

로마에 저항하는 세력은 없었고 겉으로 보기에는 평화로웠다. 가끔 젤롯당(Zealot黨)이라고 불리는 열심당원들이 로마제국을 상대로 무력투쟁을 벌이기도 했고, 간혹 로마에 반역하는 일당들도 있었지만 그들은 한줌에 지나지 않았다. 빌라도의 입장에서는 잘만 이용하면 예루살렘을 원하는 대로 이끌어갈 좋은 방법이 되기도 했다. 열심당원은 단검을 들고 다니기 때문에 단검 하나만 활용하면 누구라도 열심당이라는 누명을 씌울 수 있었고, 제거하고 싶은 정적이 있으면 단검을 이용해서 얼마든지 암살할 수 있었다. 열심당원이 저지른 짓이라는 소문만 내면 되기에.

식민지의 총독인 빌라도는 무한한 권리와 단순한 책임만 있었다. 그 책임에는 사법적인 결정도 있었다. 유대인은 유대교로 똘똘 뭉쳐 있었기 때문에 자율적인 종교재판을 벌이면서도 곤란할 때만 꼭 빌라도에게 문제를 가져왔다. 빌라도는 권리를 마음껏 누리고 책임은 최소한도만 지키고 싶었다. 유대교의 이단 예수를 로마식 법정에 세운 것은 빌라도에게는 귀찮은 일이었다. 그가 보기에 종교적으로 처리해도 그만이었다. 그런데 대제사장과 그 일파가 예수님을 자신에게로 데리고 왔다. 처음에 빌라도는 예수님을 헤롯에게 보내서 처리하도록 했으나 헤롯 역시 결정을 내리지 못했다. 헤롯은 다시 예수님을 빌라도에게 보냈고 전권을 주었다.

예수님이 총독 앞에 세워졌다. 빌라도는 물었다.

"당신이 유대인의 왕이오?"

예수님이 대답했다.

"당신이 지금 그렇게 말하고 있소."

지켜보고 있던 대제사장과 장로들이 동요했다. 어떤 사람은 머리를 붙잡았고, 어떤 사람은 한숨을 내쉬었다. 참담하다는 제스처였다. 그러나 총독으로서는 별 문제가 없는 대답이었다. 헤롯도 유대인의 왕이 아닌가? 왕으로 자처하는 사람이야 얼마든지 있었다. 로마의 황제라고 하지 않는 이상 해로운 일이 아니었다. 대제사장들은 반발했다. 날카로운 논박이 난무했다. 예수가 성전을 더럽혔으며, 자신이 하나님의 아들이라 했고, 안식일을 지키지 않는다고도 했다. 그것 역시 빌라도가 보기에 대수롭지 않은 일이었다. 자신과 무슨 상관이란 말인가! 소란스러운 가운데서도 침묵을 지키는 사람은 빌라도만이 아니었다. 예수님은 그 상황에서도 평정심을 유지하고 있었다. 빌라도는 예수님의 변명을 듣고 싶었다.

"저렇게 불리한 증언들을 하는데, 당신은 할 말이 없소?"

예수님은 단 한마디의 변론도 하지 않으셨다. 이렇게 어수선한 재판정도 처음이었고, 자기에게 불리한데도 전혀 반론을 펼치지 않는 사람도 처음이었다. 빌라도가 보기에 예수님은 아무 잘못이 없었다. 교활한 대제사장 그룹과 공의회가 자신을 공격할 빌미로 삼는 것은 아닌가 하는 의심이 생겼다. 그래도 빌라도는 성실하게 재판을 하는 것처럼 보여야 했다. 로마의 권위를 세울 수 있는 기회였다. 유월절에 한 명의 죄수를 특사로 풀어주는 관례가 있었다. 빌라도는 바라바라는 죄수를 끌어오게 했다. 바라바는 예수님 옆에 세워졌다.

"그들이 모였을 때에 빌라도가 물어 이르되 너희는 내가 누구를 너희에게 놓아주기를 원하느냐. 바라바냐. 그리스도라 하는 예수냐 하니"(마 27:17).

바라바의 이름은 정확하게 '예수 바라바'였다. 요세푸스에 의하면 당시 유대인들 중에는 '예수'라는 이름이 많았다. 감옥에 있는 죄수들 중에 바라바를 데리고 온 것은 의도가 있었다. 바라바 예수와 그리스도 예수, 두 명의 예수가 재판정 앞에 섰다. 바라바는 당대의 아주 유명한 죄인이었다. 연쇄살인범이었고 시국사범이었다. 언제든 사형을 내려도 이상하지 않은 흉악범이었다. 바라바에 대해서라면 사람들은 이를 갈았고 죽여야 마땅하다고 생각했다. 두 명의 예수는 악마와 천사, 어둠과 빛처럼 뚜렷한 대비로 서 있었다. 둘 중에 처형당해야 할 사람은 분명했다. 언제든 정치적으로 이용 가능한 죄수들 중 바라바는 가장 좋은 카드였다. 빌라도는 자신 있게 물었다.

"둘 중에 누구를 풀어줄까?"

군중들의 대답은 빌라도의 예상과 정확히 반대였다. 무리는 한 목소리처럼 외쳤다.

"바라바를 풀어주시오!"

그 어떤 재판에서도 100%는 없었다. 대등하게 양립하거나 적어도 소수의 반대하는 사람은 있기 마련이었다. 그런데 마치 연극처럼 전원이 바라바를 풀어주라고 외치고 있었다. 빌라도는 알았다. '유대인의 지도자들이 예수를 시기하고 있구나.' 예수는 죄인이 아니라 대제사장과 장로들의 적이었던 것이다. 빌라도는 재판석에 앉았다. 결정을 내려야 했다. 그때 누군가 빌라도에게 다가왔다. 자신의 아내가 보낸 심부름꾼이었다. 아내는 빌라도가 공식적인 자리에 있을 때 누군가를 보낸 적이 없었다. 예외적인 일이었다.

"본디오 빌라도 각하, 내군(內君)께서 급히 이 말을 전하라고 했습니다. 저 사람은 옳은 사람이니 아무런 관여도 하지 말라고, 지난 밤

꿈에 저 사람으로 인해서 몹시 괴로워했다고 합니다."

빌라도처럼 높은 직위에 있으면서 권위와 힘을 중요시 여기는 사람은 다른 사람들의 말을 잘 듣지 않는다. 아무리 아내여도 부속품이나 장식품에 불과하지, 이래라저래라 하는 것을 용납하지 않았다. 그 사실을 잘 아는 빌라도의 아내가 비난을 무릅쓰고 심부름꾼을 보냈다는 것은 그만큼 급박하다는 의미였다. 얼마나 꿈이 무서웠던지 밤새 땀을 뻘뻘 흘렸고, 마치 지옥에라도 다녀온 것 같았다는 사실도 덧붙였다. 아내의 말을 들을 것인가, 아니면 무시할 것인가? 이것은 빌라도에게 주어진 마지막 기회였다.

심부름꾼이 아내의 말을 전달할 때 공의회 의원들도, 대제사장들도 다 듣고 있었다. 급박한 전달이라 모든 대화가 공개되었다. 대제사장들도 자기들 심부름꾼을 군중들에게 보내는 눈치였다. 결정을 망설이고 있을 때 군중들의 소리가 아까보다 더 커졌다.

"바라바를 놓아주시오!!"

거대한 해일이 다가오는 것 같았다. 아내의 말이 신경 쓰였고, 바라바라는 희대의 살인마를 풀어주는 게 부담스러웠다. 그러나 군중들의 목소리는 그것을 압도했다. 군중들은 빌라도의 마음을 아는지 모르는지 더욱 크게 외쳤다.

"바라바를 놓아주시오!!!"

빌라도는 자리에서 일어섰다. 그러자 군중이 조용해졌다. 바라바보다 더 악한 자는 세상에 없었다. 바라바는 희생양으로서도 예수를 살릴 수 없다면 어떻게 해야 할지 알 수가 없었다. 빌라도는 예수를 죽이기 위해 광기에 가까운 집착을 보이는 군중들이 이해가 가지 않았다. 무슨 큰일이라도 날 것 같았다. 이때 빌라도는 자신의 힘을 사용할 수 있었다. 예수를 유배 보내거나 감옥에 넣고 시간을 벌 수 있었다. 자신이 없으면 다음에 오는 총독에게 넘겨도 될 일이었다. 그런데 빌라도는 군중들을 향해 마지막으로 물었다.

"바라바를 풀어준다 치고, 그렇다면 예수를 어떻게 하면 좋을까?"

군중들은 "예수를 십자가에 못 박으라"고 소리쳤다.

'십자가'는 로마의 사형기구 중에서 가장 잔인한 형벌이었다. 고대 페니키아와 페르시아에서 사용하던 방법이었으나 로마 시대에 와서는 보다 정교해지고 잔혹해졌다. 처음에는 노예들을 묶어놓고 때리는 데 사용되다가 나중에는 반역자를 처형하면서 본격적인 사형틀로 자리 잡았다. 본보기를 보이기 위해 십자가는 점점 높아졌다. 수위가 잔인했기 때문에 십자가 처형을 한 번만 보더라도 다시는 저항할 생각을 못할 정도였다.

빌라도는 전율했다. 자신의 입으로는 십자가의 '십' 자도 꺼내지 않았다. 그런데 지금 군중들은 지도 없는 예수를 십자가에 못 박으라며 소리치고 있었다. 십자가형을 몇 번 내렸던 빌라도는 그것이 얼마나 끔찍한지 잘 알고 있었다. 십자가라는 소리가 합창처럼 커질 때 빌라도는 움츠러졌다. 군중들의 분위기가 이상했다. 빌라도는 소신껏 재판을 하면 되었다. 그러나 결과에 대한 책임을 지기는 싫었다. 소요가 일어나는 것에 대해서 뒷감당할 자신이 없었다. 아내의 말은 어느새 마음에서 사라졌다. 예수를 십자가에 내주어야 했다. 결정을 내리더라도 그것이 자신의 탓이 아님을 공표할 필요가 있었다.

그는 종을 불러서 대야를 가져오게 했다. 총독 전용의 은색 대야였다. 대야가 햇빛에 번쩍였다. 하인이 옆에서 금으로 된 항아리에 물을 따랐다. 맑은 물이 흘러내릴 때 빌라도는 소매를 걷어 손을 씻었다. 그는 손을 씻을 필요가 없었다. 평소에 더러운 것을 묻히는 손이 아니었기 때문이다. 그러나 그것은 유대인들에게 보여주기 위한 행동이었다. 자신이 지금 집행하는 판결에 대한 책임을 남에게 전가할 필요가 있었다.

> "빌라도는, 자기로서는 어찌할 도리가 없다는 것과 또 민란이 일어나려는 것을 보고, 물을 가져다가 무리 앞에서 손을 씻고 말하였다. '나는 이 사람의 피에 대하여 책임이 없으니, 여러분이 알아서 하시오'"(마 27:24, 새번역).

그렇게 예수님은 형장으로 끌려갔다. 십자가형이라는 선고가 내려졌기 때문에 곧바로 사형을 당하지는 않았다. 풀려난 바라바를 대신해서 매질과 채찍질이 예수님을 기다리고 있었다. 총독의 승인이 떨어진 이상 로마 군인들은 예수를 짐승처럼 다루었다. 폭력과 조롱과 멸시가 이어졌다. '유대인의 왕'이란 죄목이었다. 그들은 예수님을 우스꽝스러운 왕으로 만들었다. 금 면류관을 대신해서 가시 면류관이 씌워졌고, 금패를 대신해서 썩은 갈대가 손에 쥐어졌다. 병사들은 예수님의 옷을 벗겼다. 온갖 모멸과 천대가 난무했다. 그 모든 책임은 빌라도에게 있었다. 총독의 승인이 없으면 불가능한 일이었다. 그는 자신의 입으로 예수님이 무죄라고 말했다(눅 23:14-16). 성난 군중들을 달래려고 예수님을 때려서 풀어주겠다고도 했다(눅 23:22). 그러나 그는 끝까지 자신의 책임을 다하지 않았다. 무죄한 자를 먹잇감을 기다리는 야수들에게 던져주었다. 모든 책임은 빌라도의 몫이었으나 책임지려고 하지 않았다. 손을 씻을 뿐이었다. 예수를 죽음에 내주고 그는 공관으로 들어갔다. 물이 비워진 대야는 텅 빈 채로 구석에 세워졌다.

손을 씻는 행위를 상연해놓은 빌라도는 책임으로부터 자유를 얻었을까? 그렇지 못했다. 빌라도는 잔인함으로 점철된 사람이었다. 사마리아에 사는 거짓 선지자가 사람들을 선동해서 그리심산에 모이게 했을 때 빌라도는 즉각적으로 로마 군인들을 파견하여 그들을 해산시켰다. 그 과정에서 많은 사람들이 죽었다. 소위 사마리아 대학살 사건이었다. 사마리아의 지도자들은 그 책임을 물어 빌라도를 시리아의 총독 비텔리우스에게 고발했고, 비텔리우스는 빌라도를 로마로 소환시켰으며, 마침 빌라도의 후원자였던 황제 디베료(Tiberius)가 죽었고, 후임인 가이우스 황제는 빌라도를 파면했다. 그리고 마룰루스가 유대 지역의 6대 총독으로 파견되었다. 전승에 의하면 자리를 잃은 빌라도는 칼리쿨라(Caligula) 황제로부터 사형집행 통보를 받은 후 불명예에 견디지 못하고 자살함으로써 비참한 최후를 맞이했다고 한다.

그의 오명은 그것으로 끝이 아니었다. 세계의 모든 그리스도인은 매 주일 예배시간에 사도신경을 통해 그의 책임을 암송한다. "이는 성령으로 잉태해서 동정녀 마리아에게 나시고 <u>본디오 빌라도에게 고난을 받으사</u> 십자가에 못 박혀 죽으시고." 책임을 다하지 않은 빌라도, 그의 무책임함은 수많은 그리스도인들을 통해 과거에도, 현재에도, 그리고 주님이 오실 그날까지도 기억되어 고발될 것이다.

책임은 대가를 요구한다

　　　　　책임을 가진 사람은 대가를 치러야 한다. 대가가 싫어 책임을 외면하거나 전가하는 경우 자유롭게 살 것 같으나 그렇게 되지 못한다. 자신에게 주어진 책임은 도망갈수록 더 쫓아오는 경향이 있다. 사람들은 책임을 지기 싫어 그것을 하나님에게로 넘기거나 아니면 사탄의 탓으로 여길 때가 잦다. 과연 그렇게 되면 자유로워질 수 있을까?

　다윗이 골리앗을 쓰러뜨린 뒤 승전한 이스라엘 군인들이 예루살렘으로 돌아올 때였다. 백성들은 군인들을 기쁘게 맞아주었다. 화동들은 꽃가루를 뿌렸고, 악사들은 신나는 곡을 연주했으며, 무희들은 춤을 추었고, 찬양대는 힘차게 노래를 불렀다. 백성들의 환호에 군인들이 영광스럽게 입성했으나 오직 한 사람의 심기만 불편했다. 그는 사울이었다. 사울의 마음은 혼란스러웠다. 환희에 차 부르는 여인들의 노래가 그의 귀를 자극했기 때문이다.

"여인들이 뛰놀며 노래하여 이르되 사울이 죽인 자는 천천이요 다윗은 만만이로다 한지라"(삼상 18:7).

　사울이 왕이 되었을 때 이스라엘에 위기가 닥쳐왔다. 소를 몰던 사울은 의분으로 끓어올라 소의 각을 떠서 이스라엘 전역에 돌렸다. 바로 반응이 왔다. 이스라엘과 유다를 합쳐서 33만 명의 군인들이 모여들었다. 사울은 군인을 셋으로 나눠 긴급 공격을 감행했고 적을 완전히 섬멸했다(삼상 11장).

승리의 짜릿함을 잘 알고 있는 사울은 블레셋을 얼마나 무찌르고 싶었는지 모른다. 블레셋의 전설적인 장수 골리앗이 이스라엘을 자극해왔을 때 사울이 그를 상대했거나 적어도 장자 요나단이 골리앗과 겨루어야 했다. 그런데 베들레헴의 양치기 출신 소년이 물맷돌 하나로 골리앗을 이기다니! 골리앗이 쓰러지고 여세를 몰아 군인들이 블레셋을 괴멸할 때만 해도 가장 기뻤던 것은 사울이었다. 얼마만의 승리였던가! 사울은 자신의 일처럼 기쁘게 여겼다. 적의 위협은 사라지고 재정비를 위해 예루살렘 성전으로 들어갈 때 뜻밖의 환영 인파를 맞이했다. 그러나 백성들이 환영한 것은 자신이 아니었다. 군인들도 아니었다. 오직 다윗, 다윗, 다윗이었다.

사울은 여전히 왕이었다. 아무리 다윗의 인기가 하늘을 찔러도 이스라엘의 초대 왕이자 현직 왕은 사울이었다. 다윗은 어린아이에 불과했고 갈 길은 멀었다. 사울은 '애송이가 인기를 좀 누리는구나'라고 생각하면서 여유를 가지면 될 일이었다. 여인들의 노래야 유행가에 불과했고, 몇 개월만 지나도 스타들은 계절처럼 사라지기 마련이었다. 관심은 바람과 같고 명성은 헛될 뿐이었다. 그러나 사울은 여인들의 노래를 곱씹었다. "사울이 죽인 자는 천천이요 다윗은 만만이로다." 생각할수록 화가 치밀어 올랐다. 화가 나는 자신을 보자 더 화가 났다.

사울은 마음의 여유가 없었다. 다윗을 볼수록 심기가 불편했다. 다윗의 하는 모든 행동이 거슬렸다. 불쾌하고 화가 난 사울은 공공연히 말했다. 다윗에게 수만 명을 돌리고 나에게는 수천 명을 돌리다니!

이제 다윗이 이스라엘 나라도 다 차지하겠군! 그때부터 다윗은 사울의 요주의 인물이 되었다. 다윗이 하는 모든 일에 시기가 생겼고, 의심이 들기 시작했다. 그렇게 사울의 마음속에 다윗에 대한 미움이 자라던 어느 날이었다.

> "그 이튿날 하나님께서 부리시는 <u>악령이 사울에게 힘 있게 내리매</u> 그가 집 안에서 정신없이 떠들어대므로 다윗이 평일과 같이 손으로 수금을 타는데 그때에 사울의 손에 창이 있는지라. 그가 스스로 이르기를 내가 다윗을 벽에 박으리라 하고 사울이 그 창을 던졌으나 다윗이 그의 앞에서 두 번 피하였더라"(삼상 18:10-11).

마음에 시기와 질투가 있는 것과 그것을 파괴적인 행동으로 보이는 것은 다른 일이다. 사람에게는 시기심이 자랄 수 있다. 그렇지만 시기심이 외부로 폭발하도록 만드는 것은 전적으로 자신의 책임이다. 안타깝게도 시기와 질투는 공격적인 행동으로 발전하는 경향이 있다. 사울은 시기심으로 가득 찬 인물이 되었다. 그의 옆에는 시퍼런 창이 있었다. 그는 창을 던졌고, 다윗은 재빨리 피했다. 다윗은 도망을 갔고, 요나단과 다른 사람들이 사울의 마음을 돌리도록 애를 썼으나, 결국 사울과 다윗이 다시 만났을 때는 한 사람이 죽은 다음이었다.

사울이 다윗에게 창을 던지기 전에 성경은 이렇게 말씀한다. "하나님께서 부리시는 악령이 사울에게 힘 있게 내리매." 악령이 사울에게 내려왔다는 사실이 우리의 시선을 끈다. '사울은 아무런 잘못이 없는데 악령이 그를 번뇌하게 해서 창을 집어 든 것은 아닐까?' 하는 의심이 든다. 사울은 그럴 마음이 없었는데 악령이 사울을 격동하게 한 것은 아니었을까? 사울의 폭주는 악령의 책임은 아닐까?

　예수님이 제자들의 발을 씻기실 때 베드로는 발뿐만 아니라 손과 머리까지도 씻겨달라고 요청했다. 그때 예수님은 이미 목욕한 사람은 온 몸이 다 깨끗하므로 발밖에는 씻을 필요가 없다고 하셨다. 그러면서 예수님은 "다 깨끗한 것은 아니다"라고 덧붙이셨다. 의도가 있는 말씀이셨다. 모두가 깨끗하지 않다면 누군가는 더럽다는 말이지 않은가? 발을 씻기고 교훈의 말씀을 하신 말미에 예수님은 그들 중 하나가 자신을 팔 것이라고 말씀하셨다. 베드로는 궁금했다. 예수님의 품에 기대어 누운 요한에게 고갯짓을 했다. 누가 배신자인지 물어보라는 몸짓이었다. 요한이 물었다. "예수님, 우리 중에 누가 예수님을 판다는 말씀입니까?" 예수님은 떡 한 조각을 적셔서 주는 자가 바로 그 사람이라고 하셨다. 예수님은 떡을 하나 들어 식초에 적셨다. 제자들은 그 떡 조각이 누구에게 갈 것인지 궁금했다. 예수님의 손이 움직였다. 스물 네 개의 눈동자가 떡이 가는 길을 좇고 있었.

　떡 조각은 가롯 유다 앞에서 멈췄다. 제자들은 안도하면서도 믿을 수 없는 눈치였다. 가롯 유다와 배신은 어울리지 않는 조합이었다. 실수가 많은 베드로라거나 의심이 일상인 도마라든가 세리 출신의 마태라면 이해할만 했다. 그러나 가롯 유다는 아니었다. 그는 성실했고, 없는 살림에도 돈을 잘 관리했다. 다른 제자들을 위해 늘 희생했고, 굳은 일을 도맡아 하는 사람이었다. 떡 조각을 받은 가롯 유다의 눈빛이 흔들렸다. 예수님은 말씀하셨다.

"조각을 받은 후 곧 사탄이 그 속에 들어간지라. 이에 예수께서 유다에게 이르시되 네가 하는 일을 속히 하라 하시니"(요 13:27).

"네가 하는 일을 속히 하라." 제자들은 예수님이 가룟 유다에게 필요한 물건을 사라고 부탁하는 줄로 알았다. 유월절에는 시장이 붐비기도 했고 명절 기간에 사야할 물건도 많았다. 가룟 유다라면 제자들이 필요로 하는 물건을 잘 기억해두었다가 구해올 터였다. 아니면 가난한 사람들을 위해 무엇인가를 사다주라는 의미로도 들렸다. 가룟 유다는 예수님을 배신할 만한 위인이 아니었다. 그에게는 어떤 전조도 없었다. 제자들은 모두 유다를 믿었다. 그러나 유다는 떡을 받자 곧바로 밖으로 나갔다.

"유다가 그 조각을 받고 곧 나가니 밤이러라"(요 13:30).

우리는 가룟 유다가 배신하는 장면에서 의아한 생각을 갖게 된다. 예수님이 떡 조각을 주었을 때 사탄이 그 속에 들어갔다. 가룟 유다는 아무 잘못이 없는데 사탄이 그에게 들어가 배신하게 한 것은 아닐까? 예수님은 모두가 주목하는 자리에서 가룟 유다에게 떡을 주어야 했을까? 그래서 사탄이 가룟 유다에게 들어간 것 아닌가? 예수님을 판 뒤에 후회하며 은 30을 도로 대제사장에게 돌려준 그가 아니던가? 제자들의 신뢰를 받는 그라면 배신 같은 것은 할 만한 위인이 못되지 않았을까? 유다의 배신은 유다의 탓이 아니라 사탄에게 책임이 있는 것은 아닐까?

모든 그릇은 용도에 맞는
내용이 들어가기 마련이다

사울에게 악령이 내렸다. 그래서 사울은 창을 들어 다윗에게 던졌다. 가룟 유다의 마음에 사탄이 들어갔다. 그래서 유다는 예수님을 팔아 넘겼다. 그렇게 따지면 사울이나 가룟 유다는 모두 무죄이다. 책임은 모두 악령과 사탄에게 있다. 우리는 사울이나 가룟 유다의 책임이 아니라 모든 것을 마귀의 탓으로 돌릴 수 있다. 그러나 그렇지 않다. 왜 하필 악령이 사울에게 내려갔을까? 왜 하필 사탄이 가룟 유다에게 들어갔을까? 질투를 느끼자면 차기 왕을 두고 경쟁할 요나단에게도 악령이 들어가야 했다. 시험에 빠지자면 베드로나 안드레나 다른 제자들도 얼마든지 있었다. 그런데 다른 사람이 아닌 사울이었고, 가룟 유다였다. 왜 그랬을까?

부엌에는 다양한 그릇들이 있다. 머그컵도 있고, 넓은 접시도 있다. 국그릇도 있고, 밥그릇도 있다 모든 그릇은 이름과 모양에 따라 용도와 쓰임새가 다 다르다. 머그컵에다가 밥을 넣어서 먹는 사람은 없다. 물을 마시는 텀블러에다가 라면을 담아 먹지는 않는다. 어쩔 수 없는 비상 상황이라면 모르지만 모든 컵과 그릇에는 기능에 맞는 내용이 담겨지기 마련이다. 커피 잔에는 커피가 들어가고 밥그릇에는 밥이 넣어진다.

사람의 마음도 마찬가지다. 마음이 일종의 그릇이라면 그 그릇에는 용도와 쓰임새에 따라 들어가는 것이 다르다. 사울의 마음에 악령이 임한 이유가 무엇일까? 사울이 후배들을 아끼고, 자신의 위치에 자긍심을 가지며, 질투와 시기심이 일더라도 금방 털어버리는 사람이었다면 그의 마음에 악령이 감히 틈을 탈 수 있었을까? 가롯 유다의 마음에 사탄이 들어간 이유는 무엇일까? 가롯 유다가 거룩하고 성실하고 사랑의 마음으로 가득 찼다면 그의 마음에 사탄이 비집고 들어갈 수나 있었을까? 악한 마귀는 자기에게 맞는 그릇으로 들어가기 마련이다. 사울의 마음이 악령이 들어와도 될 정도로 더럽고 지저분했기 때문에 악령은 그 틈을 비집고 들어갔다. 가롯 유다의 마음에 부정직과 불순함이 있었기 때문에 그 그릇에 사탄이 들어갔다. 모든 책임은 사울과 가롯 유다, 그들 자신이 져야 했다.

책임지지 않는 사람들

소돔과 고모라의 극악한 주민들이 롯의 집에 쳐들어왔다. 방금 온 손님들을 내놓으라고 윽박질렀다. 위기를 느낀 롯은 손님을 보호하기 위해 나섰다. 롯은 두 딸을 내주려고 했다. 딸들을 마음대로 하되 손님들은 건들지 말라고 했다. 소돔과 고모라가 심판을 당한 뒤 살아남은 딸들은 아버지에게 술을 먹이고 몹쓸 짓을 벌였다. 딸들은 왜 아버지를 능욕했을까? 롯이 손님을 보호하려는 의도는 가상했다. 그러나 책임을 다하려면 딸들이 아니라 자신이 소돔과 고모라의 한복판에 들어갔어야 했다. 나를 마음대로 하되 손님과 우리 식구는 건들지 말라고 외쳐야했다. 롯은 딸들 뒤로 숨었다. 소돔과 고모라에서 살아남은 딸들이 아버지에게 했던 태도는 아버지의 무책임성을 고발하고 있었다(창 19장).

　이집트의 총리 요셉은 형들을 시험했다. 막내 베냐민을 보내라! 소식을 들은 아버지 야곱은 주저했다. 그때 장남 르우벤이 나섰다. 베냐민을 데려오지 못하면 자신의 두 아들을 죽여도 좋다고 했다. 가족들이 모두 굶어죽느냐, 막내 베냐민을 희생하느냐의 기로에 있던 상황이었다. 아버지의 결단을 끌어낼 르우벤은 아들들에게 책임을 넘겼다. 야곱의 입장에서 베냐민의 신상에 문제가 생기면 손자 두 명을 죽여야 한다는 소리였다. 르우벤은 자신이 희생해서 온 가족을 살리겠다는 각오가 있어야 했다. 그러나 그는 비겁하게 자기 아들들 뒤로 숨었다. 무책임한 르우벤은 이스라엘의 장자 자격이 없었다(창 42장).

　예루살렘에서 여리고로 가던 사람이 강도를 만나 크게 다쳤다. 초주검으로 쓰러진 그 길을 제사장이 지나갔다. 제사장은 하나님에게 제사를 지내는 사람이다. 하나님과 사람 사이의 중보 역할을 하며 거룩한 백성의 대표로 본이 되어야 했다. 기절한 사람을 치료하고 하나님 앞에 세워주어야 했다. 그러나 그는 서둘러 도망갔을 뿐이었다. 이윽고 레위인이 그 길을 지나갔다. 레위인은 제사와 관련된 일을 했다. 원래 성막의 기구를 운반했으나 성전이 건축된 후에는 찬양과 연주를 올리고 백성들에게 율법을 가르쳤다. 말씀의 기본은 하나님 사랑과 이웃 사랑이다. 레위인은 사랑의 책임을 외면했다. 그 역시 도망칠 뿐이었다. 제사장과 레위인이란 것은 이름이 아니라 직책과 신분을 말한다. 거기에는 책임이 동반된다. 그러나 그들은 책임으로부터 도망쳤다. 그래서 선한 사마리아인처럼 '선한'이라는 수식어를 얻지 못한 사람들이 되었다(눅 10장).

천사가 한밤중에 베드로를 깨웠다. 명절이 지나면 베드로는 감옥에서 나와 공개 처형될 운명이었다. 바로 그 밤에 천사는 베드로를 이끌고 밖으로 나갔다. 쇠사슬은 벗겨졌고 쇠문은 저절로 열렸다. 베드로가 요한의 어머니 마리아의 집에 도착했을 때 교인들은 기도하고 있었다. 무사하다는 것을 알린 뒤에 그는 안전한 곳으로 피신했다. 아침이 밝자 감옥에는 소동이 벌어졌다. 안에서 두 명, 밖에서 두 명이 베드로를 지키고 있었다. 네 명씩 네 개 조, 도합 16명의 파수꾼이 교대하며 24시간 베드로를 지키고 있었다. 그런데 감쪽같이 베드로가 사라졌다. 헤롯은 파수꾼들을 심문했다. 그는 분에 못 이겨 16명을 일거에 죽여버렸다. 헤롯은 모든 것의 책임자였다. 베드로를 처형해서 인기를 얻어도 그의 책임이었고, 베드로가 도망을 가더라도 그의 책임이었다. 헤롯에게 책임이 없다면 두로와 시돈 사람들이 "신의 소리이다"라고 아첨할 때 그 영광을 누려서는 안 되었다. 그러나 그는 영광은 독차지하고 책임은 지지 않으려 했다. 책임을 파수꾼들에게 돌려 그들 전부를 죽였다. 무책임했던 헤롯은 결국 벌레에 먹혀 죽었다 (행 12장).

유다의 장남 엘이 다말과 결혼한 후 그만 죽고 말았다. 당시의 규범에 의하면 과부 다말은 엘의 동생과 결혼하여 아들을 낳을 기회가 있었다. 형사취수제도였다. 동생 오난은 형수 다말을 받아들여야 했다. 아우된 본분으로 씨를 줄 책임이 있었다. 그러나 그는 아들이 태어나도 자신의 자녀가 되지 못할 것이라 여겨 관계는 맺었으나 씨는 주지 않았다. 정액을 번번이 땅에 쏟고 말았다. 책임을 다하지 않겠다면 아버지나 형수에게 말해야 했다. 관계를 맺는 것은 책임이 동반되는 행위였다. 오난은 책임을 다하지도 않을 거면서 형수를 취했고, 형수와 관계를 가질 때마다 자신의 씨를 주지 않는 매정한 태도를 보였다. 하나님은 그의 모습이 악하다고 하여 그를 죽이셨다(창 38장).

롯, 르우벤, 제사장과 레위인, 헤롯, 오난, 이들의 공통점은 무엇일까? 그들은 책임을 져야 할 위치에 있었다. 그러나 책임을 다하지 않았으며 그 대가를 톡톡히 치러야 했다. 책임은 외면하고 권리만 누리려는 자는 결코 자신이 원하는 대로 되지 않을 것이다. 손을 씻는 정도로는 책임에서 벗어날 수가 없다. 책임은 책임을 맡은 자를 끝까지 따라가기 때문이다.

왕관을 쓰려는 자, 그 무게를 견뎌라

책임을 진 사람은 책임으로부터 절대로 자유로울 수 없다. 책임의 대가가 끝까지 따라간다. 책임을 외면한 사람에게 즉각적인 심판이 다가오기도 하지만 긴 역사 속에서 결과가 따라오기도 한다. 시간의 문제일 뿐이다. 책임은 그 주인을 언제나 쫓아간다. 책임으로부터 자유로울 수 있는 길은 책임을 다 마칠 때에만 주어진다. 책임을 다하지 않으면 무사할 수가 없다. 왕관을 쓰려는 자는 그 무게를 견뎌야 한다. 책임이 무겁고 부담스러울 때 어떻게 해야 할까? 우리가 책임을 다할 수 있는 길은 무엇이 있을까? 보다 더 효과적으로 책임을 지는 방법은 없을까?

책임을 전가하지 말고 책임을 나누어야 한다. 여기에서 '전가'(轉

嫁)란 말은 돌릴 '전' 자에 시집갈 '가' 자를 사용하고 있다. 나에게 주어진 책임을 다른 곳으로 시집가게 돌려버린다는 뜻이다. 재미있는 한자이다. 그러나 책임은 절대로 시집을 가지 않는다. 책임을 전가하면 책임은 거기에서 원래의 주인과 똑같이 생긴 자식을 낳는다. 그러므로 '책임전가'는 좋은 방법이 아니다. 그렇다고 모든 책임을 지기에는 너무 힘들다. 어떻게 해야 좋을까? 바로 책임을 나누는 것이다.

이집트를 탈출한 이스라엘 백성들이 하나님에게 불평을 했다. 하나님은 진노하셨고 이스라엘 진영의 언저리가 불에 탔다. 불이 꺼진 후에 사람들은 그곳을 '다베라'라고 불렀다. 그 후에도 이스라엘 자손들은 이집트에서 먹었던 고기를 그리워하며 여전히 불평했다. 그들의 불만은 하나님의 귀에 들렸다. 모세는 또 어떤 재앙이 닥칠지 불안했다. 그는 자신의 책임이 너무 무거움을 하나님에게 고백했다. 자신의 솔직한 마음을 하나님에게 아뢰었다. 그러자 하나님은 모세와 함께 70명의 장로들을 회막 앞에 세우셨다. 하나님은 모세 혼자 애쓰지 않도록 배려하셨다. 70명의 장로가 모두 성령을 받고 예언했다. 전무후무한 일이었다. 모세에게 주어진 책임은 하나님의 영을 입은 장로들과 나누게 되었다(민 11장).

모세가 광야 한복판에 있을 때 혼자 백성들의 재판을 도맡아 했다. 감당하기 힘든 일이었다. 그때 모세의 장인 이드로는 십부장, 오십부장, 백부장, 천부장 제도를 제안했다. 책임을 여러 사람들과 나누면서 이스라엘은 안정을 누렸다. 책임을 남에게 다 떠넘기는 일은 적절한 방법이 아니다. 그러나 믿을 수 있는 사람을 선별해서 그 책임을 나눈다면 책임도 다할 수 있고, 일의 결과도 좋게 드러날 것이다.

그렇다면 어디까지 책임져야 하는 것일까? 사람의 능력은 한계가 있기 때문에 모든 책임을 다 지는 것은 불가능한 일이다. 자신에게 적절하다고 생각하는 책임에 십분의 일 정도의 책임을 더하면 어떨까? 이 정도면 적당하다고 생각하는 책임이 있다면 그 수위에서 멈추지 말고 거기에 조금 더 여유를 가져보자. 맡겨진 일을 잘 감당하고, 십분의 일 정도의 책임을 더 담당해보는 것이다. 책임에서 한 걸음만 더 걸어보면 놀라운 일이 일어난다.

보아스는 룻이란 이방 여인을 눈여겨보았다. 룻은 과부인 처지에 시어머니 나오미까지 돌보고 있었다. 보아스는 자신의 밭에서 매일 성실하게 낱알을 주워가는 룻이 마음에 들었다. 그러던 어느 밤, 자신이 자고 있는 이불에 룻이 들어와 있었다. 밭을 지키기 위해 노숙을 하고 있던 중이었다. 보아스는 룻을 받아들일 수 있었다. 아무도 보고 있지 않았다. 그러나 그보다 우선순위의 사람이 있었기에 함부로 할 수 없었다. 보아스는 룻을 곱게 돌려보냈다. 거기까지만 해도 책임을 다한 것이었다. 그러나 그는 한 걸음을 더 나아갔다.

다음 날 아침, 성문 앞으로 간 보아스는 성읍의 원로 열 명을 불렀다. 마침 우선순위가 있는 사람이 지나가고 있었다. 보아스는 그에게 우선순위에 대해서, 그리고 룻을 받아들여야 할 책임에 대해서 말했다. 우선순위에 있는 사람은 룻과의 사이에 아들이 태어나면 모든 재산이 나오미와 룻 집안에 귀속되기 때문에 순위권을 양도했다. 보아스는 원로들 앞에서 자신이 모든 책임을 다할 것을 약속했다. 보아스는 룻과 결혼을 했고 그 사이에 아들이 태어났다. 보아스가 자신의 책임에서 한 걸음을 더 걸었기 때문에 하나님은 그에게 현숙하고 아름다운 룻을 허락해주셨고 아들을 낳게 하셨다. 그 아들의 자손에서 다윗이 태어났고 예수 그리스도의 계보가 이어졌다. 책임을 다한 보아스는 예수 그리스도의 영광스러운 조상이 되었다(룻 4장).

책임을 전가하는 사람의 특징은 처음부터 책임을 전가하진 않는다는 사실이다. 책임을 가진 사람은 처음에는 어느 정도는 자기가 하려고 한다. 문제는 그다음이다. 중간에 그만 두고 끝까지 자기 책임으로 떠안지 않는다. 어느 정도까지 하다가 그 책임을 멈춰버린다. 빌라도는 어느 정도까지는 자신의 책임을 다했다. 자기가 할 수 있는 일을 했다. 그러나 끝까지 자신의 책임을 다하지 않았다. 어느 순간 그는 책임으로 도망쳤다. 손을 씻고 달아났다.

반면에 예수님은 제자들의 발을 다 씻겨주셨다. 거부하던 베드로도, 자신을 팔아먹을 가룟 유다의 발도 예수님의 손길에 의해서 깨끗이 씻겨졌다. 예수님은 상대가 누군지에 상관없이 책임을 다하셨다. 십자가가 얼마나 고통스럽고 아픈 것인지 예수님은 아셨다. 그 책임에서부터 벗어나고 싶으셨다. 겟세마네에서 이 잔을 내게서 멀리해달라고 절규하셨다. 그러나 십자가를 지고 물과 피를 다 쏟으심으로써 책임을 끝까지 감당하셨다. 책임을 다하셨기 때문에 우리에게 그 혜택이 돌아왔다. 그리고 예수님은 우리의 주님이 되셨다.

CHAPTER 9
자기중심
: 내가 할 수 있어!

- 나를 죽여주세요!
- 엘리야와 850명의 대결
- 승승장구했던 엘리야, 공포에 빠지다
- 죽고 싶었던 이유
- 죽고 싶다고 했던 또 한 사람
- 하나님이 주어이다
- 자기중심에서 하나님 중심으로

자기중심
내가 할 수 있어!

나를 죽여주세요!

엘리야는 로뎀 나무 아래에 주저앉았다. 그는 쉬지 않고 도망을 왔다. 브엘세바에 도착했을 때는 동행한 시종이 제발 그만 가달라고 말릴 정도였다. 북이스라엘 사람인 엘리야가 남유다의 최남단인 브엘세바까지 왔다는 것은 충분히 멀리 도피했다는 소리였다. 그러나 엘리야는 여전히 불안했다. 나귀와 함께 시종을 남겨둔 채 더 걸어갔다. 광야로 꼬박 하루였다. 바람이 불 때마다 먼지가 날렸다. 광활한 사막에 로뎀 나무가 한 그루 서 있었다. 로뎀 나무는 대싸리 나무라고도 했다. 나뭇가지를 잘라다가 싸리비를 만들 수 있기 때문이었다. 가지를 만지니 서걱거리는 소리가 났다. 나무 그늘이라고 해도 작열하는 태양을 완벽하게 피할 수 없었다. 나뭇가지 사이로 햇살이 비쳤다. 엘리야는 로뎀 나무 아래 주저앉아 절규하듯 외쳤다.

"자기 자신은 광야로 들어가 하룻길쯤 가서 한 로뎀 나무 아래에 앉아서 자기가 죽기를 원하여 이르되 여호와여 넉넉하오니 지금 내 생명을 거두시옵소서 나는 내 조상들보다 낫지 못하니이다 하고"(왕상 19:4).

엘리야는 죽고 싶었다. 그에게 무슨 일이 있었던 것일까? 이스라엘이 남북으로 갈라지고, 여로보암이 북이스라엘의 초대 왕이 된 이후 북이스라엘의 왕들은 누가 더 악한가를 겨루는 양상이었다. 여로보암 이후의 왕들은 하나같이 죄악의 길로 들어섰다. 이스라엘 역대 왕 중에 절정은 아합이었다. 성경은 아합에 대해서 이렇게 평가했다. "오므리의 아들 아합이 그의 이전의 모든 사람보다 여호와 보시기에 악을 더욱 행하여"(왕상 16:30).

아합은 이전의 왕들을 합친 것보다 더 악한 왕이었다. 북이스라엘을 죄로 몰고 갔던 여로보암을 가볍게 능가했다. 아합은 시돈의 왕 엣바알의 딸인 이세벨을 아내로 삼았다. 이세벨은 기름을 붓는 역할을 했다. 그녀는 바알 우상을 전국으로 퍼트렸다. 이스라엘 전체가 악의 구렁텅이로 빠지는 것 같았다. 어두운 시대에 선각자가 나오는 법, 아합과 이세벨이라는 최악의 정권 아래에서 엘리야가 등장했다. 어둠 속의 혜성이었다. 엘리야는 출현하자마자 아합에게 외쳤다.

"길르앗에 우거하는 자 중에 디셉 사람 엘리야가 아합에게 말하되 내가 섬기는 이스라엘의 하나님 여호와께서 살아 계심을 두고 맹세하노니 내 말이 없으면 수 년 동안 비도 이슬도 있지 아니하리라 하니라"(왕상 17:1).

당시 북이스라엘의 정계나 종교계에서 일하는 인물은 주로 사마리아 출신이었다. 출세하려면 사마리아가 고향이거나 왕실과 긴밀한 관계를 가져야 했다. 그런데 성경은 엘리야가 디셉 출신이었음을 밝힌다. 디셉은 요단강 동쪽 길르앗의 어느 시골이었다. 그 지역 출신치고 성공한 인물이 없었다. 왕실에서 일하며 넉넉하게 사례를 챙기는 제사장들과 예언자들은 죄다 사마리아 출신이었다. 지방 출신의 무명 선지자인 엘리야는 집도 없이 냇가, 광야, 동굴을 전전했다. 그는 털이 더부룩했으며, 대강의 옷가지에 가죽 띠를 둘렀을 뿐이었다. 외모에는 전혀 신경을 쓰지 않았다. 초라한 그가 최강의 권력을 가진 아합 왕에게 예언을 내렸다. 가뭄이 올 것이라고. 그리고 그것은 그대로 이루어졌다. 안 그래도 힘든 이스라엘 백성들은 흉년으로 이중고를 겪어야했다.

전국에 가뭄이 오자 그는 그릿 시냇가로 피신했고 까마귀가 날라다주는 고기를 먹었다. 시내까지 마를 정도로 가뭄이 심해지자 엘리야는 사르밧 지역으로 이동했다. 그곳에는 한 과부가 있었는데 마지막 남은 가루로 떡을 만들어 아들과 나눠 먹고 죽을 작정이었다. 딱한 사정의 과부였다. 가뭄은 흉년을 불러왔고 기아에 빠진 백성들은 굶어죽거나 근근이 목숨을 부지했다. 가뭄은 이스라엘의 북쪽 베니게 서해안의 시골 사르밧까지 피폐하게 만들었다.

엘리야는 과부에게 그 떡을 달라고 했다. 무례한 요구였다. 마지막 남은 떡마저 생면부지의 나그네에게 주어야 했다. 그러나 과부는 그렇게 했다. 엘리야는 가뭄이 끝날 때까지 뒤주에는 가루가, 병에는 기름이 끊어지지 않을 것이라고 했다. 엘리야의 예언대로 과부는 계속해서 나오는 가루와 기름으로 극심한 가뭄에서 살아남았다.

    시간이 흘러 과부의 아들이 병으로 죽고 말았다. 기구한 과부의 삶이었다. 겨우 먹고살 만하니까 외동아들이 죽어버렸다. 여인은 엘리야를 원망했다. 마지막 떡을 먹고 죽었더라면 자식이 먼저 죽는 슬픔은 겪지 않았을 것이다. 엘리야는 죽은 아들을 다락에 눕혔다. 그는 아들의 몸 위에 세 번 엎드리며 하나님에게 부르짖었다. "하나님, 제발 이 아이의 혼이 돌아오게 해주십시오." 엘리야는 절박하게 기도했다. 놀랍게도 과부의 아들이 살아났다. 하나님이 그의 기도를 들으셨다. 과부는 다시 살아난 아들을 품에 안고 또 안았다. 여인은 엘리야에게 말했다.

> "여인이 엘리야에게 이르되 내가 이제야 당신은 하나님의 사람이시오 당신의 입에 있는 여호와의 말씀이 진실한 줄 아노라 하니라"(왕상 17:24).

    이스라엘 전역에 가뭄이 온 지 3년이 지났다. 하나님의 말씀이 엘리야에게 다시 임했다. "때가 됐으니 아합을 만나라. 이제 비를 내려주겠다." 그동안에 아합 왕은 전국에 비상을 내렸다. 기근을 더 이상 방치할 수 없었다. 궁내 대신 오바댜가 이스라엘의 반쪽을, 아합 왕이 나머지 반쪽을 맡아서 전국의 저수지나 지하수를 찾아 나섰다. 엘리야는 사마리아로 올라갔다. 가던 중에 오바댜와 마주쳤다. 오바댜는 한눈에 엘리야를 알아보고 그 자리에 엎드리며 물었다.

    "당신이 혹시 엘리야 선지자가 아니십니까?"

엘리야는 대답했다.

"그렇소. 내가 엘리야요. 나는 아합을 만나러 갑니다. 그러니 가서 아합에게 엘리야가 왔다고 알리시오."

오바댜는 선한 사람이었다. 왕실에서 일하는 유일한 양심이었다. 이세벨이 바알의 제사장을 등용하고 여호와의 제사장을 죽일 때 제사장 100명을 50명씩 두 패로 나눠 동굴에 숨겨서 비밀리에 먹였던 사람이었다. 오바댜는 아합 왕이 엘리야를 찾기 위해 전국에 수배령을 내렸고, 심지어 주변 국가에 엘리야가 망명하지 않았음을 증명하도록 했다고 말했다. 아합은 저수지보다 엘리야를 더 먼저 찾고 싶어 했다. 오바댜는 지금까지 엘리야를 만난 사람이 없건만 엘리야의 말을 전한다면 자신이 죽게 될 것이라고 했다.

"엘리야가 이르되 내가 섬기는 만군의 여호와께서 살아 계심을 두고 맹세하노니 내가 오늘 아합에게 보이리라" (왕상 18:15).

엘리야는 오바댜를 통해 아합이 얼마나 악랄한 인물인지를 확인했지만 하나님의 명령을 받은 이상 뒤로 물러설 수 없었다. 엘리야는 아합 왕 앞에 섰다. 아합은 가뭄의 원인이 엘리야라고 생각했기에 그를 만나자 분노로 일그러졌다. 그는 소리쳤다.

"네가 바로 이스라엘을 괴롭히는 엘리야로구나!"

아합의 불호령에도 엘리야는 눈 하나 깜박하지 않았다.

"제가 이스라엘을 괴롭히는 것이 아니라 바로 당신이 이스라엘을 괴롭히고 있습니다. 당신은 하나님의 명령을 버렸습니다. 바알을 따르니 이스라엘을 괴롭히는 자가 당신이 아니고 누구이겠습니까?"

불꽃이 이는 것 같았다. 아합이 신하들에게 엘리야를 잡으라고 명령을 내리려던 참이었다. 엘리야가 먼저 선수를 쳤다. 그는 아합에게 말했다.

"이스라엘 전역에서 바알의 선지자 450명과 아세라의 선지자 400명을 모으되 가장 실력자들만 모으시오. 나 혼자서 그들을 상대하겠소. 갈멜산에서 누가 진짜 신을 섬기는 자인지 가려봅시다."

흥미로운 제안이었다. 갈멜산은 높이가 540미터 정도이지만 두 개의 평원이 만나는 중앙에 높이 솟아 있어 멀리서도 눈에 띄는 산이었다. 그 아래에는 기손 시내가 흐르고 있었다. 갈멜산은 수목이 우거지고 동굴이 많아 무당이나 이방 예언자들이 신탁을 받거나 제사를 지내려고 산당을 많이 지어 놓았다.

아합은 절호의 기회라고 생각했다. 가뭄에 대한 원망을 다른 곳으로 돌리고, 엘리야도 없애며, 바알의 선지자들도 고분고분 말을 듣게 만들 기회였다. 850명의 바알과 아세라의 선지자들이 모였다. 다들 훤칠해 보였다. 아합은 그들을 대동하고 갈멜산으로 올라갔다. 소문을 들은 이스라엘 백성들도 모여들었다. 갈멜산은 때아닌 호황을 이루었다. 엘리야는 백성들을 향해 소리쳤다. 꾸짖음에 가까운 소리였다.

"엘리야가 모든 백성에게 가까이 나아가 이르되 너희가 어느 때까지 둘 사이에서 머뭇머뭇 하려느냐. 여호와가 만일 하나님이면 그를 따르고 바알이 만일 하나님이면 그를 따를지니라 하니 백성이 말 한마디도 대답하지 아니하는지라"(왕상 18:21).

엘리야와 850명의 대결

아합 왕과 이방의 선지자들이 중앙에 서고, 이스라엘 백성들이 엘리야를 앞에 두고 서 있었다. 엘리야는 방식을 설명했다. 송아지 두 마리를 준비해서 각각 한 마리씩 각을 뜬 후 나무 위에 놓는다. 나무의 양이나 쌓는 방식은 모두 자유다. 그러나 한 가지, 송아지를 태울 불은 준비하지 말아야 한다. 각자 신의 이름을 부르면서 제사의 행위를 하되 어느 쪽이든 신이 살아 있다면 직접 불을 내려주실 것이라고 했다. 불을 내리는 신이 진짜 신임을 증명하는 형태였다. 백성들은 모두 동의했다. 아합 왕도, 바알과 아세라 선지자들도 합의했다.

숫자가 많은 바알의 제사장들이 먼저 시작했다. 그들은 질서정연하게 등장했다. 이른 아침이었고 시간은 충분했다. 악기를 연주하고 춤을 추면서 제전의 열기를 뜨겁게 달구었다. 바알의 이름을 부르고 아세라의 이름을 외쳤다. 그들은 불을 내려달라고 소리쳤다. 하늘은 구름 한 점 없이 파랗기만 했다. 아무런 반응이 없자 선지자들은 나무 주위를 돌기 시작했다. 그냥 돌지 않았다. 소리치고 춤추면서 돌고 또 돌았다.

정오가 될 때까지도 아무런 변화가 없었다. 그러자 엘리야는 조롱했다.

"너희의 신이 자고 있나보구나. 더 큰 소리를 질러야 깨어날 것 아닌가!"

엘리야의 말에 자극을 받은 바알 제사장들은 품에서 날카로운 칼을 꺼냈다. 그들은 웃통을 벗었다. 맨살이 드러났다. 선지자들은 칼을 가슴에 대고 그었다. 피가 나기 시작했다. 850명이 동시에 서로의 가슴과 등에 칼을 긁어댔다. 하얀 살점에서 피가 쏟아져 내렸다. 장관이었다. 그들은 피를 보자 흥분했다. 어떤 이는 환각에 빠졌고, 어떤 이는 눈이 돌아가기도 했다. 제사 자리는 땀과 피와 고함으로 어지러웠다. 흐느끼는 소리와 날카로운 비명이 터져 나왔다. 혼란과 광기로 가득했지만 정작 불이 타야할 송아지 제물은 나무 뭉치 위에 얌전히 놓여 있을 뿐이었다.

해가 뉘엿뉘엿 지기 시작했다. 바알 선지자들 몇몇은 입에 거품을 뿜고 쓰러졌으며, 어떤 이는 주저앉았다. 몇몇은 울고 있었고, 몇몇은 여전히 제단 주변을 돌고 있었다. 제단은 고요했다. 그들은 결국 손을 들었다.

"오늘은 바알 신께서 아무 응답이 없소. 자, 이제 당신의 차례요."

지친 그들은 옷을 챙겨 입고 피와 땀을 닦았다.

엘리야의 차례였다. 그는 주변의 백성들을 가까이 오게 해서 제단을 정리하고 다시 쌓게 했다. 백성들에게 12개의 돌을 가져오게 했는데, 그것은 이스라엘 지파의 숫자를 의미했다. 바닥에 돌을 놓고 그 위에 나무를 쌓았다. 그리고 제단 주위에 도랑을 팠다. 쌓은 나무에는 각을 뜬 송아지를 올려놓았다. 엘리야는 백성들에게 물을 붓게 했다. 세 통이나 되는 물이 제단 위에 부어졌다. 송아지는 물론이고 나무까지 완전히 젖었고 도랑으로 물이 흘러내렸다. 주변은 어둠으로 뒤덮인 뒤였다.

"저녁 소제 드릴 때에 이르러 선지자 엘리야가 나아가서 말하되 아브라함과 이삭과 이스라엘의 하나님 여호와여 주께서 이스라엘 중에서 하나님이신 것과 내가 주의 종인 것과 내가 주의 말씀대로 이 모든 일을 행하는 것을 오늘 알게 하옵소서. <u>여호와여 내게 응답하옵소서. 내게 응답하옵소서.</u> 이 백성에게 주 여호와는 하나님이신 것과 주는 그들의 마음을 되돌이키심을 알게 하옵소서 하매"(왕상 18:36-37).

엘리야는 춤을 추지 않았다. 몸에 상처를 입히는 일도 없었다. 가죽 띠를 풀어 맨 살을 내보이지도 않았고 소리치지도 않았다. 그저 하나님에게 기도했을 뿐이었다. 놀라운 일이 벌어졌다. 캄캄한 하늘에서 불꽃 하나가 내려오더니 번제물 위에 떨어졌다. 순식간에 일어난 일이었다. 불꽃은 맹렬한 화염이 되어 제물을 태웠다. 불은 나무와 돌과 흙과 도랑의 물을 핥았고, 순식간에 주변을 다 태웠다.

그 자리에 있던 백성들은 무릎을 꿇었다. 여호와는 하나님이시다! 하나님이 임하셨다! 하나님이 오셨다! 그들은 경외감에 들떴다. 여기가 이는 뒤로 백성들의 환호성이 커졌다. 엘리야는 백성들에게 850명의 바알과 아세라의 선지자들을 잡으라고 했다. 한 사람도 도망가지 못하도록 했다. 그들은 모두 포박된 채로 산 아래로 끌려갔다. 기손 시내에서 850명의 선지자들은 죽임을 당했다.

엘리야는 아합에게 말했다.

"이제 가뭄은 끝이 났습니다. 왕궁으로 올라가십시오. 마음껏 드시고 싶은 대로 드십시오. 큰 빗소리가 있을 것입니다."

아합은 엘리야의 말을 들을 수밖에 없었다. 아합과 백성들이 집으로 돌아가는 것을 보고 엘리야는 갈멜산 꼭대기로 올라갔다. 짜릿한 승리를 거두었지만 아직 그가 할 일이 남아 있었다. 가뭄이 끝났다고 말은 했지만 아직 어떤 징조도 보이지 않았다. 그는 바닥에 엎드렸다. 고개를 꺾어 무릎 사이로 얼굴을 넣었다. 시간이 얼마나 지났을까? 기도를 마친 엘리야는 뒤에서 졸던 사환에게 바다 방향으로 가서 보라고 했다. 어느새 해가 밝아 오고 있었다.

"아무것도 없는데요."

사환은 구름 한 점 없는 하늘만 보고 왔을 뿐이었다. 엘리야는 기도한 뒤 사환을 다시 보냈다. 여전히 하늘에는 아무런 변화가 없었다. 일곱 번이나 사환을 보내길 반복한 뒤에 드디어 사환은 호들갑을 떨었다.

"선지자님, 저 멀리 구름이 하나 있는데요, 사람의 손바닥 정도밖에 안 됩니다요."

엘리야는 자리에서 일어났다. 곧 엄청난 비가 쏟아질 것이라고 했다. 손바닥만 했던 구름에 그림자가 드리우더니 거대한 검은 구름이 뭉쳤고, 바람과 함께 비가 쏟아지기 시작했다. 아합은 마차를 타고 이스르엘로 가던 중에 주변이 어두워진 것을 보게 되었다. 대낮인데 초저녁처럼 캄캄했다. 검은 구름이 아합 일행의 위를 덮었고, 이내 비가 쏟아졌다. 3년 만에 내리는 비였다. 아합은 빗속에서 행군했다. 저 멀리 빗속을 뛰어오는 사람이 있었다. 엘리야였다. 그는 허리에 가죽 띠를 감은 채 뛰었고, 어느새 아합의 마차 행렬을 앞서 나갔다.

승승장구했던 엘리야, 공포에 빠지다

왕궁으로 돌아온 아합은 아내 이세벨에게 그동안 일어났던 일들을 이야기했다. 엘리야가 850명의 바알, 아세라의 선지자들과 대결했던 것, 승리한 엘리야가 선지자들을 기손 시내로 데려가 한 번에 말살시켰던 일들을 하나도 빠짐없이 말했다. 엘리야가 얼마나 영웅적이었으며 하나님은 어떻게 역사했는지에 대해서는 축소하고, 바알과 아세라의 선지자들이 당한 일에 대해서는 억울한 것처럼 부풀려 말했다. 이세벨은 격분했다. 주변에 잡히는 것이면 뭐든지 내던졌다. 그녀는 신하를 불렀다.

> "이세벨이 사신을 엘리야에게 보내어 이르되 내가 내일 이맘때에는 반드시 네 생명을 저 사람들 중 한 사람의 생명과 같게 하리라. 그렇게 하지 아니하면 신들이 내게 벌 위에 벌을 내림이 마땅하니라 한지라" (왕상 19:2).

우리는 이세벨이 얼마나 악랄한지를 알지 못한다. 성경을 통해 아합이 역대 최악의 왕이었음을 확인했지만 그의 아내 이세벨이 어떤 악한 짓을 했는지는 알 수가 없다. 수단과 방법을 가리지 않고 원하는 바를 위해 잔인한 행동을 했을 것이라 짐작만할 뿐이다. 그러나 아무리 악한 이세벨이라도 상대는 엘리야였다. 850명의 이방 선지자들을 혼자 겨루어서 이긴 굳세고 대담한 사람이었다. 그런데 이세벨의 한 마디 경고에 엘리야가 흔들렸다.

이세벨의 경고를 풀어서 말하면 이렇다.

"엘리야야, 네가 나의 예언자들을 죽였구나. 예언자들이 죽은 것처럼 너도 죽게 될 거다. 시간은 많지 않다. 정확히 24시간을 준다. 내가 반드시 너를 찾아내서 죽이겠다. 그때까지 너를 죽이지 않으면 신들에게 천벌을 받게 될 것이다. 신들의 이름으로 너를 저주하고 죽이고 말겠다."

무서운 말임은 확실하다. 그러나 말일 뿐이다. 엘리야는 산과 굴, 시내와 시골로 숨었던 실력을 발휘해서 24시간만 잘 피해 다니면 된다. 그 후에 잡히더라도 죽기밖에 더하겠는가? 이세벨의 말대로 24시간이 지날 때까지 잡히지 않으면 그녀는 벌을 받을 것이고, 신들이 허위라면 적어도 창피나 당하지 않겠는가? 의연하게 도망 다니면 될 것 같은데 엘리야는 공포에 사로잡혔다.

엘리야는 도망가기 시작했다. 공황에 빠져 허둥거렸다. 그는 뛰기 시작했다. 아합의 마차를 앞지르던 솜씨로 유다의 최남단인 브엘세바까지 전속력으로 도망갔다. 그러고서도 안심을 하지 못하고 하루를 더 걸었다. 광야 한가운데 로뎀 나무에까지 가서야 도주를 멈추었다. 그는 나무 아래 주저앉아 하나님에게 절규했다. 죽고 싶다고.

죽고 싶었던 이유

엘리야가 일으킨 기적과 승리를 생각해보자. 그는 지방

출신 무명의 선지자로서 당대 최고의 권력자인 왕과 직접 맞섰다. 가뭄이 올 것을 예언했고, 3년 뒤 가뭄이 그치게 했다. 시냇가로 피신했을 때 까마귀는 그에게 고기를 날라다주었다. 사르밧 과부의 집에 기름과 밀가루를 끊어지지 않게 공급했으며, 죽은 아들을 살렸다. 850명의 바알과 아세라의 선지자들을 혼자서 대결하여 완벽하게 이겼고, 그들을 다 죽였다. 하나하나가 굵직한 사건이며 놀라운 기적이었다. 엘리야는 그 모든 사건의 주역이었다. 그러나 이세벨의 메시지를 전달받은 뒤 당당했던 엘리야가 바뀌었다. 도망을 했고, 그 끝에는 죽고 싶어 했다. 왜 그랬을까? 왜 승리와 영광을 맛보고도 두려움에 떨었을까? 말 한마디로 날씨를 조종하고, 백성들을 일사불란하게 움직였던 그는 왜 죽여달라고 절규했을까?

엘리야가 죽고 싶다고 하는 말은 그 말 뜻 그대로가 아니었다. 거기에는 하소연이 담겨 있었다. 진짜로 죽고 싶으면 그냥 죽으면 된다. 귀찮게 남의 나라까지 도피하고 광야까지 걸어갈 필요가 없었다. 있는 자리에서 자살할 수도 있고 종에게 죽이라고 해도 되었다. 그것도 아니면 어디 절벽에서 떨어질 수도 있고 방법은 많았다. 그런데 엘리야는 긴 거리를 걸어 광야의 나무 그늘까지 찾아간 끝에 "죽고 싶다!"고 소리쳤다. 이 말은 절절하게 살고 싶다는 소리였고, 제발 좀 도와달라는 호소였다.

소리치던 엘리야는 지쳐서 자리에 쓰러졌다. 오랫동안 걸었다. 피곤이 파도처럼 몰려왔다. 엘리야는 나무 그늘을 의지해 잠에 들었다. 얼마나 잤을까? 누군가 엘리야를 깨웠다. 천사였다. 꿈인지 생시인지 몰랐다. 눈을 비비며 둘러보니 머리맡에서 빵이 구워지고 있었다. 철

판처럼 돌이 달구어졌고, 그 위에 밀가루 반죽이 빵이 되어 고소한 냄새를 풍겼다. 한 병의 물도 옆에 놓여 있었다. 오래 굶었던 엘리야는 허겁지겁 빵을 먹었다. 배가 어느 정도 불러오자 몸이 노곤해지며 다시 잠이 왔다. 한참 지나 천사가 다시 엘리야를 깨웠다. 먹을 것이 또 있었다. "일어나서 먹어라. 갈 길이 아직도 많이 남았다." 엘리야는 음식을 먹었다. 잠도 실컷 잤고 배도 부르니 살 것 같았다. 엘리야는 일어나서 걸었다.

무려 40일을 걸었다. 피곤하면 자고, 자고 일어나면 먹을 것이 있었다. 40일이 지나자 멀리 산이 하나 보였다. 호렙산이었다. 엘리야는 산을 올라갔다. 산 중턱 쯤에 동굴이 하나 있었다. 엘리야는 동굴로 들어갔다. 어둠이 내렸다. 엘리야는 동굴에서 밤을 지내려고 했다. 그때 하나님의 음성이 들려왔다. 천사를 보낸 것도, 먹을 것도 제공한 것도, 길을 인도한 것도 다 하나님이셨다. 하나님은 엘리야에게 물으셨다.

"엘리야가 그곳 굴에 들어가 거기서 머물더니 여호와의 말씀이 그에게 임하여 이르시되 엘리야야 네가 어찌하여 여기 있느냐. 그가 대답하되 내가 만군의 하나님 여호와께 열심이 유별하오니 이는 이스라엘 자손이 주의 언약을 버리고 주의 제단을 헐며 칼로 주의 선지자들을 죽였음이오며 오직 나만 남았거늘 그들이 내 생명을 찾아 빼앗으려 하나이다" (왕상 19:9-10).

"네가 어찌하여 여기 있느냐." 하나님은 엘리야가 동굴에 들어온 이유와 방법을 몰라서 묻는 것이 아니었다. 오히려 이는 반어법으로, 네가 여기에 있어서는 안 되며 진짜로 있어야 할 곳이 어디인지를 생각하라는 의미였다. 그런데 엘리야의 대답은 "오직 나만 남았다"였다. 엘리야가 처음 등장했을 때 아합 왕 앞에서 경고했던 당당한 모습은 사라졌다. 그가 외칠 때는 언제나 "이스라엘의 하나님 여호와께서 살아 계심을 두고"(왕상 17:1) 말했다. 엘리야는 없고 하나님만 계셨다. 그런데 기적과 승리가 연속되는 동안에 하나님은 어느새 사라지고 자신만 남았다. 그가 죽여달라고 한 것도 나를 좀 봐달라는 뜻이었다. 하나님은 보이지 않고 자아만 살아 있으니 이세벨의 위협 앞에 벌벌 떨 수밖에 없지 않겠는가? 자기가 중심이 되고 자기애가 강해지면 천하의 엘리야라도 절망할 수밖에 없는 것이다.

하나님은 이스라엘 백성들이 모세의 인도로 광야 40년을 통과했던 것처럼 천사의 인도로 광야 40일을 걷게 했다. 그리고 하나님의 산 호렙에 이르게 했다. 자기밖에 남지 않았다고 하나님을 밀어내는 엘리야에게 하나님은 이제 그의 앞을 지나가겠다고 하셨다. 엘리야는 기대했다. 하나님은 어떤 모습으로 나타나실까? 아합의 권력보다 더 강하고, 이세벨의 위협보다 더 압도적으로 나타나실까?

갑자기 세찬 바람이 불었다. 눈앞에 산이 쪼개지고 바위가 터져나갔다. 엘리야는 눈을 똑바로 뜨고 하나님의 모습을 확인하려고 했다. 그러나 하나님은 바람 속에 계시지 않았다. 이번에는 지진이 일었다. 견고해 보이던 땅이 밀가루 반죽처럼 출렁거렸다. 금이 가고 갈라졌다. 그러나 지진 앞에서도 하나님은 계시지 않았다. 이윽고 불이 붙기 시작했다. 맹렬한 불꽃이 온 세상을 삼킬 듯이 타올랐다. 엄청난 열기와 빛이었다. 그러나 불 속에서도 하나님은 계시지 않았다. 바람과 지진과 불은 보는 것만으로도 온몸의 기운이 빨려나가는 것 같았다. 모든 것이 다 지나가니 고요가 찾아왔다. 우물처럼 깊은 정적만이 감돌고 있었다. 그때 조용한 소리가 들려왔다. 먼지처럼 미세한 소리였다.

"엘리야가 듣고 겉옷으로 얼굴을 가리고 나가 굴 어귀에 서매 소리가 그에게 임하여 이르시되 엘리야야 네가 어찌하여 여기 있느냐"(왕상 19:13).

하나님은 엘리야를 세미한 소리로 부르셨다. "네가 어찌하여 여기 있느냐?" 하나님은 엘리야가 있어야 할 곳을 말씀해주셨다. 다메섹으로 가서 하사엘을 아람의 왕이 되게 하고, 예후를 이스라엘의 왕이 되게 하며, 엘리야를 대신해서 엘리사라는 새로운 선지자를 세우라고 하셨다. 두 명의 왕과 한 명의 선지자를 세우는 사명이었다. 하나님은 바알에게 무릎을 꿇지도, 입을 맞추지도 않은 7천 명의 남은 자들이 있다고 하셨다. 엘리야는 자기만 남았다고 낙심하고 있을 때 작고 여린 음성으로 오셔서 위대한 일들을 맡기셨다. 완전한 숫자인 7에 1천을 곱한 숫자의 백성들이 있으니 절대로 엘리야 혼자만 남은 것이 아니라는 의미였다.

엘리야가 자기만 남았다는 절망에 빠졌을 때 하나님은 얼마나 그를 가소롭게 보셨을까? 이렇게 많은 사람들을 남겨두신 하나님의 마음은 얼마나 안타까웠을까? 그 많은 이적을 베풀고서도 어쩔 줄 몰라 절절매는 그를 보시면서 하나님은 얼마나 아쉬웠을까? 하나님의 말씀을 붙들고 있으면서도 자신이 중심이 되면 흔들리고 죽고 싶을 수밖에 없다. 차라리 그 자리에서 내려오는 것이 훨씬 나을 수도 있다.

죽고 싶다고 했던 또 한 사람

비슷한 예로 요나를 꼽을 수 있다. 하나님은 선지자 요나에게 니느웨로 가라고 명령하셨다. 요나는 하나님의 말씀을 듣자마자 즉시 도망쳤다. 요나는 하나님의 말씀보다 자기 자신이 더 중요했다. 그래서 도망쳤다. 당시 니느웨는 앗수르의 수도였고 앗수르는 이스라엘의 적국이었다. 요나에게 니느웨에 가는 것이 부담스러울 수밖에 없었다. 그러나 선지자는 하나님이 하시는 일에 순종해야 했다. 그런데 요나는 '자신'이 더 중요했기에 자신을 아꼈다. 그는 하나님이 안 보이는 곳으로 가면 된다고 생각했다. 그래서 욥바 항구로 내려가 다시스로 가기 위한 배를 탔고, 심지어 배에서도 밑바닥에까지 내려갔다. 그곳에서 요나는 잠으로 또 도피를 했다. 그러나 하나님은 배 밑창까지 가셨다.

요나는 왜 하나님의 말씀에 불응했을까? 성경에 보면 그는 주님의 얼굴을 피하기 위해 도망했다고 되어 있다(욘 1:3). 하나님의 말씀에 불순종하려면 다른 나라로 피신할 것이 아니라 그 자리에 머무르며 자기 일만 하면 된다. 못 들은 걸로 하고 움직이지 않으면 된다. 그런데 왜 굳이 욥바에서 배를 타고 다시스로 가려고 했을까? 하나님이 거기에까지 못 오실 줄 알았을까? 당시 신에 대한 관념은 지역적이었다(왕상 20:23). 특정한 영토, 혹은 산이나 바다 같은 공간에서만 힘을 발휘하는 신이라고 생각했다. 요나가 하나님을 지역 신으로 알았을까?

그렇지 않았다. 요나는 하나님이 공간에 국한된 분이 아닌 하늘의 하나님, 바다와 육지를 지으신 분이심을 알았다(욘 1:9). 배를 타고 피신해봐야 하나님으로부터 피할 수 없음을 잘 알고 있었다. 그렇다면 요나는 왜 도망쳤던 것일까? 오히려 주목을 더 끌려던 목적은 아니었을까? 내가 매우 중요하니 나를 좀 봐달라는 의미는 아니었을까? 하나님의 명령을 이행할 선지자는 나밖에 없다는, 나만 남았다는 무언의 시위가 아니었을까?

폭풍이 일었고, 배가 파선하려고 하자 뱃사람들이 제비를 뽑았다. 요나가 뽑혔다. 요나는 자신을 바다에 던지라고 했으나 그들은 배를 육지로 돌리려고 애쓰며 요나를 보호했다. 그럼에도 폭풍이 멈추지 않자, 그들은 하나님에게 허락을 요청한 후 요나를 바다에 던졌다. 곧 바다는 잠잠해졌다. 요나는 죽었다고 생각했는데 큰 물고기가 다가왔다. 요나는 삼 일 밤낮을 물고기 배 속에서 생존했다.

요나가 출항하자마자 배 밑창으로 내려가 잠을 잔 것을 보면 처음부터 다시스에 대한 이민 계획을 세웠을 거란 의심이 생긴다. 요나가 탄 배는 히브리어로 '오니야'(oniyyah)라고 하는데, 오빌 같은 금이 많이 나는 곳에서 각종 금속과 진귀한 동물들을 싣고 오는 배에도 같은 단어를 사용했다(왕상 22:48, 대하 9:21). 따라서 요나는 작은 배에 몸을 숨기고 잠시 숨어 있을 틈을 얻은 것이 아니었다. 큰 배를 타고 타국으로 이주를 계획한 것이었다.

요나가 물고기 배 속에서 나와 니느웨에 간 뒤에 하나님의 명령대로 니느웨의 심판을 예언했다. 그러자 니느웨의 백성들이 화려한 옷에서 굵은 베 옷으로 갈아입고는 회개하기 시작했다. 회개운동이 일어나자 왕 역시 왕복을 벗고 베옷을 입고는 머리에 재를 뿌렸다. 자신이 지은 죄를 뉘우치는 겸손한 모습이었다. 한 술 더 떠서 사람뿐만 아니라 짐승까지도 베옷을 입고 금식을 했다. 온 도시가 죄악의 길에서 떠날 것을 결의했다. 전무후무한 사건이었다. 하나님은 그들의 회개운동을 보고 니느웨를 멸망시키고자 하신 뜻을 돌이키셨다. 하나님은 매우 만족하셨고 니느웨는 마음을 놓을 수 있었다.

  요나는 하나님이 시키신 일을 수행했다. 이제 그의 일은 끝이 났다. 니느웨가 회개를 하든지 말든지 그것은 요나와는 아무 상관이 없는 일이었다. 임무를 완수하고 그는 자기 나라로 가면 그만이었다. 그런데 하나님의 심판이 유예가 되고, 니느웨에 평화가 찾아온 뒤에도 요나는 고향으로 돌아가지 않았다. 그는 성읍의 동쪽에 올라가서 초막을 지었다. 니느웨가 어떻게 되는지 지켜보았다. 할 일이 끝났으면 고국으로 돌아가거나 아니면 다시스로 가면 되는데 굳이 니느웨 동쪽에 간 이유는 무엇일까? 초막을 짓고 아예 거기 눌러 앉은 이유는 무엇일까? 그는 잠시 하나님의 얼굴을 피한 것이 아니라 아예 고향의 모든 것을 다 처분해서 다시스로 떠난 것임을 알 수 있다. 그는 계획이 두 번이나 틀어지자 분노했고, 화를 냈다. 니느웨의 심판이 유예되어 다들 안심하고 있을 때 오직 요나의 심기만 불편했다.

  요나는 매우 싫었다. 하나님에게 따지듯이 물었다. "내가 이렇게 될 줄 알고 다시스로 도망간 것 아닙니까? 하나님은 뉘우치고 회개하기만 하면 그들이 얼마나 악랄했는지 상관없이 다 용서해주시고 심판을 거두실 분임을 알았습니다." 요나는 소돔과 고모라가 그랬던 것처럼 하늘에서 불과 유황이 내려 니느웨를 완전히 무너뜨릴 줄 알았다. 바람이 엄청나게 불어서 다 날려버리거나, 지진으로 모든 건물을 다 무너뜨리거나, 불이 나서 온 도시를 다 태워버릴 줄 알았다. 그런데 아무 일도 일어나지 않았다. 요나는 하나님에게 항의했다.

> "여호와여 원하건대 이제 내 생명을 거두어 가소서. <u>사는 것보다 죽는 것이 내게 나음이니이다 하니</u>" (욘 4:3).

요나가 정말로 죽고 싶어서 하는 말은 아니었다. 정말로 생명을 거둬 가시길 원했다면 벼랑에서 떨어지거나 칼로 자신을 헤쳐도 될 일이었다. 요나는 죽는 것을 원한 것이 아니라 하나님에 대한 항의의 차원이었다. 요나보다 더 중요한 사람은 없었고 요나보다 더 특별한 사람도 없었다. 요나 한 사람과 니느웨 전체를 저울에 올려놓아도 자신에게 무게추가 기운다고 여길 사람이었다. 요나가 없어져야 하나님이 후회 하시려나 생각했다. 화를 내니 열이 더 나는 것 같았다.

초막 앞에 넝쿨이 가지를 뻗었고 잎이 넓적히 자라 찌는 태양을 가려주었다. 화는 났지만 아늑한 그늘 아래 머무니 시원한 바람이 불어 위로가 되었다. 잠이 스르르 왔다. 얼마나 잠들었을까? 햇빛이 눈을 부시게 했고 더운 공기 때문에 요나가 일어났다. 분명히 넉넉한 그늘이 있었는데 아침에 보니 하늘이 확 드러나 있었다. 박넝쿨이 말라 있었다. 밤사이 벌레가 줄기들을 다 쪼아 먹은 까닭이었다. 뜨거운 햇빛과 더운 바람 때문에 숨 쉬기도 불편했다. 요나는 다시 화가 났다.

> "해가 뜰 때에 하나님이 뜨거운 동풍을 예비하셨고 해는 요나의 머리에 쪼이매 요나가 혼미하여 스스로 죽기를 구하여 이르되 사는 것보다 죽는 것이 내게 나으니이다 하니라"(욘 4:8).

요나는 또 죽여달라고 했다. 차라리 죽는 게 낫다고 생각했다. 하나님은 화를 내는 그에게 고작 박넝쿨 하나 때문에 그렇게 화를 내는 것이 옳으냐고 물으셨다. 그러자 요나는 더 역정을 냈다. "내가 화를 내다가 화병에 그냥 콱 죽어도 옳고도 옳습니다요!" 그것이 요나의 답변이었다. 그는 자기애로 똘똘 뭉친 사람이었다. 자기가 괴롭고 힘든 것을 참을 수가 없었다. 하나님이시라도 그의 성질을 이길 수가 없는 것이었다.

모든 것은 다 하나님이 준비하셨다. 하나님은 배를 타고 도망가는 요나를 위해 큰 바람을 준비하셨다(욘 1:4). 제비에 뽑힌 요나가 바다에 던져졌을 때 삼 일 동안 그를 삼키고 구제해준 큰 물고기가 대기하고 있었다(욘 1:17). 초막을 짓고 니느웨가 어떻게 될지를 지켜보던 요나를 위해 그늘을 드리워줄 박넝쿨을 준비하셨고(욘 4:6), 요나를 깨닫게 하기 위해서 박넝쿨을 뜯어먹을 벌레 한 마리를 예비하셨으며, 뜨거운 동풍도 마련하셨다(욘 4:8). 거대한 것에서부터 미세한 것까지 하나님은 하나하나 준비하셨다.

요나는 하나님의 주의를 끄는 데 성공했다. 자기가 중심인 인물이기 때문에 하나님의 명령을 거부하기도 했고 하나님에게 반항하기도

했다. 하나님 없이도 스스로 인생을 이끌어갈 수 있다는 것을 보여주고 싶었다. 그런데 하나님은 준비하신 것들을 통해 요나에게 깨닫게 하시고 교훈을 주셨다. 요나가 말라버린 박넝쿨을 보면서 화를 낸 이유는 무엇인가? 자신이 괴롭고 자신이 덥기 때문이었다. 중요한 것은 자기 자신이었다. 하나님은 그런 그에게 말씀하셨다.

"여호와께서 이르시되 네가 수고도 아니하였고 재배도 아니하였고 하룻밤에 났다가 하룻밤에 말라버린 이 박넝쿨을 아꼈거든 하물며 이 큰 성읍 니느웨에는 좌우를 분변하지 못하는 자가 십이만여 명이요 가축도 많이 있나니 내가 어찌 아끼지 아니하겠느냐 하시니라"(욘 4:10-11).

하나님이 주어이다

니느웨는 삼 일을 넘게 다녀야 될 정도로 거대한 도시였다. 그런데 요나는 딱 하루를 다니면서 외쳤을 뿐이었다(욘 3:4). 전 도시의 3분의 1도 안 되는 사람이 요나의 소리를 들을까 말까였다. 그럼에도 전 도시가 사람과 짐승을 망라하고 회개하게 된 이유는 절대로 요나 때문이 아니었다. 요나가 주어가 아니라 하나님이 주어라는 것, 하나님이 하신다는 사실을 보여주기 위한 것이었다.

요나서에는 처음부터 끝까지 그렇게 기록되어 있다. 말하자면 하나님이 주어인 성경이다. 하나님이 없으면 아무것도 할 수가 없다. 그런데 요나는 끊임없이 하나님으로부터 멀어지고 도망가려 했다. 하나님을 밀어내려고 했다. 하나님이 필요 없고 하나님을 피하려고만 했다. 하나님을 피하면서 하나님이 필요 없는 곳으로 가서 살려고 했다. 그런데 하나님은 그런 요나를 끊임없이 불러내셨다.

요나 같은 사람은 자신이 모든 것을 주관하고 계획하고 살면 멋진 인생이 될 수 있을 거라고 믿는다. 그래서 하나님도 얼마든지 밀어낼 수 있었다. 하나님의 얼굴을 피한다는 것은 하나님이 필요 없다는 말이 아닌가? 그러나 하나님은 전체 역사를 이끌어 가신다. 거대한 바람에서부터 3일간 숨 쉬며 살 수 있는 큰 물고기와 순식간에 그늘을 드리울 수 있는 박넝쿨, 그리고 그것을 씹어 먹는 작은 벌레 한 마리와 뜨거운 동풍까지 하나님은 모든 것을 책임지고 관리하셨다. 요나서는 우리에게 하나님에 대하여 증거한다. 하나님이 없으면 안 된다고. 하나님을 피할 수는 없으며 하나님을 떠나서는 아무것도 아니라고.

자기중심에서 하나님 중심으로

다시 엘리야로 돌아와 보자. 아무리 많은 기적과 승리를 이루어도 자기만 중요하다고 생각한다면 정말 중요한 것을 놓치고 만다. 엘리야는 죽고 싶어 했지만 죽더라도 아합과 이세벨이라는 절대 권력 앞에서 죽어야 했다. 하나님을 밀어버리고 나 혼자는 절대로 설 수 없다. 혼자서는 여인의 단 한마디 말에도 절망을 느낄 수밖에 없다. 엘리야가 말한 "오직 나만 남았다"는 말은 무슨 뜻일까? 자기 자신이 온 세상의 중심이라는 뜻이었다. 그러나 하나님은 그렇지 않다고 말씀하셨다. 하나님은 권력자인 왕들도 내려오게 할 수 있으시며, 무거운 짐도 내려놓게 할 수 있는 분이시다. 광활하고 엄청난 소리가 아니라 세미한 소리로도 하나님은 얼마든지 역사하실 수 있음을 보여 주셨다. 세상에 엘리야만 혼자 두지 않으시고 목숨을 다할 일꾼들을 7천이라는 완전한 숫자로 남겨 놓으셨다.

엘리야는 메신저였다. 그가 하나님의 말씀보다 자신을 의지하는 순간 나락에 빠질 수밖에 없었다. 이세벨의 말이 하나님의 말씀보다 위대한가? 이세벨의 분노가 하나님의 의로우심보다 큰가? 절대로 그렇지 않다. 그러나 하나님의 말씀보다 자신을 더 내세울 때 공포에 빠져버린다. 엘리야는 모든 이적 속에서 하나님의 인도와 역사하심을 분명히 알았다. 하나님이 주어인 삶이었다. 그러나 어느 순간부터 하나님이 사라지기 시작하자 이세벨의 위협에 나만 살아보겠다고 도망치고, 하나님 앞에서도 나만 남았다고 말하는 자신이 주어인 삶이 되어버렸다.

그리고 하나님은 엘리야에게 선언처럼 말씀하셨다. "나는 바알에게 무릎 꿇지 않은 칠천 명을 남겨놓았다." 이것은 "너만 남은 것이 아니다. 너 자신이라는 자기중심에서 나와라. 너만 최고가 아니다"라는 말씀이셨다. 하나님은 엘리야를 위해서 엘리사라는 예언자도 준비하셨다. 엘리야는 이제 무대에서 내려올 때가 되었고, 그의 역할은 끝이 났다. 역사에서 홀연히 사라지면 된다. 무덤도 필요 없이 불 병거를 타고 가면 그만이다.

무엇인가 대단한 것을 이루어낸 사람이 있다. 가령 열 명으로 시작된 개척교회가 수천 명, 수만 명을 넘어섰다든지, 초라한 출자금을 가지고 시작한 회사가 굴지의 대기업으로 성장했다든지 하는 일이 벌어지는 경우이다. 우리는 그것을 신화라 여기고, 그렇게 만들어낸 사람을 대단하게 여긴다. 분명 훌륭한 일이다. 그러나 그것은 그가 해낸 일이 아니다. 요나가 겨우 하루를 돌며 작은 소리로 말했는데 온 도시가 회개하는 일이 일어났다면 절대로 그가 한 일이 아니다. 한 여인의 위협에도 벌벌 떠는 엘리야가 850명이나 되는 이방 선지자들을 이길 수 있었다면 절대로 그가 해낸 일이 아니다.

그런데 우리는 요나를 대단하게 여기고 엘리야를 우러러 본다. 사람들은 그들을 존경하고 추앙한다. 과연 온당한 일일까? 아무리 대단한 기업을 일구더라도, 아무리 엄청난 교회를 만들어냈더라도 그것은 절대 그 사람이 이룬 것이 아니다. 때가 되면 조용히 자리에서 내려와야 할 뿐이다. 하나님 없이 내 힘으로 무엇인가를 하려고 하면 작은 박넝쿨 하나에도 웃고 울 수밖에 없는 작은 존재가 바로 인간이다.

우리는 모두 부족한 사람이다. 하나님의 은혜가 임하자 까마귀가 고기를 가져다주고, 말 한마디에 말랐던 땅에 비가 내린다. 온종일 몸을 찢으며 소리치는 850명 앞에서 보기 좋게 하늘에서 불꽃이 떨어진다. 넓은 도시를 하루 정도 돌아다니며 마지못해 소리를 쳐도 온 도시의 사람들이 피를 토하는 심정으로 회개하는 일이 일어난다. 그때 우리는 착각해서는 안 된다. 그 모든 일이 나 혼자 한 것이라고. 아무리 대단한 것을 이루어내더라도 아기가 부모의 품을 떠날 수 없듯이 우리는 하나님의 품을 떠날 수 없다. 우리는 하나님의 자녀이며 하나님 없이는 살 수 없는 존재들이기 때문이다.

CHAPTER 10
현실 만족
: 지금 이대로가 너무 좋아!

- 고장 난 녹음기 같은 앵무새 선지자들
- 또 다른 앵무새 같은 사람
- 지금 이대로가 너무 좋아!
- 내가 사는 현실에 만족하기
- 그 후에 어떻게 되었을까?

현실 만족
지금 이대로가 너무 좋아!

고장 난 녹음기 같은 앵무새 선지자들

남유다의 여호사밧 왕과 북이스라엘의 아합 왕 사이에는 교류가 잦았다. 필요하면 군사적인 협력도 했고, 견해가 비슷하면 정치적인 합의도 쉽게 체결했다. 이스라엘 땅이었던 길르앗 라못을 아람이 차지하고 있는 중이었다. 아합 왕은 아람을 두 번이나 이긴 전력이 있었다(왕상 20장). 그러나 길르앗 라못을 되찾지는 못했다. 3년의 휴전기간 동안 아람이 얼마나 전력을 갖추었는지 모를 일이었다. 그래서 아합은 여호사밧에게 연합군을 결성하자고 제안했다.

한때 지역 최강자였던 아람이기에 두 나라가 연합을 했어도 전쟁에서 이긴다는 보장은 없었다. 여호사밧은 협력을 약속했지만 실제로 전쟁에 뛰어들기에는 위험 부담이 많았다. 그래서 그는 아합 왕에게 하나님의 뜻이 어떤지 알아봐달라고 했다. 하나님의 인도하심이 있으면 승산이 있고, 하나님이 동행하시지 않으면 이길 수 없는 전쟁이었다.

아합은 여호사밧의 말에 수긍했다. 그는 이스라엘의 선지자 400명을 모아서 물었다.

"길르앗 라못에 가서 싸우면 이길 수 있겠는가?"

400명의 선지자가 마치 한 목소리를 내듯이 대답했다.

"올라가십시오. 그 성읍은 왕의 것입니다."

그들은 적어도 바알과 아세라의 선지자는 아니었다. 이방 선지자들은 엘리야와의 대결로 몰살당했다. 그렇다고 남아 있는 선지자들이 모두 올바른 자들은 아니었다. 선지자란 하나님의 뜻을 따라야 할 의무가 있었다.

하나님의 뜻은 인간의 뜻과는 다르다. 만약 인간의 뜻과 하나님의 뜻이 같다면 우리가 하나님의 뜻을 궁금해할 필요가 없을 것이다. 얼마나 다르며, 어떻게 다르고, 어디에 하나님의 뜻이 있는지 가르쳐주는 게 선지자가 해야 할 임무였다. 하나님의 뜻은 선지자의 눈과 귀와 머리와 양심과 입술에 임한다. 보이지 않는 하나님을 볼 줄 아는 눈, 들리지 않는 하나님의 소리를 들을 줄 아는 귀, 헤아리지 못하는 하나님의 뜻을 살필 줄 아는 머리, 거슬리더라도 하나님의 생각에 따를 줄 아는 양심, 분명하다면 확실히 선포할 줄 아는 입술이 필요하다. 선지자가 그것을 하지 못한다면 일반인과 아무런 차이가 없다.

"이스라엘의 왕이 이에 선지자 사백 명쯤 모으고 그들에게 이르되 내가 길르앗 라못에 가서 싸우랴 말랴. 그들이 이르되 올라가소서. 주께서 그 성읍을 왕의 손에 넘기시리이다"(왕상 22:6).

그렇다면 지금 400명의 선지자들의 이 대답은 하나님의 뜻이 아닐 가능성이 크다. 그들은 너무 쉽게 말하고 있다. 그들의 대답은 누구를 겨냥하고 있으며, 누구에게 가장 큰 이익을 가져다주게 될까? 누구의 마음에 잘 맞을 것이며, 누구에게 가장 잘 영합하고 있을까? 하나님의 뜻을 알려면 기다림이 필요하다. 하나님의 뜻은 묻자마자 바로 나올 수가 없다. 질문을 듣자마자 신속하게 나올 정도라면 아합이나 여호사밧은 벌써 확신에 차 있어야 했다. 그러나 왕들은 불안했다. 선지자들의 대답은 왕이 듣고 싶은 말이고 비위만 맞출 뿐이었다. 그것은 하나님의 뜻과는 상관없었다.

여호사밧이나 아합은 선지자들의 말을 듣고서도 마음이 놓이지 않았다. 아람을 정벌할 수 있을지, 길르앗 라못을 가져올 수 있을지 자신이 없었다. 여호사밧은 400명 말고도 더 의뢰할 선지자가 있는지를 물었다. 아합의 머리에 떠오르는 예언자가 있었다. 이믈라의 아들 미가야였다. 미가야는 한 번도 아합의 마음에 흡족한 예언을 한 적이 없었다. 아합의 표현으로 항상 흉한 소리만 하는 사람이었다. 아합은 미가야가 거슬렸다. 그렇다고 쉽게 무시할 수 있는 인물도 아니었다. 여호사밧은 미가야를 불러달라고 말했다. 심부름꾼이 미가야를 데리러갔다. 그를 기다리는 동안 왕궁의 상황을 묘사하는 장면이 다음과 같이 나온다.

> "이스라엘의 왕과 유다의 여호사밧 왕이 왕복을 입고 사마리아 성문 어귀 광장에서 각기 왕좌에 앉아 있고 모든 선지자가 그들의 앞에서 예언을 하고 있는데"(왕상 22:10).

당시의 분위기를 보자. 왕들은 왕복을 입고 보좌에 앉아 있었다. 그들은 자신의 신분을 과시하듯 드러냈다. 그들이 앉은 자리는 높고 화려한 자리였다. 왕의 권세는 높은 곳에서 백성들이 있는 아래를 향하고 있었다. 북이스라엘의 수도인 사마리아에서도 성문 어귀라면 수많은 사람들이 지나가는 길목이었다. 가장 넓고 웅장한 광장에 수많은 백성들이 왕을 호위하듯 서 있고, 그 앞에 400명의 예언자 그룹이 왕의 질문에 대답하기 위해 대기하고 있었다. 그런 분위기에서 왕에게 반대하는 의견을 낼 수 있겠는가? 하나님의 뜻이라 확신해도 왕의 심기를 건드리는 주장을 전달할 수나 있겠는가? 400명의 선지자들은 최고 통치자가 듣고자 하는 말만 고장 난 녹음기처럼 반복할 수밖에 없었다.

예언자들 중에는 살아남기 위해, 또는 자신의 몸값을 높이기 위해 과장된 행위를 하는 이가 나타나기 마련이었다. 왕의 마음에 들기 위해서 무언가를 들고 나오는 이가 있었다. 대표적인 사람이 그나아나의 아들 시드기야였다. 그는 철뿔을 들고 나왔다. "이 철로 된 뿔처럼 왕께서 이끄시는 군대는 적들을 찌를 것이며 그들을 파멸시킬 것입니다."

철은 최첨단 재료였다. 구하기 어려운 비싸고 귀한 금속이었다. 청동이나 구리보다 산화하는 온도가 높기 때문에 당시의 기술로는 철을 제련하는 것이 좀처럼 쉽지 않았다. 시드기야가 철을 구해서 뿔을 만들었다는 것은 상당한 비용을 들였다는 뜻이고, 그 덕분에 사람들의 눈길을 끌 수 있었다는 말이 된다. 사람들은 시드기야를 보면서 감탄했다. 불에 담고 망치질을 해야만 무언가를 만들어낼 수 있는 그

고가의 철이 그의 손에 있었다. 시드기야는 말만 하는 선지자들보다 더 우위에 설 수 있었다.

뿔은 우뚝 솟아 있기 때문에 두드러져 보였다. 시드기야는 과시하듯 철뿔을 들고 "이것이 하나님의 뜻입니다"라고 말하면 토를 다는 사람이 없었다. 그의 말이 권력자의 비위에 맞으면 개인적인 이득으로 돌아왔다. 그의 위치는 더 공고해졌고 성과는 더 크게 돌아왔다. 이 정도 되면 다른 예언자들도 별 수가 없어진다. 시드기야의 말에 동의하거나 더 소리 높여서 그에게 편승해야 한다. 그래야 뭐라도 떨어질 수 있었다. 400명의 앵무새들이 탄생하는 순간이었다.

> "그나아나의 아들 시드기야는 자기를 위하여 철로 뿔들을 만들어 가지고 말하되 여호와의 말씀이 왕이 이것들로 아람 사람을 찔러 진멸하리라 하셨다 하고 모든 선지자도 그와 같이 예언하여 이르기를 길르앗 라못으로 올라가 승리를 얻으소서. 여호와께서 그 성읍을 왕의 손에 넘기시리이다 하더라" (왕상 22:11-12).

그런 상황에서 미가야가 등장했다. 심부름꾼은 광장에 도착하기 전에 귀띔을 해주었다.

"왕이 듣고 싶은 말만 하십시오."

그러나 미가야는 거절했다. 하나님이 주시는 말씀을 전하지 않고는 버틸 수 없다고 했다. 미가야가 왕의 앞에 섰다. 아합 왕이 물었다.

"우리가 길르앗 라못에 가면 이길 수 있을까?"

미가야는 조금 전의 결연한 의지와는 달리 너무 쉽게 대답했다.

"가서 싸우십시오. 승리할 수 있을 것입니다."

400명의 어용 선지자들과 마찬가지의 대답이었다. 우리는 왜 미가야가 마음에도 없는 소리를 했는지 알 수가 없다. 아마도 영합주의의 선지자들을 풍자했거나 조롱하는 태도였을 것이다. 분명한 것은 아합이 미가야의 의도를 금방 알아챘다는 사실이었다. 아합 왕은 미가야의 본심이 다른 데 있음을 알았다. 그는 하나님의 이름으로 진실한 것을 말하라고 촉구했다. 미가야가 드디어 예언의 말을 내놓았다.

"그가 이르되 내가 보니 온 이스라엘이 목자 없는 양같이 산에 흩어졌는데 여호와의 말씀이 이 무리에게 주인이 없으니 각각 평안히 자기의 집으로 돌아갈 것이니라 하셨나이다" (왕상 22:17).

왕이나 권력자의 마음에 들 만한 대답이 아니었다. 이 예언은 여러 가지로 해석될 수 있으나 적어도 북이스라엘과 남유다 연합군이 승리한다는 뜻이 아님은 누구라도 알 수 있었다. 아합은 여호사밧에게 미가야가 항상 이런 식이라고, 한 번도 자신의 기분을 맞춰준 적이 없다고 이죽거렸다.

실상을 말하자면 미가야의 예언은 전쟁에 대한 것이 아니었다. 왕들은 전쟁의 승리를 초미의 관심사로 여기고 있었으나 미가야는 안중에도 없었다. 지금 벌어지고 있는 현상이야말로 이스라엘을 위태롭게 하는 짓이었다. 예언자들이 왕에게 아부하는 것보다 더 위험한 일은 아합 왕이 그들에게 사로잡혀 미망에 빠졌다는 사실이었다. 미가야는 그 현실이 안타까웠다. 이스라엘에는 왕도, 예언자들도 목자가 되지 못했다. 미가야의 예언은 이어졌다.

"미가야가 이르되 그런즉 왕은 여호와의 말씀을 들으소서. 내가 보니 여호와께서 그의 보좌에 앉으셨고 하늘의 만군이 그의 좌우편에 모시고 서 있는데 여호와께서 말씀하시기를 누가 아합을 꾀어 그를 길르앗 라못에 올라가서 죽게 할꼬 하시니 하나는 이렇게 하겠다 하고 또 하나는 저렇게 하겠다 하였는데 한 영이 나아와 여호와 앞에 서서 말하되 내가 그를 꾀겠나이다. 여호와께서 그에게 이르시되 어떻게 하겠느냐. 이르되 내가 나가서 거짓말하는 영이 되어 그의 모든 선지자들의 입에 있겠나이다. 여호와께서 이르시되 너는 꾀겠고 또 이루리라. 나가서 그리하라 하셨은즉 이제 여호와께서 거짓말하는 영을 왕의 이 모든 선지자의 입에 넣으셨고 또 여호와께서 왕에 대하여 화를 말씀하셨나이다"(왕상 22:19-23).

미가야는 영적인 세계를 보았다. 그는 하나님의 보좌 아래에서 일어나는 일들을 보았다. 영적인 세력이 '길르앗 라못'을 미끼로 삼아 아합 왕을 파멸에 넣으려는 사실을 알았다. 그 배후에 악한 영이 있고, 400명의 선지자들이 그의 도구가 되어서 왕과 나라를 어지럽게 할 것을 보았다. 그는 하나님의 뜻이 인간의 말과 얼마나 다른지 알았다. 보이지 않는 하나님을 보았고, 들리지 않는 하나님의 소리를 들었으며, 하나님의 뜻에 대해 확실히 선포할 줄 알았다. 미가야는 나라를 걱정하고 왕을 아끼는 마음이었다.

그때 미가야의 눈에 번개가 쳤다. 시드기야가 다가와 미가야의 뺨을 후려친 것이었다. 시드기야는 여호와의 영이 자신을 떠나 미가야에게로 갈 리가 없다고 소리쳤다. 하나님이 그의 전유물인 양 으스댔다. 미가야는 한 가지 예언을 더 말했다. "네가 골방에 들어가서 숨는 그날에 보리라"(왕상 22:25).

만일 우리가 왕이라면 어느 쪽의 편을 들어야 할까? 귀에 거슬리더라도 미가야의 말을 들을까? 아니면 권위를 가진 시드기야와 400명의 예언자들의 말을 더 들을까? 미가야가 옳다는 것을 알지만, 막상 그 자리에 있으면 쓴소리하는 소수의 말에 귀를 여는 일은 어려울 것이다. 아합도 그랬다. 그는 미가야를 옥에 가두는 것으로 그의 입을 막았다. 자신이 돌아올 때까지 험악한 떡과 더러운 물을 주어 겨우 목숨이나 연명하도록 했다. 미가야는 현장에서 투옥되었다.

남들이 듣지 못한 소리를 듣고, 남들이 보지 못한 것을 보며, 하나님의 말씀을 깨달아 안 뒤, 그것을 용기 있게 외친다고 반드시 이익이 돌아오지는 않는다. 오히려 원하지 않는 어려움을 당하기도 한다. 우리는 과연 이런 일을 각오할 수 있을까? 많은 사람들이 보는 앞에서 뺨을 맞는 것은 물리적으로도 아픈 일이지만 자존심에 타격을 입는 매우 고통스러운 일이다. 인격이 모욕당하고 바로 그 자리에서 세상과 격리될 수도 있다. 감옥에서도 최소한의 대우를 받지 못하고 죽지 않을 정도만 먹게 된다.

반면 400명의 예언자들과 특히 시드기야를 생각해보자. 그들은 뺨이라곤 한 번도 맞아본 적이 없을 것이다. 적당히 고개를 숙이고 다른 사람들의 얘기에 맞장구만 쳐도 먹을 것이 나오고 칭찬도 받을 수 있다. 조금만 노력해서 철뿔 같은 구조물을 사용하거나 잘나가는 사람의 줄에 서기만 해도 편하게 살 수가 있다. 부귀와 인기를 누리고 있는 시드기야의 입장에서는 어떤 변화도 싫을 것이다. '그냥 이대로' 현실에 만족할 것이다. 지금의 상황이 좋고 누림이 좋다. 미가야 같은 사람이 나타나 초를 치지 않는다면 왕이 자기에게 힘을 실어주고 백성들이 자신을 우러러 보는 상황, 이 얼마나 좋은가!

또 다른 앵무새 같은 사람

원칙과 신념을 버리고 현실에 안주하는 사람은 또 있었다. 요단강 서쪽, 베냐민과 므낫세 지파가 차지한 땅 사이에 에브라임 산지가 있었다. 멀리서 보면 산세가 험악해 보이지만, 가까이 가면 높은 구릉지대라서 천혜의 요새이기도 한 이곳은 토양도 비옥하고 강우량도 많으며, 농지도 넓어 많은 수확물을 거둘 수 있는 곳이었다. 그곳에 저택 여러 채를 보유한 부자 여인이 있었다(삿 18:14). 그녀에게는 미가라는 이름의 아들이 있었는데, 아들이 어머니에게 와서 말했다.

> "그의 어머니에게 이르되 어머니께서 은 천백을 잃어버리셨으므로 저주하시고 내 귀에도 말씀하셨더니 보소서. 그 은이 내게 있나이다. 내가 그것을 가졌나이다 하니 그의 어머니가 이르되 내 아들이 여호와께 복 받기를 원하노라 하니라"(삿 17:2).

이 여인은 어느 날 천백의 은을 도둑맞았다. NIV에서는 그 은의 단위를 세겔로 번역했다. 1세겔은 11.4g의 무게이므로 은 천백 세겔은 12,540g, 즉 12kg이 넘었다. 은 1세겔은 일반 노동자가 4일 동안 일한 대가에 해당되기에 하루 임금을 10만 원으로 계산하면 1세겔은 40만 원이 된다. 따라서 미가의 어머니가 잃어버린 은 천백은 약 4억 4천만 원이나 되는 돈이었다. 더욱이 당시 제사장의 연봉이 10세겔이었기 때문에(삿 17:10), 은 천백 세겔이란 단위는 생각보다 훨씬 큰 금액이었다.

그 돈을 누가 도둑질했을까? 어머니가 잃어버린 돈은 아들 미가가 몰래 훔친 것이었다. 어머니가 어디에 돈을 숨겼는지 잘 아는 아들이 벌인 짓이었다. 아들이 어머니의 눈치를 살폈더니 어머니가 도둑놈에게 저주를 내리는 것이 아닌가! 미가는 놀라서 돈을 도로 가져다주면서 실토를 했다. "어머니, 돈이 여기에 있네요."

저주가 두려워 돈을 돌려준 아들보다 더 안절부절못한 것은 어머니였다. 저주를 뱉어버린 터라 아들에게 저주가 내릴까봐 걱정이 되었다. 어머니는 먼저 아들을 축복했다. "우리 아들, 하나님에게 복을 받을 거야." 그러고도 불안한 여인은 저주를 막는 데 그 돈을 사용하기로 했다. 어떤 방법이 있을까? 여인은 신상을 만들라고 했다. 보이지 않는 하나님에게 돈을 드릴 수가 없으니 보이는 신상을 만들어 돈을 바치기로 한 것이었다. 미가는 신상을 만드는 사람을 찾아갔다. 신상을 만드는 비용으로 은 이백이 사용되었다.

신상을 만드는 김에 에봇과 드라빔도 주문했다. 에봇은 제사장이 입는 조끼 모양의 긴 상의인데, 거기에 우림과 둠밈이 있어서 하나님의 뜻을 물을 수 있었다. 금색, 청색, 자색, 홍색, 흰색 다섯 가지 색상의 실로 만드는 에봇에는 견대에 호마노가 두 개 있었고, 띠는 형형색색의 베실로 짜서 붙였다(출 28장). 그러나 이때는 사사시대라서 과연 율법대로 정확하게 에봇을 만들었는지 알 수가 없다. 드라빔은 일종의 가족 우상으로, 야곱의 아내 라헬이 아버지의 드라빔을 훔쳤다가 나귀 안장 아래에 숨겼던 전력이 있는 것이었다(창 31장). 신상도 있고, 드라빔도 있고, 제사장의 옷도 갖춘 터라 미가는 자기 아들 중에 하나를 제사장으로 세웠다. 이제 그의 집은 신당이 되어버렸다.

"그 사람 미가에게 신당이 있으므로 그가 에봇과 드라빔을 만들고 한 아들을 세워 그의 제사장으로 삼았더라"(삿 17:5).

만약 이것으로 이야기가 멈추었다면 어느 부잣집에서 벌어진 욕망과 우상에 관한 해프닝으로 끝났을 것이다. 그런데 그 동네에 레위인 하나가 지나가면서 사건은 이상한 방향으로 흘러갔다. 천혜의 요새답게 쉽게 사람이 들어오기 힘든 이곳에 베들레헴 출신의 레위 청년이 도착했다. 레위 청년은 밥이나 얻어먹으려고 잠시 머물렀다. 미가가 레위 청년에게 관심을 가지고 어디서 온 누구인지를 물었다.

"저는 유다의 베들레헴에 사는 레위인인데요, 직장도 없고 딱히 할 일도 없어서 이곳저곳을 돌아다니는 중입니다. 머물만한 곳을 찾으면 그냥 눌러 살려고요."

미가는 그의 출신과 신분을 듣는 순간 좋은 생각이 떠올랐다.

"젊은이, 자네가 살 곳이 바로 이곳이네. 자네 전공을 살려보지 않겠나? 마침 우리 집안에 신상이 있는데, 자네가 레위인이니 이곳의 제사장이 되면 어떻겠나? 자네를 아들처럼 여기고 싶군. 연봉으로 은 십 세겔과 의복 한 벌을 주겠네."

레위 청년은 귀가 번쩍 뜨였다. 더 이상 이주하는 것도 힘들었고 버틸 돈도 다 떨어졌는데 뜻밖에 직장과 가족이 생겼다. 우리는 여기에서 일면식도 없던 무명 청년이 제사장으로 고용된 것에 의문이 생긴다. 미가의 아들 중 하나가 이미 제사장을 하고 있는 중이고, 레위 청년의 정체도 모르는데 보자마자 채용하는 것이 이상해 보인다. 그러나 이해하기 어려운 일도 아니다. 아들 제사장이 레위인이 아니기 때문에 제사에 어떤 문제가 있었을 것이다. 그러나 레위인 청년이라면 훌륭히 제사행위를 할 수 있을 것이고, 그러면 하나님으로부터 복을 받을 수 있을 것이라 여겼다. 더욱이 아들에 비해서 외지인이기 때문에 문제가 생기면 언제든지 자를 수 있다는 장점도 있었다. 돈으로 고용했기에 돈이면 얼마든지 조종할 수 있다고 보았다. 미가는 고용주가 되었다.

이야기가 여기에서 중단되었어도 어느 부자의 욕망과 거기에 편승한 레위인의 탈선에 관한 해프닝으로 끝났을 것이다. 그런데 이야기는 또 이상한 방향으로 흘러갔다. 이스라엘 지파 중에서 기업을 분배받지 못한 단 지파가 다섯 명의 정탐꾼을 보내서 그들이 거주할 땅을 찾아보게 했다. 다섯 명은 천혜의 요새답게 사람이 들어가기 힘든 에브라임 산지로 우연히 흘러왔다. 그들은 미가의 집에서 며칠간 머물렀다. 그곳에서 레위 청년과 만나게 되었는데 한눈에 심상치 않음을 알았다. 그에게 정체에 대해서 물었다. 레위 청년은 어쩌다 이곳까지 왔는데 이 집에서 제사장으로 임직 중이라고 대답했다. 다섯 명은 자신의 사명에 대해 말하면서 단 지파가 머물 땅을 찾을 수 있을지 물었다.

> "그 제사장이 그들에게 이르되 평안히 가라. 너희가 가는 길은 여호와 앞에 있느니라 하니라"(삿 18:6).

다섯 명은 제사장의 대답에 기분이 좋아졌다. 우연인지 길을 떠난 지 얼마 되지 않아 단 지파가 머물만한 딱 좋은 장소를 찾게 되었다. 다섯 명은 본진으로 돌아가서 단 지파에게 적당한 장소를 찾았다고 보고했다. 더 이상 망설일 이유가 없었다. 단 지파는 군대를 조직해서 정탐꾼들이 찾은 땅을 향했다. 가는 중에 미가의 집이 있어서 군대는 거기에 머물렀다. 동행한 다섯 명은 무단으로 미가의 집으로 들어가 신상과 드라빔, 그리고 에봇을 훔쳤다. 졸지에 직업을 잃게 된 레위 청년 제사장이 그들을 막아섰다. 다섯 명은 제사장에게 말했다.

> "그들이 그에게 이르되 잠잠하라. 네 손을 입에 대라. 우리와 함께 가서 우리의 아버지와 제사장이 되라. 네가 한 사람의 집의 제사장이 되는 것과 이스라엘의 한 지파 한 족속의 제사장이 되는 것 중에서 어느 것이 낫겠느냐 하는지라. <u>그 제사장이 마음에 기뻐하여 에봇과 드라빔과 새긴 우상을 받아 가지고 그 백성 가운데로 들어가니라</u>"(삿 18:19-20).

레위 청년은 한 집의 제사장에서 한 지파를 대표하는 제사장으로 승진했다. 단 지파 군인들은 미가의 집의 가축과 물건들을 닥치는 대로 훔쳐서 마을을 떠났다. 뒤늦게 도둑맞은 사실을 알게 된 미가는 단 자손을 쫓아갔다. 재산은 다 가져가도 좋으니 신상과 제사장은 돌려달라고 말했다. 동네 주민들을 대동하고 갔지만 미가의 상대는 군인들이었다. 단 지파 군인들은 미가를 위협했다. "얌전히 돌아가면 목숨은 빼앗지 않겠다." 미가는 발걸음을 돌렸다. 군인들을 이길 수는 없는 일이었다. 신상을 들고 가는 단 지파 군인들 사이에 자신이 고용했던 제사장의 뒷모습이 보였다.

제사장을 데리고 간 덕분이었을까? 다섯 명이 정탐했던 곳은 순식간에 점령되었다. 단 지파가 머물기에 최적의 입지였다. 기름지고 넓은 땅이었다. 그곳에 살던 원주민들은 군인들에 의해 몰살당했다. 단 지파는 원래의 이름인 '라이스'를 지우고, '단'이라는 자신들의 이름을 붙였다. 이제 단 지파는 단이라는 땅에 정착하며 살 수 있게 되었다.

> "단 자손이 자기들을 위하여 그 새긴 신상을 세웠고 모세의 손자요 게르솜의 아들인 요나단과 그의 자손은 단 지파의 제사장이 되어 그 땅 백성이 사로잡히는 날까지 이르렀더라. 하나님의 집이 실로에 있을 동안에 미가가 만든 바 새긴 신상이 단 자손에게 있었더라" (삿 18:30-31).

한갓 해프닝으로 끝났을 이 신상은 단 지파의 종교가 되어버렸고, 단 지파는 여호와의 신앙과 토속 종교와 우상 숭배가 합쳐진 이상한 종교를 만들어버렸다. 그리고 그 주역인 레위 청년의 이름이 등장하는데 바로 '요나단'이었다. 성경에는 모세의 손자이며 게르솜의 아들이라고 나와 있다. 우리는 이제 미가는 물론이고 단 지파까지도 그를 제사장으로 채용하려고 왜 그렇게 애썼는지를 알 수 있게 되었다. 그의 배경 때문이었다. 그는 모세의 손자였다. 이미 죽었으나 그 유명한 모세가 그의 할아버지였다. 물론 검증할 수 없었다. 그럼에도 모세라는 이름은 요나단에게 후광효과를 주었다. 미가는 물론이고 단 지파도 모세의 권위와 유명세에 영합했다. 요나단은 직장 없는 떠돌이에서 일약 한 지파의 제사장이며 아버지가 되어버렸다.

지금 이대로가 너무 좋아!

레위 청년 제사장 요나단에게 이 신상이 얼마나 좋았을까? 아무것도 아닌 사람에 불과한 그가 모세라는 직계 조상의 덕을 입었고, 레위인이라는 신분의 혜택을 입으면서 호의호식할 수 있었으니 얼마나 신이 났겠는가? 자기가 노력하고 힘쓴 것이 거의 없는데 돈도 벌고 존경도 받으니 얼마나 좋았겠는가? 그는 적당한 여자도 만났고, 그래서 아들도 많이 낳아 그 아들에게 직위를 대물림하면서 대대로 잘 먹고 잘 살게 되었다.

제사장 요나단이 노력해야 할 것은 무엇이었을까? 선택을 잘하고 줄을 잘 서는 것이었다. 미가라는 부잣집을 잘 선택했고, 단 지파가 우상을 쓸어갈 때 그쪽 줄에 선 것도 잘한 일이었다. 그는 자기보다 센 사람에게 얼마나 아부를 잘 할 것인지를 본능적으로 알았다. 제사장으로서 그럴듯한 축복의 말을 꾸미고, 우상을 그럴듯하게 보이도록 최선을 다했을 것이다. 자기를 고용한 사람의 마음에 들게 하는 처세

술은 점점 더 능숙해갔다. 그것만 잘해도 평생 먹고 사는 것, 자자손손 잘 살 수 있는 삶이 보장되었다.

그가 태어나길 레위인으로, 어쩌다 보니 조상 중에 모세가 있어서 그 이름 덕을 톡톡히 보았으며, 어렵고 혼란스러운 시기에 금수저가 되어버렸다. 그는 현실이 만족스러웠고 "지금 이대로"를 외치고 싶었을 것이다. 그렇게 가지고 싶었던 것을 소유했고 그것을 계속 유지하고 싶었다. 그 후에 그는 어떻게 되었을까?

내가 사는 현실에 만족하기

당신은 현실이 만족스러운가? 대부분의 사람들은 현실이 만족스럽지 않을 것이다. 더 이상 바라는 게 없을 정도로 괜찮은 인생은 드물다. 물론 현실에 만족하는 사람도 있다. 그것은 월등하게 좋은 조건 때문이 아니라 타인과의 비교 속에서 만족하는 경우일 것이다. 더 이상 나을 것이 없기 때문에 체념적으로 현실에 만족해버리기도 한다. 발전하거나 앞으로 나아가지 않고 그냥 현실에 눌러 앉는다. 현실에 만족하지 않으면 발전하기도 한다. 현실이 만족스럽지 않을 때 그것을 어떻게 바꿔야 할까?

예수님이 예루살렘에 입성하실 때였다. 수많은 사람들이 종려나무 가지를 들었다. 그들은 예수님을 향해 "호산나"를 외쳤다. 호산나란 "지금 우리를 구원하소서"라는 뜻이다. 호산나는 그들의 현실을 반영하고 있었다. 그들은 구원이 없는 피폐한 현실을 살고 있었다. 현실이 만족스러울 리가 없었다. 그래서 예수님이 오셨으니 아픔이 치유되고, 억압에서 풀려나며, 로마로부터 구원받게 될 것을 기대했다.

예수님이 예루살렘에 입성하실 때는 일요일이었고 십자가에 못 박히신 때는 금요일이었다. 그러니까 예루살렘 주민들이 "호산나"를 외치고 겨우 5일이 지난 뒤에 "십자가에 못 박으라"고 소리쳤다. 그들은 너무나 쉽게 태도를 바꾸었다. 왜 그렇게 예수님에게 분노했던 것일까? 그들이 만족할 현실은 예수님이 제시하는 현실과 달랐기 때문이었다. 예수님이 바꾸시고자 한 것과 그들이 원하는 것 사이에 갈등이 생기자, 일주일도 안 되어서 '환영'에서 '격분'으로 그들의 자세를 바꾸었다. 사람들은 만족스럽지 않은 현실을 바꾸고 싶어 한다. 중요한 일이다. 그러나 과연 우리가 꿈꾸는 새로운 현실과 예수님이 보여주시는 현실은 얼마나 닮아 있을까? 당신은 예수님이 가리키는 현실을 받아들일 마음이 있는가?

예수님이 십자가에 못 박혀 죽으신 뒤 시간이 흘렀다. 어느 날, 베드로와 요한이 성전 미문에서 걷지 못하는 사람을 고쳤다. 기적을 보고 수많은 사람들이 몰려들었다. 그들은 성전 안 솔로몬의 행각에서 베드로와 요한을 만났다. 베드로는 그들에게 예수님의 죽으심과 부활을 설명했다. 오후 3시에 성전으로 들어갔다가 사람들에게 둘러싸여 복음을 전하다 보니 어느덧 저녁시간이 되었다. 그제야 사두개파 사람들과 제사장들이 성전 경비대를 몰고 와서 베드로와 요한을 잡았다. 재판을 받기에는 늦은 시간이라 베드로와 요한은 감옥에 갇혀야 했다(행 4:3).

베드로가 감옥에 들어간 것은 그의 인생에서 처음 있는 일이었다.

예수님이 잡히셨을 때는 세 번이나 부인하는 바람에 수감을 면했다. 그런데 이번에는 늦은 밤에 투옥되어 다음 날까지 갇혀 있어야 했다. 이것은 예수님이 잡히신 사건과 매우 유사했다. 예수님도 늦은 밤에 잡히셨고 밤새 갇혀 있어야 했다. 예수님이 사형선고를 받은 날이 먼 옛날도 아니었다. 예수님은 유월절 후 금요일에 십자가에서 죽으셨고, 삼 일 뒤에 부활하셨다. 그 후 40일 동안 제자들과 함께 지내셨고, 그 뒤 승천하셨다. 오순절에 성령강림 사건이 일어났다. 유월절 후 50일이 지나면 오순절이고, 그때 제자들이 성령을 받은 후 사도행전 2장이 끝난다. 3장에서 베드로와 요한이 걷지 못한 자를 고쳤기 때문에 베드로가 감옥에 갇힌 날은 예수님이 십자가에 달린 날로부터 많이 잡아야 두 달 후라는 말이 된다.

감옥에 들어간 베드로와 요한의 심정은 어땠을까? 불과 두 달 전에 예수님은 잡히시고 사형에 처해졌다. 그날 어두워지기 시작할 때 가룟 유다가 예수님을 배신하러 나갔다(요 13:30). 예수님은 겟세마네에서 기도를 하셨고, 그 사이에 군인들을 데려온 가룟 유다에 의해서 잡히셨다. 예수님은 고문을 당했고, 매를 맞았으며, 고통스러운 시간을 보낸 후 다음 날 십자가에 못 박혀 죽으셨다. 베드로와 요한에게는 어제처럼 생생히 기억되는 시간이었다.

그런데 비슷한 시간에, 비슷한 사람들에 의해서, 비슷한 장소로 끌려왔다. 앞으로 어떤 일이 일어날까? 베드로와 요한도 예수님처럼 다음 날 사형에 처할지도 모른다. 예수님을 그렇게 빨리 죽일 수 있다면 두 번, 세 번도 어렵지 않을 일이었다. 베드로와 요한은 벌벌 떨어야 했다. 무서워하고 어쩔 줄 몰라 해야 했다. 절망에 빠져 현실을 부정하고 죽음에 대해 겁먹어야 했다. 평소의 베드로와 요한이라면 그럴 만했다. 그런데 그들은 전혀 다른 사람이었다.

다음 날 예수님처럼 공의회의 재판정에 섰다. 위세를 떨치던 사람들 앞이었다. 그들 중 대부분은 예수님을 십자가에 내주도록 빌라도 총독에게 압력을 가한 전력이 있었다. 이번에는 베드로와 요한의 차례였다. 무슨 권위로 백성들을 선동하는지, 걷지 못한 자를 고치는 데 어떤 속임수를 썼는지 등 날카로운 심문이 이어졌다. 베드로가 대답했다.

"너희와 모든 이스라엘 백성들은 알라. 너희가 십자가에 못 박고 하나님이 죽은 자 가운데서 살리신 나사렛 예수 그리스도의 이름으로 이 사람이 건강하게 되어 너희 앞에 섰느니라. 이 예수는 너희 건축자들의 버린 돌로서 집 모퉁이의 머릿돌이 되었느니라. 다른 이로써는 구원을 받을 수 없나니 천하 사람 중에 구원을 받을 만한 다른 이름을 우리에게 주신 일이 없음이라 하였더라" (행 4:10-12).

도발적인 대답이었다. 공회는 베드로와 요한을 기소한 뒤 종교재판으로 넘겨서 돌에 맞아 죽게 할 수도 있었다. 예수님을 죽였던 그들이 제자들이라고 봐줄 것 같지 않았다. 예수님에 대해서 증언하고, 예수님의 부활을 주장했으니 베드로의 목숨도 위험한 상황이었다. 그러나 베드로와 요한은 담대했다. 자신을 죽일 수도 있는 사람들 앞이었다. 어떻게 그런 일이 벌어질 수 있었을까?

만약 베드로와 요한이 그들의 현실에 만족했다면 절대로 그런 대답을 할 수 없었을 것이다. 그들의 현실이 소중하고, 현실의 안일함에 빠져 있었다면 그렇게 담대히 대응하지는 못했을 것이다. 그들은 알았다. 그들에게 현실보다 더 중요한 것이 있다는 사실을.

천국이란 그 날, 그 나라이기도 하지만 지금, 여기 이곳이기도 하다. 초대교회 성도들은 비참한 현실을 보냈지만 현실에서 타협하거나 안주하지 않았다. 현실을 빼앗으려는 세력으로부터 승리했다. 베드로를 포함해서 수많은 신앙의 선배들은 현실의 안락함과 안이함 속에 만족하며 살지 않았다. 그들은 저항했다. 그리고 더 나은 현실을 만들었다.

베드로는 비록 위협을 받았으나 놓여났다. 그것이 끝이 아니었다. 베드로는 또 투옥되었다. 그럼에도 그의 의연함은 그대로였다. 얻어맞고, 수난을 당하고, 거꾸로 십자가에 못 박혀서 죽어도 절대로 타협하지 않았다. 현실을 도피하고 싶어서가 아니라 현실을 새롭게 바꾸고 싶어서였다. 그런 신앙의 선배들 덕분에, 그들의 이름이 빛나기 때문에 현실이 변화되었다. 지금 이대로가 좋아서가 아니기에 더 나은 현실이 만들어졌다.

그 후에 어떻게 되었을까?

미가야의 이야기로 돌아와 보자. 미가야는 억울한 옥살이를 했고, 고생의 떡과 고생의 물을 마셨다(왕상 22:27). 유다의 여호사밧 왕과 이스라엘의 아합 왕은 길르앗 라못으로 올라갔다. 400명 예언자의 말을 믿고 전쟁에 참가했다. 가서 이기면 되는 것이었다. 그럼에도 한구석이 찜찜했던 아합은 자신의 왕복을 벗어 여호사밧에게 주었다. 최악의 경우 자기 대신에 여호사밧을 희생시키려고 했다. 아람과의 전쟁은 치열했다. 어느 쪽도 쉽게 투항하지 않았다.

아람의 작전은 연합군 중에서 아합에게만 집중하는 것이었다. 그들의 작전은 성공을 거두어서 아합 왕을 사로잡을 수 있었다. 아람 군인이 아합을 죽이려고 할 때 왕복을 입은 여호사밧이 소리쳤다. "나는 아합 왕이 아니오." 그들은 여호사밧을 풀어주었다. 남유다와의 관계를 위해서였다. 일반 병사의 옷을 입은 이스라엘 왕 아합은 어디로 사라졌는지 알 길이 없었다. 그런데 이상한 일이 벌어졌다.

> "한 사람이 무심코 활을 당겨 이스라엘 왕의 갑옷 솔기를 맞힌지라. 왕이 그 병거 모는 자에게 이르되 내가 부상하였으니 네 손을 돌려 내가 전쟁터에서 나가게 하라 하였으나 이날에 전쟁이 맹렬하였으므로 왕이 병거 가운데에 붙들려 서서 아람 사람을 막다가 저녁에 이르러 죽었는데 상처의 피가 흘러 병거 바닥에 고였더라" (왕상 22:34-35).

꾀를 썼던 아합은 우연히 자신에게 날아온 화살에 맞고 쓰러졌고, 끝내 숨을 거두고 말았다. 아합이 죽자 전쟁은 싱겁게 끝이 났다. 미가야의 예언처럼 군인들은 다 흩어져 각자 고향으로 돌아갔다. 전쟁을 부추겼던 400명의 예언자와 시드기야가 어떤 반응을 했는지 우리는 모른다. 아합 왕은 죽어서 미가야의 예언이 이루어진 것을 자신의 눈으로 확인하지 못했다. 그러나 우리는 안다. 앵무새처럼 같은 말만 반복하는 예언이 잘못되었다는 것과 감옥에 갇혀 있는 미가야의 말이 맞았다는 사실을. 죽은 아합이 후회해봐야 자신의 과오를 뒤집지 못한다는 사실을.

미가의 신상은 어떻게 되었을까? 떠돌이에 불과했던 레위 청년 제사장은 단 지파의 제사장이 되어서 이상한 신상 숭배를 지파 전체의 중심에 두었다. 자신이 모세의 후손이라는 것, 레위인이라는 사실만으로도 만족스러운 현실을 누리게 되었다. 그는 "지금 이대로!"를 외치며 대대손손 잘 먹고 잘 사는 것을 꿈꾸었을 것이다. 그러나 사사기 18장의 마지막 부분을 다시 한 번 확인해보자.

> "단 자손이 자기들을 위하여 그 새긴 신상을 세웠고 모세의 손자요 게르솜의 아들인 요나단과 그의 자손은 단 지파의 제사장이 되어 그 땅 백성이 사로잡히는 날까지 이르렀더라. 하나님의 집이 실로에 있을 동안에 미가가 만든 바 새긴 신상이 단 자손에게 있었더라"(삿 18:30-31).

여기에서 "그 땅 백성이 사로잡히는 날"은 언제일까? 블레셋이 쳐들어와서 실로에 있는 하나님의 장막에서 법궤를 빼앗았다(삼상 4장). 그때 단 지파의 신상도 같이 빼앗겼을 가능성이 있다. 그날 요나단이라는 제사장의 모든 사업은 끝이 났다. 또는 앗수르의 디글랏 빌레셋이 북이스라엘을 점령한 때일 수도 있다(왕하 15:29, 17:6). 단 지파가 점유하던 '단'이라는 땅 역시 북이스라엘에 속해 있었기 때문에 앗수르에 의해 완전히 초토화되었다. 어쨌든 요나단이 원했던 대로 대대로 미가의 신상이 남아 있을 가능성은 적었다. 단 지파의 그 신상이 남아 있었다면 이스라엘이 남과 북으로 나뉠 때에 여로보암이 미가 신상을 활용했을 것이다. 그러나 여로보암이 금송아지 우상을 세운 것을 보면 미가 신상이 오래가지 못했음을 알 수 있다.

더 중요한 것이 있다. 단 지파의 신상도 사라졌지만 단 지파 자체도 사라졌다는 사실이다. 요한계시록 7장에 가면 그 유명한 144,000명의 구원받은 자의 숫자가 나온다. 이 수는 실제로 그 정도의 숫자만 구원을 받았다는 의미가 아니다. 이것은 12를 자승한 숫자인 144에 10이라는 충만한 수를 세 번이나 반복한 최상의 수 1,000을 곱한 수이다. 말하자면 144,000이라는 숫자는 완벽하고 완전한 숫자를 의미한다. 하나님의 택함을 받은 모든 백성을 의미하는 상징적인 숫자가 144,000인 것이다. 여기에서 12라는 수는 완전수로 상징된다. 12지파라든가 12제자가 그런 수에 속한다. 요한계시록 7장에는 12지파의 면면이 드러난다(계 7:1-8). 그런데 놀랍게도 거기에 단 지파는 찾을 수가 없다. 단 지파를 대신해서 레위 지파가 포함된다. 12지파의 충만한 수에 단 지파가 누락된 것은 절대로 우연으로 보이지 않는다. 잘나가는 현실에 만족하며 미가의 신상과 제사장을 세웠던 단 지파의 욕망이 불러온 파국이었다.

돌이켜 보니 400명의 앵무새가 아니라 뺨 맞고 감옥에 간 미가야의 말이 맞았다. 좋은 조건을 따라서 대대손손 편안한 현실을 기대했던 제사장 요나단과 단 지파는 사라지고 말았다. 현실에 만족하는 사람은 타협을 한다. 더 좋은 것, 더 편안한 것, 더 강한 것에 대한 탐욕과 본능이 있기 때문이다. 하나님이 없다고 생각하니 앵무새처럼 축복의 말만 반복하고, 말도 안 되는 신상도 방탕한 현실을 위해 얼마든지 받아들인다. 그렇게 머문 현실이 자신이 바라는 대로 계속되면 좋겠지만 곧 제동이 걸린다. 진짜로 더 강한 분이 있기 때문이다. 우리가 진실로 눈치를 봐야 할 더 센 분, 바로 하나님이 계시기 때문이다.

우리는 어떤 현실을 따라야 할까? 이익이 없어도 진리를 말하는 것이 예언자의 숙명이다. 우리는 모두 왕 같은 제사장이다. 하나님의 선지자로 부름을 받았다. 그러기에 아무런 이익이 없더라도, 때로는 뺨을 맞고 욕을 먹더라도 하나님의 뜻을 외쳐야 한다. 우리가 살아갈 곳은 '지금 이대로'라는 현실이 아니기 때문이다. 강하신 하나님은 우리를 현실에 만족하고 타협하며 살도록 부르시지 않았기 때문이다. 우리는 현실에 머물 수 없는, 예수님의 뜻에 따라 현실을 바꾸어야 할 사람들인 것이다.

에필로그 | 더 나은 '지금의 나'를 위해

　우리가 행복해지려면 어떻게 해야 할까? 행복해지는 방법 중에 하나는 비교하지 않는 것이다. 비교하면 늘 비참해진다. 나보다 나은 사람이 반드시 있기 때문이다. 그러나 우리는 비교한다. 본능적으로 비교한다. 비교하며 살아왔고 비교를 강요받았다. 어렸을 때 제일 처음 듣는 질문이 있었다. "엄마가 좋아, 아빠가 좋아?"

　부모가 되면 아이에게 입힐 옷을 비교하고, 어떤 이유식을 먹일지, 어떤 학교를 보낼지 비교한다. 더 나은 아이로 키우기 위해 수도 없이 비교하면서 키운다. 그 부모 밑에서 비교를 배우지 않고 자라기는 힘든 일이다. 엄마와 아빠를 비교하고, 사촌과 용돈을 비교하고, 딸기맛 사탕과 메론맛 사탕을 비교한다. 그런데 이게 웬일인가? 비교할수록 불행해진다. 고통스럽기만 하지 행복하지가 않다.

　비교하면 늘 비참해진다. 엄마가 더 좋다고 하면 아빠의 섭섭한 얼굴을 봐야 한다. 딸기맛 사탕을 고르는 순간 메론맛 사탕이 눈앞에 아른거린다. 비교하면 할수록 불행해진다. 그래서 지혜자는 말한다.

"비교하지 마라. 행복해지려면 비교하지 마라." 그런데 비교가 된다. 비교하지 않을 수가 없게 되었다. 그러면 어떻게 해야 할까? 생각을 바꿔보자. 이렇게 하면 어떨까? "비교하라!" 그렇다. 당신은 비교해야 한다. 비교하면 행복할 수 있다. 다만 비교의 대상을 바꾸자. 당신은 남이 아니라 당신 자신을 비교해야 한다. 나 자신과 나를 비교해보자. 나는 과거의 나보다 얼마나 더 성장했는가?

여기 '작년의 나'가 있다. 물론 지금은 없다. 그러나 분명히 존재했고, 분명히 살아 있었다. 실체적인 존재로 '작년의 나'는 있다. '작년의 나'를 라이벌로 삼아 나 자신과 비교해보자. 나는 얼마나 나아졌는가? '작년의 나'와 비교했을 때 '지금의 나'는 얼마나 괜찮은 사람인가? 누가 더 나은가? '작년의 나'보다 '지금의 나'는 한 살이 더 많고, '작년의 나'가 아직 모르는 앞으로의 1년에 대해서 '지금의 나'는 알고 있다. '작년의 나'보다 1년 동안의 다양한 경험을 했고, '작년의 나'가 해야 할 고민들을 했고, '작년의 나'가 먹어야 할 음식들을 먹었다. 그러니까 객관적으로 '지금의 나'는 '작년의 나'보다 훨씬 나아야 한다. 그런데 당신은 '작년의 나'와 비교해서 더 나아졌는가?

'지금의 나'는 '작년의 나'보다 1년 더 늙어버렸고, '작년의 나'보다 시간과 에너지와 돈을 더 써버렸다. '작년의 나'보다 욕심도 많아졌고, 볼품도 없어지지는 않았는가? '작년의 나'에 비해서 이상한 사람이 되어버렸고, 더 위축되고, 더 많은 죄를 지어버린 것은 아닌가?

'지금의 나'와 '작년의 나'를 비교해보면 더 나은 것도 있고, 잘못한 것도 있을 것이다. 그러나 우리는 '작년의 나'와 비교해서 '지금의 나'의 장점을 더 살리는 쪽으로 가야 한다. '지금의 나'가 가지고 있는 더 많은 경험, 더 많은 시간, 더 많은 여유, 더 많은 생각, 더 많은 나이 등을 나의 장점으로 만들어보자. 만약 '작년의 나'와 비교해서 어떤 장점도 없는가? '작년의 나'보다 나아진 것이 없는 그런 존재인가? 그래서 비교가 필요하다. '작년의 나'를 라이벌로 삼아 '지금의 나'를 더 나은 나로 만들어가야 한다. 계속해서 '작년의 나'를 '지금의 나'와의 비교 선상에 놓고 비교하고, 또 비교해봐야 한다. 그래서 당신은 더 나은 사람이 되어야 한다.

그런데 여기서 끝이 아니다. '작년의 나' 말고 당신이 비교해야 할 대상이 한 명 더 있다. 여기 '내년의 나'가 있다. 물론 지금은 없다. 그러나 내가 살아 있기만 한다면, 내년 이맘때까지 생존해 있기만 한다면 반드시 있게 될 존재이다. '내년의 나'를 '지금의 나'와 비교해보자. '내년의 나'는 '지금의 나'보다 1년 더 늙을 것이고, 1년 더 많은 경험을 할 것이며, 1년 더 많이 성숙해질 것이다. '내년의 나'를 생각하면 '지금의 나'는 좀 못나도 괜찮다. 잘못을 저지를 수도 있고, 실수할 수도 있으며, 부족할 수도 있다. 다 괜찮다. '내년의 나'가 있기 때문이다. '지금의 나'에 비해 '내년의 나'가 훨씬 더 나은 사람이 될 것이기 때문이다. '지금의 나'는 '내년의 나'와 비교를 통해서 점점 더 나은 내가 되어간다.

인간의 몸은 물리적으로 늙는 것이 당연하기 때문에 '내년의 나'는 '지금의 나'와 비교했을 때 더 못할 가능성이 높다. '지금의 나'는 '작년의 나'보다 더 늙었고, 더 낡았다. '작년의 나'와 비교하면 '지금의 나'는 더 별 볼일 없는 존재일 수 있다. 마찬가지로 '내년의 나'는 '지금의 나'보다 더 늙고 못 날 수도 있다. 그러나 여기서 잠깐! 우리에게 필요한 것이 있다. 나는 더 나아질 수 있다. 그것을 믿는 것이다. 보이는 것, 물질적인 것에서는 더 늙어가고 볼품없어지지만 보이지 않는 부분, 물리적이지 않는 면에서 더 나아질 수 있다. 믿음과 사랑에서 더욱 풍부한 사람이 될 수 있다. 회개하는 사람, 죄의 유혹으로부터 벗어나는 사람이 될 수 있다. 겉사람은 날이 지날수록 후패하나 속은 날로 새로울 수 있다(고후 4:16). 나는 더 나은 내가 될 수 있다. 그래서 '지금의 나'는 '내년의 나'로 나아간다. 점점 나아지는 길로 간다.

우리의 삶에는 많은 유혹이 있다. 죄는 우리에게 끝도 없는 유혹으로 다가온다. 우리는 핑계 뒤에 숨었고, 끊임없는 유혹에 무너지곤 했다. '내년의 나'는 더 나아지지 않을지도 모른다. 하지만 '작년의 나'를 용서해주자. 그럴 수밖에 없었다고 인정해주자. 수고 많았다고 다독여주자. 그리고 '내년의 나'를 향해 소망과 믿음을 가져보자. 더 나아질 거라고, 더 잘할 거라고. 죄가 우리를 아무리 유혹해도 우리에게는 예수님이 계시다고. 예수님의 응원을 받으며 다시 한 번 발걸음을 내딛어 보자고 나 자신에게 손 내밀어보자.

교회가 생겨난 이후에 안팎의 어려움이 있었다. 바깥의 어려움은 예수님에 대하여 증언하면 할수록 경계하고 단속하는 집단이 많아졌다는 것이었다. 한 번도 걷지 못한 사람이 걷게 되었을 때 기적에 대한 소문을 들은 의회와 대제사장은 제자들을 감옥에 가두었다. 그런 일은 계속 반복되곤 했다. 교회는 어려움에 처해졌다. 그럼에도 교회는 점점 많은 사람들이 모여들었다. 모여든 사람들이 헌금을 했고, 그것이 모이면서 구제하는 일이 커졌다. 안쪽의 어려움은 이때 등장하는데, 아나니아와 삽비라 부부가 헌금 때문에 시험에 들어 하루에 둘 다 죽었다는 사실이었다. 이러한 안팎의 어려움은 교회에 치명적이었다. 그러나 교회는 타격을 입기보다는 오히려 더 부흥했다. 더 많은 사람들이 교회로 모여들었고, 교회를 통한 영향력은 더욱 커졌다.

교회가 흩어지게 된 것은 엉뚱한 데에서 생겨났다. 효과적인 구제를 위해 일곱 명의 집사를 선출했고, 그중에서 스데반 집사는 기독교에 대한 비난을 잘 논박해냈다. 문제는 군중들이 선동에 휩싸였다는 것이다. 이때 사울이 등장했다. 사울은 미래가 촉망되던 청년이었다. 그는 집집마다 난입해서 기독교인이라면 남녀를 불문하고 잡아 가두었다. 사울을 사주했던 사람들은 그가 열정 있고, 소신을 위해 투신할 줄 아는 사람이라고 칭찬했을 것이다. 그 정도로 사울은 신념을 위해 헌신한 사람이었다. 스데반은 긴 설교를 남기고 돌에 맞아 죽었다. 그 중심에 사울이 있었다. 스데반의 죽음으로 큰 박해가 일어났고, 제자들은 박해를 피해 도망을 갔다. 제자들은 도피 중에도 말씀을 전했고, 귀신을 쫓았다. 가는 곳마다 교회가 생겼고, 사람들은 기쁨에 넘쳤다.

사울은 그 소식을 들으면서 위협과 살기가 더 커졌다. 그리스도인이라면 이를 갈렸다. 예수님을 믿는 사람에 대한 위협, 남을 파괴하고자 하는 살기로 가득했다. 그래서 그는 대제사장에게 자기의 신념을 위한 허락을 받아냈다. 대제사장은 손에 피를 묻히지 않고 사울이 대신 뛰어주니 얼마나 반가웠겠는가? 사울은 대제사장의 권위를 획득하고 기독교인을 잡아들이기 위해 날뛰었다. 그는 원정을 가기도 했다. 기독교인이 있다는 곳을 향해서 긴 여정을 출발했다. 가는 중에 사울은 빛이신 예수님을 만나게 되었다.

사울에게 있어 '작년의 나'는 대단한 모습이었다. 히브리인 중의 히브리인이고, 베냐민 지파에다가 바리새인이었다. 율법적으로는 흠이 없었다(빌 3:5-6). 가말리엘 문하에서 수학했고 공부도 많이 한 똑똑한 사람이었다(행 22:3). 자부심을 가질 만했다. 열정적이었고 신념을 위해 헌신할 줄 알았다. 그러나 교회를 박해하는 데 일생을 걸었고, 증오로 가득 찼으며, 사람을 죽이는 것에 대해 눈 하나 깜짝하지 않는 몸서리쳐지는 사람이었다. 그것이 사울의 '작년의 나'였다. 사울에게 '지금의 나'는 어떤 모습이었을까? "푯대를 향하여 그리스도 예수 안에서 하나님이 위에서 부르신 부름의 상을 위하여 달려가노라"(빌 3:14). 그는 달려가고 있었다. '작년의 나'는 사람을 죽이기 위해 달렸으나 '지금의 나'는 하나님을 위한 삶, 받을 상급을 바라보며 달리는 삶이었다.

'지금의 나'는 '작년의 나'에 비해서 옥에 여러 번 갇히기도 했고, 195대의 태형도 맞았으며, 채찍과 돌팔매를 당하기도 했다. 강도, 도시, 광야의 위험에 처하기도 했고, 파선하기도 했으며, 죽을 고비를 여러 번 넘겼다(고후 11:22-28). '작년의 나'에 비해 '지금의 나'는 늙어갔고, 많은 상처를 입었다. 그래도 우리는 안다. '작년의 나 사울'에 비해 '지금의 나 바울'은 훨씬 나은 사람이 되었다는 사실을. 사울은 더 나은 바울이 되었다. 그렇다면 과연 바울의 '내년의 나'는 어떤 모습일까? 바울은 이렇게 말했다.

"전제와 같이 내가 벌써 부어지고 나의 떠날 시각이 가까웠도다. 나는 선한 싸움을 싸우고 나의 달려갈 길을 마치고 믿음을 지켰으니 이제 후로는 나를 위하여 의의 면류관이 예비되었으므로 주 곧 의로우신 재판장이 그날에 내게 주실 것이며 내게만 아니라 주의 나타나심을 사모하는 모든 자에게도니라"(딤후 4:6-8).

바울의 '내년의 나'는 전제가 될 것을 알았다. 여기서 전제란 헬라어로 '스펜도마이'라고 부어드리는 제사를 말한다. 바울의 '내년의 나'는 완전히 다 소진되고 써버리는 제사가 되어 하나님에게 드려질 것을 기대했다. 다 부어지고, 다 태워지면 남은 게 뭐가 있을까? 아무것도 없다. 어차피 우리의 죽음도 마찬가지다. 우리는 인생을 다 쓰는 것이고, 우리의 시간과 에너지를 아낌없이 다 부어버리는 것이다. 그것이 죽음이다. 어디에 붓느냐의 차이점은 있겠지만.

바울에게 '내년의 나'는 그것으로 끝이 아니었다. 다 쏟아 부은 뒤에 영광스럽게 하나님 앞에 서게 될 것이었다. 하나님 앞에 섰을 때 어떻게 될까? 하나님은 '작년의 나'와 '지금의 나'와 '내년의 나'를 다 한눈에 보신다. 하나님의 심판이다. 하나님은 심판대에서 바울이 얼마나 나아졌는가를 셈하실 것이다. 바울은 자신을 비교했다. 우리도 비교해야 한다. '작년의 나' '지금의 나' '내년의 나'를 비교해야 한다. 아니, 내가 비교하기 전에 하나님께서 이미 비교하실 것이다. 그 날이 우리에게 얼마 남지 않았다.

「샬롯의 거미줄」을 쓴 동화작가 E. B. 화이트는 이렇게 말했다. "젊은 작가들에게 짜증나는 지연 과정 없이 잘 쓸 수 있는 방법에 관해 충고한다. 독창적인 인류 전체에 대해 쓰지 말고, 구체적인 한 사람에 대해 써라"(김중혁, 「무엇이든 쓰게 된다」,(서울: 위즈덤하우스, 2017), 130쪽).

이 책에는 거대한 열 가지의 주제를 다루고 있다. '게으름, 핑계, 타협, 기도 감정, 습관, 잠깐의 덫, 조금의 죄, 책임전가, 자기중심, 현실 만족 등.' 모두 그리스도인에게 중요한 주제들이다. 주제들을 다룰 때 어떤 주제는 불편해서 넘어가고 싶고, 어떤 주제는 도저히 자신이 없기도 했다. 그러나 나는 E. B. 화이트의 조언을 받아들였다. 그래서 성경에 나오는 한 사람에게 집중했다. 주제를 먼저 생각하고, 한 사람에게 그것을 연결하자 일이 수월하게 풀리기 시작했다.

역기능적인 한 사람, 잘나가다가 한순간 삐걱해버린 한 사람, 모두에게 존경을 받는 한 사람, 의문이 꼬리에 꼬리를 무는 한 사람 등 모두 성경에 등장하는 사람들이다. 그 사람들을 추적하고, 그들의 삶에 귀를 기울이고, 그들이 들려주는 이야기에 주목하면서 주제에 대한 접근이 가능해졌다. 그분들에게 빚을 진 기분이다. 이야기는 확장되어서 오늘 우리에게까지 이어가고 싶었다. 우리의 현실적인 삶 속에서 같은 고민을 안고 있는 사람, 같은 이야기를 공유할 수 있는 청년, 집사, 목사, 평신도, 기독교인, 비기독교인 등등을 연결하고 싶었다. 경험이 미천하기 때문에 구체적이고 개별적인 사안들을 모두 다루지 못한 것이 못내 안타깝다. 나의 한계일 수밖에 없다.

좀 더 따뜻하게 위로하고, 끌어안지 못한 것도 아쉽다. 괜찮다고, 잘하고 있다고 다독이고 싶었지만 서슬 퍼런 비판을 먼저 해댄 것 같아 미안한 마음뿐이다. 그럼에도 이 책의 유용성을 찾자면 같이 고민해보자는 것, 잘 안되더라도 한 번 시도해보자는 것, 반성도 하고, 회개도 하면서 다시 한 번 시작해보자는 것이다. 그래서 '작년의 나' 보다 더 나은 '지금의 나'가 되고, 그것은 다시 더 나은 '내년의 나'로 나아가는 길이 될 것이다.

마지막으로 목회자들이 쉬는 월요일의 온종일을, 혹은 틈이 날 때마다 카페와 도서관에서 글을 쓰느라 남편과 아빠를 한동안 잊고 지내야 했던 사랑하는 아내와 아들 남우, 딸 남희에게도 미안하고 고마운 마음을 전한다. '작년의 아빠' 보다 더 나은 '지금의 아빠'가 되도록 애를 써야겠다.

| **참고도서** |

「가나안 성도, 교회 밖 신앙」, 양희송, 포이에마, 2014년
「거꾸로 읽는 세계사」, 유시민, 푸른나무, 2004년
「고고학으로 읽는 성경」, 임미영, CLC, 2016년
「다윗과 골리앗」, 말콤 글래드웰 저, 선대인 역, 21세기북스, 2014년
「무엇이든 쓰게 된다」, 김중혁, 위즈덤하우스, 2017년
「신앙감정론」, 조나단 에드워즈 저, 정성욱 역, 부흥과개혁사, 2005년
「칭의와 성화」, 김세윤, 두란노, 2013년